U0117903

数量浩繁的有价值的史料，特别是忽略发掘与运用第一手英文档案文献，仅在有限的中文史料内打转。苏教授在《铸以代刻》一书研究的基础上，再次系统梳理有关美华的相关英文档案史料，对主持美华书馆的诸位主任，如柯理、姜别利、狄考文兄弟、范约翰、费启鸿等，展开深入的讨论。该书第十章《盛极而衰：美华书馆的后半生1888—1931》的贡献尤其突出。开篇苏教授指出：

> 关于美华的研究有个特殊的现象，就是集中在姜别利主持馆务的时期（1858—1869），主要讨论他在中文印刷技术上的贡献，至于美华在他以前和以后的时期，则少有人关注，尤其是他离职以后的美华更少见专门的研究。姜别利时期的美华活字印刷固然独步一时，但那十一年仅是美华存在的八分之一时间。姜别利离职后的美华继续存在超过一甲子，其中将近四十年位居中国规模最大的印刷出版机构，也是重要的中文铅活字供应者，并在十九、二十世纪之交的约十年间达到其出版上的巅峰时期，可与1860年代活字生产的盛况相辉映，此后即由盛转衰以至关闭，只是这些都还少有专门深入的探讨。

可以说，三万多字的这一章是苏教授用力最大的部分，填补了有关美华书馆后半生研究的空白，从而使该书成为汉文系统中第一部系统、深入研究美华书馆的专著。

其次，挖掘中国雇员、工匠的材料。

传教士的档案书信中积累有不少关于中国工匠的人数、名字、工资、雇用期间的工作内容与绩效，甚至他们因赌博或怠惰受到惩罚等史料。最令人好奇的还有华英校书房创立初期的档案中，就有负责经营管理的印工柯理(Richard Cole)与中国工匠之间如何沟通,一方如何教导,另一方又如何学习检排活字和使用印刷机器等新式技术。这些详细的互动过程的描述,是近代西式中文印刷出版初期难能可贵的史料。

最初在澳门时仅仅雇用了四至六名中国工匠,从1862年至1874年为止的十三年间,美华书馆在人数、产量和技术上都快速增长,职工人数在1863年时仅有24人,五年后的1868年已达到60多人,到1872年又增至75人(其中包含一两名英文部门的外国人)。1904年美华书馆已雇用的职工多达190人,外包装订工80人,合计有270人。在这些中国职工里,除极少数西人、买办、账房和校对等职员外,绝大多数是分在铸字、印刷、装订等各部门的工匠。这些中国工匠都没有留下自己在美华工作的记载,传教士在书信中提及个别工匠的行事,也寥寥无几,因此中国雇员和工匠的资料几乎被淹没。

论著第一次开掘了以往研究中完全不被注意的关于美华书馆中国雇员和工匠的资料。书中对工匠王凤甲、鲍哲才两位的资料整理特别令人瞩目。姜别利在任职美华书馆的几年间经常谈论一位名叫王凤甲(Wong Feng-dzia)的刻工的不凡成就,首次为学界介绍了这位中国刻工的事迹。王凤甲到宁波华花圣经书房工作以前已是技术高明的木刻工匠,进入华花圣经书房后,向姜别利学习在金属字坯上刻字的技术。最初由于健康不佳,刻小字又很费目力和精神,他每天只能刻成七个字。1861至1865年将近四年时间,他不负期待独自雕刻完成“上海活字”。“上海活字”(即美华五号活字、Small Pica)有7 400个字范,都是王凤甲又写又刻独自完成的杰作。“上海活字”在19世纪后期至20世纪初的中国广泛流行,在外国也有人使用,王凤甲却在完成雕刻“上海活字”半年后的1866年1月洗前后结婚生子，后来航海做生意，至1846年6月3日五十九岁时因信教被捕入狱而死云云。这篇企图塑造中国第一位信徒殉道而死的传记和年谱发表后，还有史学家为其背书，认定其可信。苏教授以伦敦会传教士司雷特（John Slater）1818年10月12日写于广州的信为证，认为这一蔡高传记实际上完全经不起档案的检验，因为蔡氏在几天前已经去世。马礼逊也在写于1819年11月14日的信中表示，蔡高已经过世了。怎么可能晚至1846年因信教入狱而死？苏教授的结论是《年鉴》刊登的所谓蔡高传记与年谱毫无疑问是伪造的。

许多传教士对中国社会的一举一动相当注意，但他们的记载有时和中国人所记有很大的差别，清代咸丰朝大臣肃顺的问斩为明显的实例。中文关于这一幕的记载以薛福成的《庸盦笔记》为代表。该书卷一写得详细又戏剧化：肃顺在囚车上被反绑双手于背后，旁观孩童欢呼，以瓦砾泥土丢掷他脸上致模糊不可辨，行刑前肃顺破口大骂悖逆言词又不肯跪，经行刑者以大铁柄敲打才跪下受刑。薛福成笔下的乱臣贼子下场大快人心，完全符合当时的政治伦理，也符合《庸盦笔记》序言所说的有益世道人心的写作目标。但当时在京的传教士雒颉（William Lockhart）却有很不同的描述。他在从1861年11月4日到11日逐日所写的一封长信中，记下了8日行刑时自己在刑场目击的现象：刑场挤满了人，却一片默然无声，只见先运来红色大棺木和葬仪用具，陆续是一群官兵、三名行刑者，随后是刑部囚车，车前有两名官员，车中坐着肃顺，他安静地看着周遭；肃顺对官员说了一下话便走下囚车，又听到沉重的一下声响，雒颉身旁的人说结束了，官员沉默地离开。雒颉描述的是安静而沉闷的场面，肃顺没有被欢呼者丢掷土石致面目难辨，也没有被破口大骂。作为这场行刑的外国旁观者，雒颉没有留下这一事件戏剧化的场景。

　　当年曾任职商务印书馆印刷总厂的贺圣鼐撰写有《三十五年来中国之印刷术》一文（载《最近三十五年之中国教育》，商务印书馆1931年），称马礼逊派米怜和蔡高两人到马六甲设印刷所，于1819年印成第一部中文《圣经》，为西式活字印中文之始。贺圣鼐所说的人物、时间和事物都错了，和米怜一起到马六甲的是梁发而非蔡高，第一部中文《圣经》印成于1823年而非1819年，使用的是木刻而非西式活字。贺圣鼐接着又说，印度英人马煦曼（Joshua Marshman）在槟榔屿译印中文《圣经》，托汤姆斯（P. P. Thoms）在澳门镌刻字模、浇铸中文铅字。其实马煦曼是在印度雪兰坡（Serampore）而非槟榔屿译印《圣经》，使用自行铸造的中文活字，并没有委托澳门的汤姆斯刻模铸字这回事。贺圣鼐这篇文章是中国人研究近代中文印刷史的早期作品，至今仍经常被人引用，可惜文中错误不少。

　　一如以往的风格，在《美华书馆》中除了提供许多以往鲜为人知的史料外，苏教授继续与中外学者进行论辩，纠正了以往有关美华书馆研究中的一些错误说法。其中多处回应了海内外相关的研究成果。贺圣鼐的《三十五年来中国之印刷术》一篇认为姜别利为美华打造了大小七种中文活字。由于贺氏此文又被收入以后的印刷出版史书中而广泛流传，八十多年来的研究者几乎全都承袭这种说法。贺圣鼐并未提供自己说法的依据，苏教授追根溯源，指出可能是来自1895年时任美华书馆经理的金多士（Gilbert McIntosh）为纪念美华五十周年而编印的《在华传教印刷所》（*The Mission Press in China*）一书。长期以来所谓姜别利制造七种活字的说法是个误解，姜别利制造的只是六种中文活字，他离职后美华书馆才又增加了一种Brevier大小的六号中文活字。苏教授进而指出"姜别利制造六种中文活字"这句话还是非常含混笼统,比较准确的表达应是在六种活字中由姜别利改善既有活字、复制别人活字以及自行新创活字各有两种。芮哲非的《谷腾堡在上海:中国印刷资本业的发展(1876—1937)》(*Gutenberg in Shanghai: Chinese Print Capitalism, 1876–1937*)一书中将电镀活字和电镀铜版混为一谈,夹缠不清;《三十五年来中国之印刷术》也论及电镀铜版,误认为在中国首先采用者为宁波之华花圣经书房。苏教授通过翔实的考辨,指出华花圣经书房并未使用电镀铜版。将电镀铜版技术引入中国的是姜别利,电镀铜版是他对美华,也是对整体中国印刷技术最后的一项重要贡献。此后宾为霖(William C. Burns)翻译的宗教小说《天路历程》、卫三畏编纂的多达一千多页的字典《汉英韵府》等,都是由美华以电镀铜版印成。

日本学者樽本照雄称戈登与费启鸿于1881年共同担任美华的主任,接着又与侯尔德于1882—1883年共同担任美华主任。这一说法是根据季理斐(D. MacGillivray)的《基督教在华百年史》(*A Century of Protestant Missions in China*)一书,档案显示季理斐和樽本照雄两人的说法都是错误的,戈登是早自1870年惠志道担任美华主任期间雇用的英文排版领班(foreman),为专业印工出身,一直没有正式出任主任,也没有先后和费启鸿与侯尔德共同当主任这回事。

因缺乏专门研究美华的成果可以参考利用,美华书馆关闭的时间和原因大多记述错误,如《谷腾堡在上海》不止一次宣称:1923年美华被商务印书馆并购一事,象征着谷腾堡发明并由传教士带来的西方印刷术彻底中国化。这是该书第一章非常重要的立论,也是以下各章内容展开的基础。《美华书馆》第十章《盛极而衰:美华书馆的后半生1888—1931》主要依据美华书馆已经或尚未出版的档案，首次探讨美华在19、20世纪之交达于极盛，又随即从巅峰中落、衰退以至出售而结束的原因、经过与结果，指出美华并非结束于1923年，而是八年后的1931年。芮哲非讨论的是约六十年（1876—1937）间的事，而作为西方印刷术中国化象征的年份却和史实相差八年，这是一个严重的硬伤，何况美华根本不是被商务并购而消失的，当然不能作为西方印刷术中国化如此大局的象征。

鲍哲才就读义塾的校名，数十年来涉及这所学校的论著，如田力《美国长老会宁波差会在浙东地区早期活动（1844—1868）》（杭州：浙江大学博士学位论文，2012年）及其《宁波差会男校——崇信义塾》；龚缨晏、田力《崇信义塾：浙江大学的间接源头》（《浙江大学学报（人文社会科学版）》2012年第2期）；长利《从崇信义塾到之江大学》（《教育评论》1993年第1期）等文，几乎都异口同声称校名是"崇信义塾"或"崇信书塾"。苏教授通过当年宁波各传教士在书信档案中都称其为男生寄宿学校（Boys' Boarding School）、早期关于寄宿学校的中文文献，认为其中均无特定的校名，并依据曾就读于义塾的鲍光熙牧师的回忆，以及义塾迁往杭州后，五名原来宁波义塾出身的牧师1876年联名致函美国长老会等六点证据，考证"崇信"一词应是1881年新学校落成开学时才使用的校名。

《美华书馆》一书很多论辩也是常带锋芒，不过有时作者为了给相识的友人保留颜面，不直言姓名。其实笔者以为完全没有这个必要，学界讨论的点名批评，事实上还是尊重被批评者的一种方式。

四、另一个"敦煌宝库"的开发

来华传教士档案是一个宝库，苏教授曾称之为"另一个敦煌宝藏"。本书的附录《我与档案》，告诉读者传教会档案内包含有书信、日志、报告、会议记录等，其中的图像，包括手画、木版、铅印、石印、建筑设计图等，都是以往西文档案利用中多被忽略的方面。这些记录在历史研究中属于特别有参考价值的基本史料。传教会档案的数量庞大，很有延续性，内容繁杂，包罗广泛，对于跨越年代较长、地域较广的主题，或是范围较小的事件，都有可供研究的第一手的史料。他在书中指出："研究者对于史料总是只恨其少而不嫌其多，史料越多则研究内容的断点越少，论述分析可以更为清晰完整。"可以说，正是苏教授在英文文献档案的大规模开发，使美华书馆历史上的很多断点得到了填补。

苏教授指出印刷出版史等领域，大部分研究者未利用传教会的英文档案，只用方便到手的次级或二手史料，辗转相因，史实严重失真，曾见不止一篇考证墨海书馆何时开办和关闭的论文，作者没掌握墨海所属的伦敦会档案，一直在许多间接的史料中绕圈，大费笔墨和心力却得不到准确的结果。档案可以订正其他史料的错误，如《谷腾堡在上海》一书中批评王韬所言一天可印刷四万余页纸张为信口雌黄，事实上传教士麦都思在说明墨海产量的信中证明了王韬的说法实为可信。

苏教授称自己已经看了三十年数量庞大的传教会英文档案，然而经眼的却还只是整个传教会英文档案一小部分而已，就以用力较多的伦敦会、美部会和美国长老会为例，他估计自己也仅仅看过其中十分之一二的内容，即便如此，也已深切了解其内容的包罗广泛，不论传教或非传教的档案，他都感到好奇，也越看越觉得有趣。他曾经感叹："来华传教士档案是另一个敦煌宝藏。"这一说法包含着两层意义：一是档案文献数量惊人；二是其内容繁复多样，犹如敦煌文献，不仅涉及政治史、军事史等，还有生活史、物质文明史、文化史等内容。

开掘和利用英文档案这一富矿时,苏教授强调了仍需要坚持严谨审慎的态度,即必须小心谨慎,遵守学术规范。他批评一篇关于姜别利与美华书馆的文章,其中包含四个引自英文档案的注释,第一、二个注引用传教士克陛存写于1860年10月20日和11月20日的信,一说是他支持姜别利关于上海比宁波更有利于印刷所发展的说法,一说是外国传教部鉴于姜别利表现卓越,决定授予其传教士身份,竟然全属错误的解读;第三个注引用姜别利写于1861年11月6日的信,说是姜别利拟订美华书馆的发展计划书,包含增聘两名中国文人以提高美华的中文水平,但在该信中根本没有什么发展计划书;第四个注引用1863年上海布道站开会的决议,说要为姜别利招聘一位助理分劳,并说这位助理就是1864年底自美到任的惠志道牧师。其实决议雇用的姜别利助理是一名在上海的专业印工,和按立过的牧师惠志道毫不相干。虽然四个注释都引用档案,但该文作者的解读却严重扭曲或颠倒了档案的原意。苏教授认为这种漫不经心、不求甚解,或为求增加论文分量而任意误用档案的做法,绝非利用档案的正确态度。

天生的"读书迷"很多,但天生的"档案迷"几乎没有,"档案迷"一定是缘于学术的趣味,有自己特殊的目标和追求。苏教授是典型的"档案迷"。他曾言:"我和档案很有缘,四十五年来见了不少中文和英文档案,我出版的书都利用了档案。从1992年读研究生以来的三十年间,更是日常与档案为伍,抄档案、读档案、用档案占了我日常生活的大部分时光,也是我念兹在兹的工作,我还教过两次辨识英文手稿档案的课。"本书副书名"档案如是说",原是他博客的一个总标题。让"档案"来言说,充分开发和运用中外文档案,特别是英文档案,堪称苏教授所有研究论著的最大特色。

五、学术的"苦工"

学人有很多种，有把学术视为改变人生境遇的敲门砖，或以学术仅仅为谋生进阶的手段，或把学术仅仅视为生活的一种调味品。而苏教授则是把学术视为自己人生的全部。

缘于学术兴趣的转换，也为了突破职业的天花板，1992年苏教授辞去了安身立命的台湾"中央图书馆"的优裕工作职位，以将近半百之年负笈英国利兹大学攻读硕士学位。一年的硕士学习，当然无法满足他对于出版史研究的巨大需求，一年后回台又无法找到合适的教职，于是他孤注一掷，竟然卖掉了栖身的小屋和所有的藏书，于1994年初再赴英国伦敦大学图书馆系修读哲学博士。读博的三年间，他全力以赴，完成五百多页的博士论文，单计注脚及书目已近百页之多。以西式活字取代木刻印刷的传教士档案已在眼前，如何转写出英文手稿的内容却是一大难关。他说在攻读硕士之初，真是举"字"维艰，他一字一字慢慢辨识抄写，认不出的字暂时搁着，过会儿或隔天甚至两三天再回头辨识，实在认不出也只能留白放弃。当年已过半百、作为已无退路的"过河卒子"，在异乡的图书馆内独自竭力辨识传教士书信中的一字一句，留学几年争分夺秒的艰苦劳作，他甚至不知道"下午茶"是什么滋味。

笔者有一种疑问，即什么样的精神支撑着这样一位成大气象和大格局的学者呢？我想是一种学术"苦工"的精神。从搜集和研读原始史料的基础工夫着手，他多年奔走在英国、美国、中国内地、中国香港等地的收藏档案的诸个高校和档案馆，收集和整理英美传教会和相关中英文档案，每天独自一人或在阅读机器上看影印缩微胶卷或胶片，或辨识手稿字迹、抄录或键入电脑等，耗时费力，相当辛苦吃力。即使在因伤痛坐卧难安的日子里，他也从不间断，甚至还说可以借着辨读字迹以求分心减轻痛苦。而一旦这些档案资料的释读可以成为自己著作叙事、分析与立论的重要依凭时，他总会发出会心的微笑。他的论著不以阐述理论见长，所采撷的史料强调一手，运用娴熟，叙事细密，翔实可靠，力求原创性，这是他的所有论著经得起时间考验的不二法宝。

老天赋予每个学者一生的使命是不同的。70多岁的苏教授迄今为止所推出的学术成果，是一般学人几辈子都难以完成的工作。2018年他在仁济医院举办的院史论坛上演讲，有两位听众低声交谈，称苏教授以该院档案内容为本的报告，应当是一个研究团队整理和讨论后的成果，他们完全不知道苏教授是名副其实的"个体户"，从在图书馆借阅、抄写或复印，到辨识手稿、键入电脑、阅读吸收和撰写论文，再到制作演示文稿，均为自己一手包办。这些年，我们已经很少能在海内外学术研讨会上看见他，他的身影不在"学术江湖"，但他的"苦工"精神却一直在江湖流传，凡谈起他的力作，除了钦佩，还是钦佩。借着这篇代序，作为后学再次为苏教授祈福，祝他健康，年年有新著问世。

2024年1月8日于复旦大学光华西楼

自 序

我关注上海美华书馆已经超过十年之久，也曾出版过《铸以代刻》一书，其中约有半数篇幅论述美华。数年来我又陆续写了几篇，却因为一直没能见到美华最后二十年的档案史料，无法完全了解这家近代中国印刷出版史上的重要机构由盛而衰的来龙去脉，总觉得缺了一角而不尽踏实。

2019年机缘来临，我很荣幸获邀前往美国耶鲁大学演讲卫三畏与中文印刷，事后即转往位于费城的美国长老会历史学社，以一周时间尽量查阅美华书馆最后二十年的档案并拍照，带回台北整理解读，撰成超过三万字的《盛极而衰：美华书馆的后半生1888—1931》一文，收在本书中，得以补上长期萦怀的美华缺角。

本书和《铸以代刻》的内容都关于美华书馆，只是《铸以代刻》有预先拟订的主题、体例和写法，主要目的是呈现美华的经营各方面，以及美华在西式中文活字印刷发展过程中的角色与功能；本书则未曾预订各篇题目，而是应邀演讲或参加研讨会陆续所撰五篇，以及自己随兴之所至而写的未曾发表过的七篇。有的在补订增益《铸以代刻》已有的内容，有的则是延续其所未及的1870至1931年间美华史事与史料，最后附以自己长期利用传教会档案的经验与感受一文。本书各篇写法并不齐一，内容则因每篇彼此相关而有些重复，但为维持各自完整性仍保留下来，丛杂成册，可说是敝帚自珍。

回想自己迟至半百之年才完成学业，又教书七年后自觉时间和能力很有限，实在难以兼顾教学与研究，于是在五十八岁时选择提早退休，专注于研究与写作。转眼2024年即将是我退休的第二十年，如今得以出版退休后的第八本书，虽然类于涂鸦，仍然感到很幸运，总算没有等闲度过这七千个退而不休的日子。

本书写作期间，先后获得海内外许多人的启发与热诚相助，如邀我演讲、参加研讨会和写稿的耶鲁大学孟振华主任与孙康宜教授、日本活字印刷史专家小宫山博史先生与筑波大学刘贤国教授、中央美术学院刘钊教授、北京印刷博物馆尚莹莹主编、横滨市历史博物馆的主任学艺员石崎康子女士等；又如为我担任翻译的明治学院大学宫坂弥代生讲师伉俪、刘庆先生和金雪妮博士；以及提供卓见赐教或协助取得史料的复旦大学邹振环教授、暨南大学吴青教授、华东师范大学帅司阳博士、台北"中研院"赖芊卉女士等，我一并借此向诸位敬致谢忱。

美华书馆可供研究的主题很多，我只涉猎了其中一部分，还请读者教正，也希望有更多的研究者关注和探讨美华。

苏　精
谨志于台北斯福斋蜗居

1

美华书馆第一位主任柯理

一、柯理与中文活字印刷

在近代中文活字印刷发展的过程中，美国人柯理（Richard Cole）是一名重要的人物。他自1844年2月抵达中国，至1852年9月返美，在八年半中，先建立美国长老会外国传教部（Board of Foreign Missions of the Presbyterian Church in the U. S. A.）在澳门的华英校书房，这是美华书馆最早的前身，也是鸦片战争后第一个在华开办的西式印刷所；1845年7月他将华英校书房迁往宁波，并改名为华花圣经书房；为美国长老会服务三年半后，他于1847年9月离职，前往香港受雇于伦敦传教会（London Missionary Society）在当地的布道站，担任英华书院印刷所主任，工作五年后辞职返美。

柯理来华时，基督教传教士试图以西方技术取代木刻印刷中文以便传教的工作正要迈入一个新的阶段——从以往的鼓吹、讨论与尝试西方技术，到借着鸦片战争后中国开放口岸的时机，即将展开以实际行动向木刻印刷挑战和竞争的局面。柯理身负这种任务来华，他带来巴黎铸造的中文拼合活字（divisible type），这是第一种实际可用于印刷的西式中文活字，也成为西方印刷术向木刻印刷挑战竞争的"利器"。但这套活字有以部首与字根生硬拼合成字的缺陷，于是柯理在任职长老会的三年半间，致力于改善这项问题，以争取中国人对这套拼合活字的认同，提升对木刻印刷的竞争力。等到他转往伦敦会服务后，又负责铸造香港英华书院原有的大小两套活字。这两套都是全字而非拼合字，字形较为自然美观，比巴黎拼合活字更受中国人欢迎与接纳，也比巴黎活字更早开始打造，但进度相当缓慢，工期逾十年仍未达可以实用的地步，直到柯理接手后才全力加速铸造，并从1850年起上市供应印刷之用。

巴黎拼合活字与香港英华书院的大小活字，都不是出自柯理的原创，但经过他的用心改良或加速生产，巴黎活字才得以提升字形的质量，而香港活字则大增活字的数量，两者也因此具备和木刻印刷一争长短的条件。在巴黎活字方面，长老会在澳门的传教士娄理华（Walter M. Lowrie）不止一次表示，华英校书房以这种活字印的产品，被中国官员和学者赞许为清晰美观。[①]而长老会宁波布道站1845年的年报也记载，华花圣经书房印的书经常受到中国文人的肯定。[②]至于香港活字，当时在广州的另一位美国印工卫三畏（Samuel W. Williams），一再称道柯理所造的香港活字"超越迄今任何中国人或外国人所造的中文活字"[③]，"是所有人中铸造最美观也最为实用的一套"[④]。而长老会在宁波的传教士兰显理（Henry V. Rankin）也极为赞扬香港小活字的字形，说以此印成的书"远胜于我在中国所见的任何书"[⑤]。

柯理离华后，从1860年代起，巴黎活字与香港的大小活字成为美华书馆拥有的三种活字[⑥]，也都是十九世纪后期中国国内外通行的中文活字，最后还连同其他活字取木刻而代之，成为印刷中文的

[①] BFMPC/MCR/CH, 189/1/649, W. M. Lowrie to W. Lowrie, Macao, 3 October 1844; Ibid., 190/2/100, 'Journal of W. M. Lowrie. 16 June 1845.'

[②] ibid., 190/2/110, Report of the Ningpo Mission for the Year Ending October 1, 1845.

[③] *The Chinese Repository*, 20: 5 (May 1851), pp. 282–284, S. Wells Williams, 'Specimen of the Three-Line Diamond Chinese Type Made by the London Missionary Society.'

[④] BFMPC/MCR/CH, 199/8/8, S. W. Williams to W. Lowrie, Canton, 22 May 1851.

[⑤] ibid., 191/3/213, H. V. Rankin to W. Lowrie, Ningpo, 3 March 1852.

[⑥] 巴黎活字从澳门到宁波再到上海，一直都属于美国长老会。至于伦敦会英华书院的两套活字成为美华书馆所有的经过，参见笔者，《铸以代刻：传教士与中文印刷变局》（台北：台大出版中心，2014），页393—398、506—508、510—512；《铸以代刻：十九世纪中文印刷变局》（北京：中华书局，2018），页367—371、472—474、476—477。

主要工具。在西式活字与木刻竞争的过程中，柯理先承担以巴黎活字发动向木刻的挑战与竞争，接着他又打造更好的两套香港活字，充实西式活字的队伍与壮大竞争的力量。尽管西式中文活字的发展耗时长久，向木刻的挑战与竞争也绝非一人可以成就，事实上柯理从长老会离职时，巴黎活字的改善并未完成，他离开伦敦会返美后，香港两套活字的数量也还在继续增长中，但是柯理的使用、改善与铸造，以及对木刻进行的挑战与竞争，无疑都是近代中文活字印刷史上有显著积极意义的行动。

虽然如此，后人对于柯理其人的了解却极为有限，伟烈亚力（Alexander Wylie）所编《来华基督教传教士纪念集》(*Memorials of Protestant Missionaries to the Chinese*)，一向是研究者所知的关于柯理的最主要史料来源，却只有不到300字的内容。[①]此外，长老会外国传教部的年报中几次有关他的印刷出版活动的报导，《中国丛报》(*The Chinese Repository*)几篇活字的相关报道与评论，以及金多士（Gilbert McIntosh）的《在华传教印刷所》(*The Mission Press in China*)一书等，都略为涉及柯理，大约仅止于此了。

多年来，笔者陆续从各基督教传教会的档案中，抄录整理出不少关于中文印刷出版的史料，包含柯理自己撰写的书信报告和别人书信中关于他的内容，并据此论述他的铸字、印刷与出版工作，分别收在《铸以代刻》一书的《澳门华英校书房（1844—1845）》《宁波华花圣经书房（1845—1860）》《香港英华书院（1843—1873）》三篇之中，柯理在中国的活动情形与他的性格问题也得以大略为人所知。

但是，研究者对于史料总是只恨其少而不嫌其多，史料越多则

---

① Alexander Wylie, *Memorials of Protestant Missionaries to the Chinese* (Shanghai: APMP, 1867), pp. 134-135.

研究内容的断点越少，论述分析可以更为清晰完整。关于柯理的史料与研究也不例外。他在华期间的工作情形虽然已有论述如上，但是否仍有值得补充之处？尤其令人悬念的是他来华以前的经历背景究竟如何？离华返美以后的生活是否仍和中国与中文印刷有关？柯理这样的人在美国社会中只类于一般平民百姓，生平事迹难得出现在图书文献中，因此他的生平活动是令人关心却很难着手的课题。所幸近年来科技发展日新月异，各种全文与影像数据库层出不穷，2021年间笔者尝试检索近年来新出的长老会外国传教部档案数据库和三种美国报纸数据库后，获得不少关于柯理的史料。

长老会外国传教部的档案于1960年代拍摄缩微胶卷，出版成《外国传教部书信与报告1833—1911》(*Board of Foreign Missions Correspondence and Reports, 1833-1911*)，并将原始文件全数销毁。2016年进一步将胶卷的内容数字化，出版成数据库《中国传教：外国传教部通信1837—1911》(*Evangelism in China: Correspondence of the Board of Foreign Mission, 1837-1911*)，并将原来隐身于胶卷第217卷内的《杂项与非洲来信》(Miscellaneous and Africa)内容提出，单独成为《杂项书信》(Miscellaneous Letters)两卷。笔者发觉其中竟夹杂有因档案管理失误而收入此两卷的美华书馆文件[①]，包含柯理在澳门期间于1845年上半年所写的九封信，为笔者以往所不知，本文即据此补充他在澳门的活动。

至于三种美国报纸数据库：第一种是《纪录美国：历史上的美国报纸》(*Chronicling America: Historic American Newspapers*)，由美国国会图书馆(Library of Congress)与美国人文基金会(National Endowment for the Humanities)合作，将1777—1963年间出版的

---

① 关于美华书馆档案的管理，参见本书《美华书馆的研究文献》一篇。

美国报纸数字化，已完成者多达1 870万页，供免费公开利用、检索及下载原件影像。第二种是《加州数字报纸收藏》(*California Digital Newspaper Collection*)，由美国加州州立图书馆(California State Library)主办，将1846年以后的加州报纸数字化，包含300余种、1 000万多页内容。第三种是《印第安纳州纪录——印第安纳数字历史报纸项目》(*Hoosier State Chronicles — Indiana's Digital Historic Newspaper Program*)，由印第安纳州立图书馆(Indiana State Library)在美国联邦政府的博物馆与图书馆部门(Institute of Museum and Library Services)资助下建立。

以下主要是依据这四种数据库检索所得的史料，整理、排比、分析后，建构而成的柯理来华前、在华初期，以及返美后的活动事迹。

二、来华前的柯理

伟烈亚力在《来华基督教传教士纪念集》中，提及柯理来华前的经历内容非常简略，只有三个片语：住在印第安纳州(Indiana)的印第安纳波利斯(Indianapolis)地方、是一名印刷业者、曾办过一种报纸。在长老会外国传教部的档案中，则有传教医生麦嘉缔(Divie B. McCartee)写于1847年关于柯理的一件报告提到他的家庭背景：母亲曾经住过精神病院，兄弟则是脾气暴烈的偏执狂，柯理自己也有忧郁症，来华前经常迁徙不定与变换工作。[①] 麦嘉缔于1843

---

① BFMPC/MCR/CH, 190/3/56, Divie B. McCartee, 'On Cole's Melancholic,' Ningpo, 27 October 1847.

年10月6日和柯理为伴自纽约来华,在同一艘船上共度四个半月,他对柯理的了解应当来自这段旅程中的交谈。

前述的几种数据库收录更多关于柯理的文献,可以比较深入地了解柯理。1852年,一家香港报纸报道柯理制造中文活字的消息,他从前在美的一位办报的雇主转载了这条消息,并加上自己所知的柯理,表示他的原籍是宾夕法尼亚州(Pennsylvania),1830年前后在这位雇主于美国首都华盛顿特区印行的《全国报导者日报》(*Daily National Intelligencer*)担任排版工匠等。[①]但是这位雇主没有提到柯理的年纪,以及他在这家日报工作多长时间。

柯理离开报社后,犹如麦嘉缔所说居住和工作不定,也几乎默默无闻,直到1839年在印第安纳州的韦恩郡(Wayne County)中心镇(Centreville)结婚落户。该镇距离印州首府印第安纳波利斯约一百公里远,是韦恩郡地方政府的所在地。柯理的生活从1840年起接连产生急剧的变化,最后于1843年离开美国前来中国。在这可算是大起大落的几年间,他从名不见经传的沉默大众之一,变得名字经常出现在地方报纸的字里行间。

1840年1月1日起,柯理创办的报纸《全国爱国者》(*National Patriot*)问世,他的身份也从原来的印工或印刷业者跻身为报人与编辑。《全国爱国者》是每逢周三出刊的周报,每期四页,一年订费2元。目前该报仅有零星存在图书馆中,数据库可见到三期:1840年1月29日、4月22日、10月28日。在报头的刊名下注明了"出版者:贝克与柯理"(Baker and Cole: Publishers),以及"编辑:理查·柯理"(Richard Cole: Editor),贝克其人无可考,或许只是出资的合伙人,实际则由柯理经营。在1840年1月29日这期的第3页,有一篇

[①] *Weekly National Intelligencer*, 20 November 1852, p. 2, 'An American Printer in China.'

由他单独具名的《办报计划书》(Prospectus of the National Patriot)，从1840年1月1日创刊起连续刊登，首先，说明该报由贝克和他在韦恩郡的中心镇出版，并由他担纲编辑；其次，以很多篇幅宣示政治立场，表明该报拥护由民主共和党(Democratic-Republican Party)与国家共和党(National Republican Party)合组而成的辉格党(The Whig Party)政策，将宣扬该党主张的总统一任制、缩减政府经费、扩大民选官员范围等政见；第三，声明编辑自己本是印刷业者，也实际从事劳动，因此将致力于支持劳动生产阶级；第四，表示该报注重农业、园艺与畜牧，每期会刊登每周货物价格表(Price Current)；最后，又说该报将致力成为政客和一般读者都感到有趣的报纸，反映时代现况与真理等。[1]

现存1840年10月28日的《全国爱国者》内容，充分呈现了该报的政治色彩。当年美国总统大选就要在数日后的11月2日投票，柯理先在第一版批评竞选连任的范布伦(Martin Van Bruen)总统，接着以第二至四版的大部分篇幅为辉格党的总统候选人哈里森(William H. Harrison)助选，以非常醒目的字体和图片催促韦恩郡的选民踊跃投票给哈里森。那次总统选举结果是哈里森当选，柯理想必会在下一期的《全国爱国者》大肆庆祝一番。

报纸办了一年后，柯理迎来一个名利双收的大好机会。1841年1月22日，印第安纳州的州议会选举他为两名官方印刷业者(State Printer)之一，为期三年，两人共同承印官方的各种印刷出版品，其中单是州议会每年的议事录往往就多达700页以上，承印的利润相当优厚，每次选举时竞争也很激烈，涉及政党利益。柯理当选的这次有四组候

---

[1]　*National Patriot*, vol. 1, no. 5 (29 January 1840), p. 3, Richard Cole, 'Prospectus of the National Patriot.'

选人,每组两人,在州议会参、众两院议员共134张选票中,柯理这组获得85张,次多的一组不过25张而已,得失之间相去悬殊,原因是当时州议会正由柯理支持的辉格党控制,而且与他同组搭档的候选人窦灵(John Dowling)有个兄弟(Thomas Dowling)当时正是州议员。[1]

当选为官方印刷业者后,还得等半年多以后从1841年8月1日开始任期。但柯理与窦灵先已兴冲冲地准备合作出版一种新的报纸,赶在当选一个星期后公布编印计划,开始招募订户,报纸刊名定为《印第安纳州公报》(Indiana State Gazette),每周三出刊,订费一年预付2.5元,出版地不在柯理所在的中心镇或窦灵所在的维格郡(Vigo County)特雷霍特市(Terre Haute),而选在印州首府印第安纳波利斯,以避免新报纸只限于地方性的印象。由于两人都效力于辉格党,新报当然也是辉格党的喉舌,计划内有大半的篇幅都用于列举该党的各项政治主张,简略提及该报也将注意农业、制造和其他有关印州利益的话题。[2]

柯理当选官方印刷业者后,从1841年2月13日起接连在报纸上刊登广告,表示自己即将结束在中心镇的业务,在3月间乔迁至印第安纳波利斯,因此希望订户或曾在该报刊登广告,以及曾和他的印刷所有生意来往者,尽快和他结清账目。[3]

看来一切显得相当顺利,柯理似乎可以从此在印第安纳州大展

① *Richmond Palladium*, vol. 11, no. 4 (30 January 1841), p. 2, 'Correspondence of the Palladium.' *Wabash Courier*, vol. 9, no. 21 (30 January 1841), p. 2, 'Public Printers.'

② *Wabash Courier*, vol. 9, no. 21 (30 January 1841), p. 3, John Dowling and Richard Cole, 'Proposals for Publishing, in the Town of Indianapolis, Indiana, a New Whig Paper, to be Called the "Indiana State Gazette." *Wabash Courier* 是窦灵编印的报纸,至少还有其他三种报纸也刊登计划内容或消息,见 *The Political Beacon*, vol. 4, no. 17 (6 February 1841), p. 2; *Richmond Palladium*, vol. 11, no. 5 (6 February 1841), p. 2; *Vincennes Saturday Gazette*, vol. 10, no. 38 (27 February 1841), p. 4。

③ *Richmond Palladium*, 20 February – 10 April 1841, p. 3, Advertisement. 这篇广告注明为1841年2月13日,应该是从这天起在柯理的《全国爱国者》和其他报纸刊登。

身手，出人意料的是事情却非如此发展，甚至还急转直下。他的妻子（Jane）在忍受肺结核的折磨后，于1841年3月12日过世了①，很可能就是丧妻之痛的沉重打击，让柯理改变了对一片大好前景的展望，他竟然没有如预定计划迁居印第安纳波利斯，前去执行官方印刷业者的任务，反而在妻子过世两个月后，刊登广告出售生产《全国爱国者》的印刷所，声明印刷所拥有一台史密斯（Smith）手动印刷机，机况如新，大小各号活字齐备，数量之多足以同时排印两大张报纸版面，当然也有一般印刷所应有的各种设备等。②令人惊讶的是这并非柯理第一次要出售生计所赖的家当，前一年（1840）的10月28日，他不知何故在《全国爱国者》刊登广告要卖印刷所，内容却是企图连报纸一并出售，因此除了说明印刷所的生财家具，又强调在中心镇办报有非常优越的地理与社会环境，他还自行透露当时《全国爱国者》的订户数量将近700份，还对潜在的可能买家表示，原有订户不难保留，也不难增加新订户。③

　　柯理第一次要脱手印刷所的心意似乎并不坚决，因为他并没有在《全国爱国者》以外的其他报纸上刊登广告。第二次则不同，当时他已当选并即将开始官方印刷业者一职，大好的前程与"钱"途在望，他却要出售不可或缺的印刷所，而且还在别家报纸刊登广告周知。半个多月后，应该是印刷所已经售出了，《全国爱国者》也不可能继续而面临停刊，柯理又刊登广告，通知那些已经预付一年报费的订户，他已将预收而不及出版的报费存在中心镇邮局的局长

---

①　*Richmond Palladium*, vol. 11, no. 11 (20 March 1841), p. 3; *Wabash Courier*, vol. 9, no. 29 (27 March 1841), p. 2.

②　*Wabash Courier*, vol. 9, no. 39 (5 June 1841), p. 2, Richard Cole, 'Printing Office for Sale.'

③　*National Patriot*, vol. 1, no. 43 (28 October 1840), p. 2, Richard Cole, 'Printing Office for Sale.'

处,请订户自行前往领回。①柯理到此已完全舍弃在中心镇的家业,离开了当地,而前述他与窦灵计划要办的《印第安纳州公报》,已不在他的心中,数据库及其他文献中也没有这份公报曾经存在的证据。②窦灵恐怕得费一番工夫向预订的人解释公报胎死腹中的缘故,并独自撑持从一开始就少了柯理的官方印刷业者任务。但此后三年间的印州州议会等出版品上,却依然印着窦灵与柯理两人的名字和官方印刷业者的头衔,不论此举是出于窦灵念旧或依规定必须如此,总算是柯理这场过眼云烟留下的一丝痕迹。柯理以上这种不顾一切执拗到底的行为,和他来华后由于情绪不稳定,一再直接或间接导致他人受到困扰、伤害甚至死亡的情形相当雷同。③

柯理离开中心镇几个月后,写信给镇上另一家报纸《韦恩郡纪录》(*Wayne County Record*)的编辑透露自己的行踪,原来他已受雇于美国长老会外国传教部,正在纽约学习中文活字的铸造,准备到中国建立印刷所。④《韦恩郡纪录》的编辑在1841年10月间刊出这项消息后,由于柯理几个月来的种种改变又大又快,现在他又要前往当时一般美国人仍觉得神秘的中国,这显然有吸引人的新闻价值,于是至少有五家印州的地方报纸先后转载了《韦恩郡纪录》的这条消息。⑤

---

① *Richmond Palladium*, vol. 11, no. 26 (3 July 1841), p. 3, Richard Cole, 'Notice.'
② 据《纪录美国:历史上的美国报纸》数据库的《1690年以来美国报纸名录》(US Newspaper Directory, 1690−Present),印第安纳波利斯于1829—1830年曾有人办过一份同名的《印第安纳州公报》(*Indiana State Gazette*)。
③ 参见笔者,《铸以代刻》,中华版,页305—306、327—328、334—336;台大版,页328—330、351、358—359。
④ 《纪录美国:历史上的美国报纸》数据库没有收录《韦恩郡纪录》影像,此处转引自 *Richmond Palladium*, vol. 11, no. 42 (23 October 1841), p. 3,该报注明是引自《韦恩郡纪录》。
⑤ 转载这条消息的报纸如 *Richmond Palladium*, vol. 11, no. 42 (23 October 1841), p. 3; *Indiana Sentinel*, vol. 1, no. 14, p. 1; *Alexandria Gazette*, vol. 16, no. 260 (2 November 1841), p. 2; *Farmers' Gazette and Cheraw Advertiser*, vol. 7, no. 1 (17 November 1841), p. 3.后两者都注明是转载自 *Indiana Journal*,但数据库未收录 *Indiana Journal*。

柯理在纽约期间，当地的报纸《纽约传教者》（*New York Evangelist*）于1841年11月初报道，他预计于1842年春季出发来华。①到时并没有成行，因为外国传教部迟迟没能完整收到向巴黎订购的中文活字，柯理为此在纽约等候了近两年。其间他很大的一项"成就"是再度结婚——一般海外传教团体原则上都希望属下传教士先结婚再赴海外，这样身心、生活能够安顿下来，便于专心传教工作——于是柯理也挥别先前的丧妻之痛，认识了纽约州的卡洛琳·哈伯乐（Caroline Hubbell）。她出生于1808年，在新泽西州（New Jersey）的新布朗斯维克（New Brunswick）地方主持一家女子学校有十二年之久。②两人于1843年结婚，随即在同年10月6日与其他传教士搭船放洋东来。

三、柯理在澳门

柯理在澳门主持华英校书房的活动，笔者在《铸以代刻》书内已有不少论述，下文补充的是外国传教部档案胶卷中前所未见的内容，共有九封信，都是柯理在澳门写给传教部秘书娄睿（Walter Lowrie）的报告，始于1845年1月13日，终于同年6月12日。其中最长的一封信多达七千字左右，从当年5月20日陆续写到6月4日，次长的一封也有四千字，其他七封信从百余字至一千六百字。这九封写于1845年上半年的信内容繁杂，以下举述两项荦荦大者以增

---

① *New York Evangelist*, (6 November 1841), p. 179, 'Summary.'
② Walter Hubbell, *History of the Hubbell Family* (New York: J. H. Hubbell & Co., 1881), p. 182.

益补正《铸以代刻》的讨论。

（一）华英校书房的产品

柯理于1844年2月下旬抵达澳门，开始筹建华英校书房，印刷机则自同年6月中启动，到1845年6月下旬校书房迁离澳门，印刷机运作时间只有一年，不计单张散页的代印杂件，先后共印十种书，如以下目录所列：

表1-1 华英校书房印书目录

	书　名	著译者	页数	印量（部）	起　印	完　成
1	《以弗所书》	—	11	5 000	1844.6.17	1844.8.30
2	《新铸华英铅印》	娄理华（Walter M. Lowrie）	44	500	1844.6.20	1844.8.28
3	*Characters Formed by the Divisible Type ...*（《拼合活字可排字表》）	娄理华 柯理	110	400	1844.9.6	1845.1.8
4	《路加福音书》	—	68	14 500	1844.9.7	1845.3.—
5	《十诫注解》	—	7	5 000	1844.9.—	1844.9.—
6	《张远两友相论》	米怜（William Milne）	72	10 000	1845.1.20	1845.4.22
7	《使徒行传》	—	68	15 000	1845.1.—	1845.5.—

	书　名	著译者	页数	印量（部）	起印	完成
8	*A Vocabulary in English & Chinese.*（《英华字汇》）	William Dean（怜为仁）	60—100	500	1845.4.14	——
9	《乡训》	米怜	100	7 000	1845.4.21	1845.10.
10	*The Humble Beginnings of the Canton Missionary Society.*（《广东传教会肇始》）	Issachar J. Roberts（罗孝全）	14	——	——	1845.5. ——

　　华英校书房是新开办的印刷所，只有一部手动印刷机，一年内能印出十种产品（第九种《乡训》在宁波完成），其中两种还多达100页，算是差强人意的成果。因为负责的柯理刚开始学习中文，而六名中国工匠除一人外从未接触过西式印刷，柯理和工匠双方在摸索中教导与学习从检字排版、打样校对、上机压印到拆版归字等西式中文印法，至于装订则仍是中国传统线装（英文书除外），外包给一家有八女五男的作坊承做。[①]

　　这十种产品的前五种已在《铸以代刻》中讨论过。第六种《张远两友相论》和第九种《乡训》是传教小册，作者是传教士米怜，由华英校书房旧书新印，都由美国小册会（American Tract Society）补助印刷经费，共300元。《张远两友相论》印完随即接印《乡训》，但因篇幅较多，直到校书房迁至宁波以后才全书告成。[②]第

---

　　① BFMPC/MCR/CH, 217/1/99, R. Cole to W. Lowrie, Macao, 20 May 1845.

　　② BFMPC/MCR/CH, 190/2/120, D. B. McCartee to W. Lowrie, Ningpo, 1 November 1845.

七种《使徒行传》和第四种《路加福音书》一样，都是以美国圣经公会（American Bible Society）补助的经费印刷，《使徒行传》的印量多达15 000部、成本365元，《路加福音书》则印14 500部、成本328元。

第八种《英华字汇》和第十种《广东传教会肇始》，是以英语读者为对象的非传教书。两位作者怜为仁与罗孝全都是美国浸信会国外传教会（American Baptist Board of Foreign Missions）的传教士，由他们付费印刷，成本共45.8元。[①]《英华字汇》的篇幅不详，柯理只说约60—100页[②]，而伟烈亚力的《来华基督教传教士纪念集》并未收录此书。《广东传教会肇始》的内容所记应当是浸信会最初在广东的工作，伟烈亚力的纪念集同样没有收录，但一部关于浸信会的书目确实记载有此书。[③]奇怪的是柯理在提及此书时，不知何故竟说印制这部"夸张可笑的产品"（bombastic and ridiculous production）让他感到羞愧。[④]

在华英校书房这十种、将近六万部印量的产品中，《以弗所书》《英华字汇》《广东传教会肇始》等三种为代印，印完全数交给付费者，《新铸华英铅印》与《拼合活字可排字表》两种则是校书房的工作用书，其他五种都是传教书，再扣除其中在澳门没有印完的《乡训》不论，还有《路加福音书》《十诫注解》《张远两友相论》和《使徒行传》等四种。柯理如何处理这四种产品值得注意，他自己不曾在澳门分书给中国人，而是先寄一部分给娄睿转赠美国各长老教会作为纪念，再将大多数免费送给澳门以外的长老会和其他传教士，

①　BFMPC/MCR/CH, 189/2/47, A. P. Happer to ?, Macao, 8 November 1845.

②　ibid., 217/1/98, R. Cole to W. Lowrie, Macao, 25 April 1845.

③　Edward C. Starr, ed., *A Baptist Bibliography* (Rochester, New York: American Baptist Historical Society, 1974), vol. 20, p. 10. 此书目将该书年份记为1844年。

④　BFMPC/MCR/CH, 217/1/99, R. Cole to W. Lorwie, Macao, 20 May 1845.

转而分发给中国人。

以印量14 500部的《路加福音书》为例，柯理各送1 000部到香港与厦门，1 980部送往长老会在华首要的宁波布道站，却非常大手笔地将多达9 000部送给广州的浸信会传教士叔未士（Jehu L. Shuck）①，以致1845年4月香港伦敦会传教士理雅各（James Legge）向柯理索赠或购买此书1 000部，柯理只能回复已无库存。②再如印量10 000部的《张远两友相论》，有2 200部送往厦门，5 000部送往宁波。③又如《使徒行传》，印量15 000部，在十种产品中最多，但1845年5月印成后一个月，校书房即迁离澳门，或许不及分发，但到宁波后也不见分发的详情，只在一份写于1846年9月30日的宁波华花圣经书房产品记录中，记载《使徒行传》尚存2 210部④，其他将近13 000部难以追踪下落。至于《十诫注解》5 000部最为离奇，早在1844年9月间已经印成⑤，却从此在柯理及其他传教士的书信中失去了踪影。这些现象显得华英校书房重视生产，却不太讲求如何有效分发。

（二）改善巴黎活字的字形

巴黎活字最大的问题是将汉字拆分部首和字根后，以同一个部首活字拼合多至数百个字根，完全不顾每个汉字各部分的比例匀称，以致许多拼合后的活字字形怪异洋相。娄睿的儿子娄理华是传教士，在华英校书房建立初期相当深入地参与过管理，他质

---

① BFMPC/MCR/CH, 217/1/98, R. Cole to W. Lowrie, Macao, 25 April 1845; ibid., 217/1/–, R. Cole to W. Lowrie, Macao, 12 June 1845.

② ibid., 217/1/98, 217/1/–, R. Cole to W. Lowrie, Macao, 12 June 1845.

③ ibid., 217/1/98, R. Cole to W. Lowrie, Macao, 25 April 1845.

④ ibid., 190/2/164, R. Cole, 'Report of the Publishing Committee ..., Ningpo, 30 September 1846.'

⑤ ibid., 189/1/649, W. M. Lowrie to W. Lowrie, Macao, 3 October 1844.

疑巴黎活字究竟有无汉字风格（The question is ‘Has this type a Chinese air?’），认为巴黎活字字形的改善之道，是请他们的中文老师检视每个巴黎活字，挑出字形怪异洋相者，要求铸造者李格昂（Marcellin Legrand）新铸全字。[1]1845年1月初《拼合活字可排字表》印成，包含22 841字，可以作为检视和改善的依据，而娄理华也随即离开澳门北上宁波，就由柯理及其中文老师根据《字表》进行改善。[2]

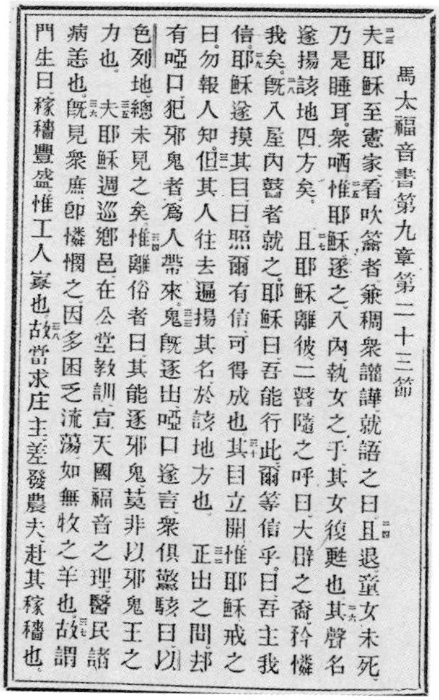
馬太福音書第九章第二十三節
二三夫耶穌至憲家看吹簫者兼稠衆讙譁二四就語之曰且退童女未死乃是睡耳。衆哂惟二五耶穌逐之入內執女之手其女復甦也二六其聲名遂揚該地四方矣。二七且耶穌離彼二瞽隨之呼曰大闢之裔矜憐我矣。二八既入屋內瞽者就之耶穌曰吾能行此爾等信乎曰吾主我信耶二九穌遂摸其目曰照爾有信可得成也三十其目立開惟耶穌戒之曰勿報人知三一但其人往去遍揚其名於該地方也三二正出之間扶有啞口犯邪鬼者爲人帶來三三鬼既逐出啞口遂言衆俱驚駭曰以色列地總未見之矣三四惟離俗者曰其能逐邪鬼莫非以邪鬼王之力也三五夫耶穌週巡鄉邑在公堂教訓宣天國福音之理醫民諸病恙也三六既見衆庶卽憐憫之因多困乏流蕩如無牧之羊也三七故謂門生曰稼穡豐盛惟工人寡也三八故當求庄主差發農夫赴其稼穡也

图1-1　华英校书房《新铸华英铅印》（1844）附巴黎活字排样

改善工作先由中文老师挑出怪异洋相的字形，柯理形容他的中文老师非常值得信赖，中文很好，足以判断字形高下。[3]应改善的活字挑出后，柯理分成三种处理方式：问题较轻的字由他随手改善，例如磨除活字笔画末端突然上扬的瑕疵。问题严重的字则由中文老师以毛笔书写工整，分次列表寄请娄睿转给李格昂新铸全字，在1845年上半年先后共列出103个需要新铸的全字。由于当时海上交通缓慢不便，柯理从澳门寄给美国的娄睿，转给巴黎的李格昂，

① BFMPC/MCR/CH, 189/1/255, W. M. Lowrie to W. Lowrie, Macao, 16 September 1844.

② ibid., 217/1/92, R. Cole to W. Lowrie, Macao, 30 January 1845.

③ ibid., 217/1/94, R. Cole to W. Lowrie, Macao, 27 February 1845.

铸成后再循相反的途径寄达澳门，往往得耗时一年半载，有些需要新铸但急待排版使用的字无法久等，只能由柯理在澳门雇工在空白的铅字字坯（shank）上逐一刻字，每刻100个字代价4元。[①]

辗转传递相当耗时费事，娄睿两度问柯理能否在华找到铸造西式活字的工匠，柯理都回答不可能。[②]他还为此写信到新加坡询问伦敦会的传教士施敦力亚历山大（Alexander Stronach），施敦力回答新加坡只有一位，正为伦敦会工作，马六甲还有一位从前为伦敦会工作的铸字工，如果柯理肯给较好工资，此人或许愿到中国。[③]但没有史料显示柯理接受施敦力的建议，他倒是一再告诉娄睿，改善巴黎活字需要时间、经验和尽力而为才行，一旦完成就没有人会反对这套活字的字形。[④]柯理的这些话是有道理的，巴黎活字经过他在澳门和稍后在宁波，以及姜别利（William Gamble）在上海陆续改善后[⑤]，对照华英校书房初期排印的《新铸华英铅印》与《拼合活字可排字表》，怪异洋相的字形确实减少了许多。

作为鸦片战争后最早在华建立的西式印刷所，华英校书房在澳门进行得还算顺利，虽然娄理华已发觉柯理的性格、情绪不稳定，必须有传教士监督才妥，却也没有发生大问题。1845年1月娄理华离开澳门北上宁波，交代传教士哈巴安德（Andrew P. Happer）从香港

---

① BFMPC/MCR/CH, 189/1/612, R. Cole to W. Lowrie, Macao, September 17, 1844; ibid., 217/1/92, R. Cole to W. Lowrie, Macao, 30 January 1845.

② ibid., 217/1/92, R. Cole to W. Lowrie, Macao, 30 January 1845; ibid., 217/1/98, 25 April 1845.

③ ibid., 217/1/99, R. Cole to W. Lowrie, Macao, 20 May 1845, enclosure, A. Stronach to R. Cole, Singapore, 18 March 1845.

④ ibid., 217/1/92, R. Cole to W. Lowrie, Macao, 30 January 1845; ibid., 217/1/94, 27 February 1845.

⑤ 柯理在宁波改善巴黎活字情形，参见笔者，《铸以代刻》，中华版，页361—362；台大版，页388。姜别利在上海的改善，参见同书，中华版，页477；台大版，页511—512。

到澳门常驻，以免柯理独留澳门，可是柯理不愿和哈巴安德相处，自行决定将校书房迁往宁波，于1845年6月下旬离开澳门北上。此后柯理在宁波任职两年，再到香港受雇主持伦敦会英华书院五年，直到1852年9月返美。他从离开澳门到返美之间七年的工作、生活与引发的争执不快，《铸以代刻》一书的《宁波华花圣经书房（1845—1860）》与《香港英华书院（1843—1873）》两篇已有论述，本文不再重复。

四、返美后的中国关系

1852年12月，柯理夫妇、儿子和中国养女搭船抵达旧金山，他们决定在加州定居。似乎柯理的中国缘分已尽，但事实却非如此，在接下来的岁月里，尽管柯理不停变换工作，夫妇俩却和中国人与中国语文一直关系密切。

柯理早年既办过报纸，回美之初便决定通过报纸为自己宣传，以利工作谋生。1853年2月15日，旧金山当地的《普雷瑟时代与抄本日报》（*Daily Placer Times & Transcript*）刊出对他的访问记，文章将近500字，主要谈他在中国制造活字与印刷中文书刊等事，也表达了他将在旧金山定居求职之意。[①] 一个多月后，柯理又接受萨克拉门托（Sacramento）的大报《联合日报》（*The Daily Union*）访问，于1853年3月26日刊出名为《中文活字与图书》（*Chinese Type and*

---

① 数据库没有收录 *Daily Placer Times & Transcript*，此处引自转载这篇报道的《纽约观察家与记事》（*New York Observer and Chronicle*），1853年3月24日，页90，'Chinese Printer in San Francisco'。

Books）的一篇报道，也有400多字内容，柯理还送报社一本华英校书房出版的《新铸华英铅印》，也展示了其他几种中英文对照的产品，并公开了自己的联络方式。①

报纸果然是有效的传播工具，很快就有人上门求才了。原来时机正好，加州州议会刚通过《外国矿工税法》（*Foreign Miners' Tax Law*），这是几年前加州发现金矿，大量墨西哥与中国矿工涌入加州各地淘金后，加州当局为此制定的生财之道。该法规定每名矿工每月需缴税4元，估计当时加州共有中国矿工一万五千至两万人，每年可收税至少72万元，再加上墨西哥矿工部分，将是加州的一笔大财源。②为使中国矿工了解这项新税制和便于收税行动，州议会又通过将其中最有关系的九个章节译成中文，并委托柯理进行翻译，还将他的译文请旧金山华人领袖之一的唐植（Tong Achick）验看，得到"良好而忠实的翻译"（good and faithful translation）的评语，接连有数家报纸刊登了柯理翻译的事及唐植的评语。③

加利福尼亚自1850年才成为美国的一州，柯理的翻译是加州法律有中文本的历史性创举，译成后要广为传播以助税收。但可能由于柯理随身带回美国的中文活字不足，便改以石印方式印刷，在旧金山请一名擅长书法的中国人书写上版，印4 000份分发到有中国矿工的各矿区。柯理不忘主动送一份给宣传自己的《联合日

---

① *Sacramento Daily Union*, vol. 5, no. 626, 26 March 1853, p. 2, 'Chinese Type and Books.'

② 这项法案内容见 *The Weekly Placer Herald*, vol. 1, no. 32 (23 April 1853), p. 1, 'An Act to provide for the Protection of Foreigners, and to define their liabilities and privileges.' 讨论这项税法和中国矿工的关系，见 *Sacramento Daily Union*, vol. 5, no. 633, 4 April 1853, p. 3, 'For the Union.'。

③ ibid., vol. 5, no. 644 (16 April 1853), p. 2, 'Translation of Nine Sections of the Foreign Miner's Law into Chinese, by Richard Cole, Esq.' *The Shasta Courier*, vol. 2, no. 8 (30 April 1853), p. 3; *Los Angeles Star*, vol. 2, no. 52 (7 May 1853), p. 2, 'Chinese Printing in California.' 唐植名廷桂，号茂枝，广东香山人，在美国通称"阿植"（Achick）之名。

报》，报社果然对柯理翻译之举大为赞扬，也期望当局能任命柯理这样通晓中文者担任收税员（tax collector）。①柯理的确也当上了收税员，不料约一个多月后的 1853 年 5 月 19 日傍晚，他在旧金山附近贝尼西亚（Benicia）地方的一艘汽船上，竟然被人殴打落水，幸而汽船驾驶员赶紧跳下水将他救起。②只是报道这条新闻的重点在已经多次英勇救人的驾驶员，而非柯理的落水，也没有说明柯理何以被殴。由于柯理被人救起后很快就放弃了收税的差使，这次意外很可能和收税有关。

不当收税人后，柯理有意办报，这是他的旧业，何况他刚因翻译加州税法一事而在报上风光一阵。当时他已迁居到内陆的小镇普雷瑟维里（Placerville），也是多雷多郡（El Dorado）地方政府的所在。当地有一家 1851 年创刊的周报《多雷多新闻》（*The El Dorado News*），由两人共有，柯理于 1853 年 6 月买下其中一人的所有权，不但自任主编，还将报名改为《多雷多共和报》（*The El Dorado Republican*）。他依然和以前在印第安纳州办报一样，在《出版计划》中揭橥该报全盘支持辉格党的政治立场，同时由于普雷瑟维里是淘金镇，多雷多也是矿区，柯理强调该报是矿工之友，将致力维护矿工的各项利益。③柯理大手笔宣传这份《出版计划》，以广告形式在萨克拉门托的《联合日报》连续刊登超过一个月（6 月 14 日至 7 月 18 日），相当引人瞩目。而《联合日报》也回报以新闻方式给予《多雷多共和报》好评，赞扬

---

① *The Daily Union*, vol. 5, no. 644 (16 April 1853), p. 2, 'Translation of Nine Sections of the Foreign Miner's Law into Chinese, by Richard Cole, Esq.'

② *Sacramento Daily Union*, vol. 5, no. 675 (23 May 1853), p. 2, 'Gallant Rescue.' 另一份报纸则说柯理是在码头边被一匹马挤落水［*Daily Alta California*, vol. 4, no. 140 (21 May 1853), p. 2, 'Gallant Rescue!'］。

③ ibid. vol. 5, no. 693 (13 June 1853), p. 2, 'Richard Cole, Esq.;' ibid., vol. 5, no. 694 (14 June 1853), p. 2, 'Prospectus of the El Dorado Republican.'

该报印刷排版优美、主编评论中肯、报道内容有趣等。①

柯理大张旗鼓宣传《多雷多共和报》，也卖力抨击属于不同党派的加州州长与政客，甚至在一次州长莅临普雷瑟维里活动时，《多雷多共和报》报道其场面极为冷清，和另一份报纸描述的热烈欢迎形成完全不同的对比。②柯理同时积极参与地方政治活动，成为多雷多郡的辉格党干部之一，先被选为通讯委员会（Corresponding Committee）的成员，又当选加州辉格党代表大会的多雷多郡代表之一。③

就在柯理好不容易打开了加州报界与政界的门缝，情况却急转直下。他在1853年9月间抛下得来不易的成果，让售自己的《多雷多共和报》所有权，也放弃了主编职位④，这距离他买下该报才仅仅三个月而已。何以如此的原因不明，但这么做就像他昔日在印第安纳的旧戏重演一般，不同的是他没有如从前那样从印州消失，毕竟这一次他得养活妻子儿女，必须留在加州另谋出路。

柯理新职来得很快，卖掉报纸约一个月后的1853年10月18日，新成立的"加州各矿水公司中央理事会"（State Central Board of the Mining Water Companies）任命他为秘书。⑤当时加州内陆的淘金事业方兴未艾，而水是淘金与生命必需之物，淘金必须兼顾供水才行，于是有业者发起成立联合组织，一面向联邦及州政府争取权益，一面彼此协力合作。1853年10月初，有31家公司在萨克拉门托集会商议，成立中央理事会主持其事，四个月后成员增加

---

① *Sacramento Daily Union*, vol. 5, no. 693 (13 June 1853), p. 3, 'From the Interior — El Dorado.'

② ibid., vol. 5, no. 730 (27 July 1853), p. 1, 'The Biglerite Meeting at Placerville.'

③ ibid., vol. 5, no. 701 (22 June 1853), p. 3, 'Whig Primary Meeting in Placerville;' ibid., vol. 5, no. 706 (28 June 28), p. 2, 'Whig Convention in El Dorado.'

④ ibid., vol. 6, no. 776 (19 September 1853), p. 2, 'Editorial Change.' *The Nevada Journal*, vol. 3, no. 23 (30 September 1853), p. 2, 'Newspaper Changes.'

⑤ ibid., vol. 6, no. 803 (20 October 1853), p. 2, 'Board of Mining Water Companies.'

22

至55家。①柯理上任后经常以秘书名义在报上刊登招募会员公司的广告，或者说明理事会的决策内容。②问题是他还是无法久在其位，1854年2、3月间，又离开了只工作了四五个月的中央理事会。

一个多月后，报上出现一则公立学校的消息，提及柯理已在上普雷瑟维里（Upper Placerville）开办一所学校，据说学生人数相当多③，但这是关于这所学校仅有的消息。几个月后，两家报纸刊出柯理即将在普雷瑟维里开办中文班，而且是在夜间上课，以便白天有工作的人可以利用晚上时间学习中文。④柯理肯定是想利用自己的中文专长利己利人，可是十九世纪中期要在加州内陆的小镇办理中文班恐怕是异想天开之举，结果也没有进一步的消息。

有件事柯理可真是办成了。那是前述1853年他翻译加州外国矿工税法留下的不愉快余波：加州政府没有付他酬劳。拖延三年后，他只好于1856年向州议会陈请补救⑤；经州议会参、众两院长达一年的审理及表决，终于在1857年2月4日通过决议，由加州财政厅拨款210元作为柯理翻译的酬劳，其中的10元是他先前垫给中国人书写付印的酬金。⑥

---

① *Sacramento Daily Union*, vol. 6, no. 789 (4 October 1853), p. 2, 'Convention of Water Companies;' ibid., vol. 6, no. 900 (9 February 1854), p. 3, 'Water Companies.'

② 这些广告为数不胜枚举，例如 *The Weekly Placer Herald*, vol. 2, no. 9 (12 November 1853), p. 2. 说明理事会政策者如 *Sacramento Daily Union*, vol. 6, no. 900 (9 February 1854), p. 3, 'Water Companies.'

③ *Sacramento Daily Union*, vol. 7, no. 958 (19 April 1854), p. 1, 'Public Schools.'

④ *Daily Alta California*, vol. 7, no. 361 (29 December 1856), p. 2, 'What Nest!' *Marysville Daily Herald*, vol. 7, no. 126 (31 December 1856), p. 3, 'The Chinese Language.'

⑤ *Sacramento Daily Union*, vol. 10, no. 1551 (15 March 1856), p. 3, 'California Legislature — Seventh Session;' ibid., vol. 11, no. 1559, (25 March 1856), p. 3, 'Assembly;' ibid., vol. 11, no. 1581 (19 April 1856), p. 3, 'California Legislature — Seventh Session.'

⑥ ibid., vol. 12, no. 1829 (5 February 1857), p. 2, 'Legislative Proceedings — California Legislature, Eighth Sessions;' ibid., vol. 12, no. 1841 (19 February 1857), p. 3, 'Laws of California, Passed at the Eighty Session of the Legislature.'

翻译费是一次性的酬劳，柯理还得另谋长期稳定的收入，于是又回头想办报。从1857至1859三年间，他和三份报纸有关，但几乎都默默无闻。1857年11月7日，他在普雷瑟维里《山区民主党人报》（*The Mountain Democrat*）刊登广告，宣布将要创办新报《卡森山谷新闻》（*Carson Valley News*），提到自己不久前才离开《普雷瑟维里美国人》（*Placerville American*）周报，却没有多说一句这份周报是怎么回事，就接着宣布自己将在热那亚（Genoa）创办《卡森山谷新闻》，并集中关注农业、园艺、矿业，以及鼓吹廉能政府、兴建横贯东西岸铁路等主题，他还特别声明：一旦有了五百名订户，就立即出版创刊号，每年订费8元等。①

问题是热那亚在普雷瑟维里以东约八十公里更为内陆之地，已经超出加州境内，在目前的内华达州（Nevada）界内，柯理没有说明自己将如何远赴当地办报。由于美国的报纸数据库没有关于《卡森山谷新闻》的记载②，又当时没有其他报纸曾转载《卡森山谷新闻》内容的线索，也可能柯理根本没能达成五百名订户的条件，《卡森山谷新闻》应该只存在于他的心头和广告中，实际并没有问世；而且上述广告出现五个月后，他又于1858年4月加入另一份报纸的改组，那是普雷瑟维里附近淘金小镇科洛马（Coloma）出版的《真共和党人》（*True Republican*），不过柯理只是改组后该报的三名所有人之一，他掌握多少权力及是否担任主编，都不得而知。③

---

① *The Mountain Democrat*, vol. 4, no. 34 (7 November 1857), p. 2, 'Proposals.' 这篇广告又在同月14日刊登一次。

② 据《纪录美国：历史上的美国报纸》数据库的《1690年以来美国报纸名录》（US Newspaper Directory, 1690–Present），热那亚于1875—1880年间有人办过一份《卡森山谷新闻》（*Carson Valley News*）。

③ *Sacramento Daily Union*, vol. 12, no. 2210 (27 April 1858), p. 1, 'Coloma Republican.'

到1858年为止,柯理返美已经六年,翻译税法、办报纸、办学校等,虽然变动不居,至少都和语言文字密切相关,也都在文化传播的领域之内。但他或许为如此不停打转而感到厌烦,1859年底时突然大转变当起市场商人,而且贩卖鸡、鸭、鹅、火鸡等家禽。这年12月31日他在《山区民主党人报》刊登广告,宣传在普雷瑟维里的贝德福大街(Bedford Avenue)自宅开幕的"家禽卖场"(Poultry Yard),还兼卖面粉、小麦、大麦、燕麦、奶油、蛋类,甚至还有上好的干草等。① 紧接着从1860年1月14日起,柯理大手笔地在《山区民主党人报》刊登几乎占全栏一半的大幅广告,直到同年2月11日止。② 而《山区民主党人报》也回馈这位广告大客户,在新闻栏提醒读者注意他的新事业。③

　　柯理的行业大转变,他的性格却始终如一,"家禽卖场"最多经营了一年便结束了。他又回到办报的旧业,于1861年6月初忙着筹备新报纸的创刊与争取订户。当时美国南北战争刚刚爆发,加州没有卷入战争,但舆论不分党派,绝大多数主张维持联邦制度,柯理也将新报纸取名《多雷多郡联邦报》(El Dorado County Union),但并非全新的报纸,而是买下普雷瑟维里原有的《中央加利福尼亚人报》(Central Californian)改名而成,柯理为所有权人兼主编。④《山区民主党人报》也不吝推崇柯理在报业中不论编辑、采访或经营都是老手,他的精力、信念和诚实都享名已久,期望他的新报纸能获得

---

① *The Mountain Democrat*, vol. 6, no. 42 (31 December 1859), p. 2, 'Poultry Yard.'

② ibid., vol. 6, nos. 43–48 (7 January – 11 February 1860), p. 2, 'A Penny Saved is Two Pence Gained.' 从1860年1月21日起这个广告刊在第3页。

③ ibid., vol. 6, no. 42 (31 December 1859), p. 3, 'Poultry;' ibid., vol. 6, no. 43 (7 January 1860), p. 2, 'R. Cole.'

④ *Daily National Democrat*, vol. 6, no. 119 (30 June 1861), p. 2, 'El Dorado County Union.' *Red Bluff Independent*, vol. 1, no. 93, (22 June 1861), p. 3, 'Changed Hands;' ibid., vol. 1, no. 97 (2 July 1861), p. 2, 'New Paper.'

大众的支持等。① 另一份报纸《国家民主党人日报》（*Daily National Democrat*）也对《多雷多郡联邦报》的创刊号和柯理个人表示称赞，并祝福他的报纸成功。②

《多雷多郡联邦报》办得不太顺利。1861年6月下旬创刊前后，多雷多郡的联邦民主党（Union Democratic Party）举行代表大会，柯理写信要求会议通过《多雷多郡联邦报》为该郡联邦民主党的机关报，却遭到拒绝，而且是出席者一致拒绝。③ 其次，该报本是周刊，柯理或许是受到上述被人拒绝的刺激，突然自7月起改为日报，甚至还不寻常地一天出两次报④，为此需要增加人手。他登报招雇品行端正的熟练印工，也雇用了一名中国人⑤，却引起原有的三名印工不满。他们和当时许多美国人一样歧视华人，无法接受中国印工和他们平起平坐，宁可集体辞职不干。同年8月初，报道这件事的报纸特地列举三位辞职印工的姓名，并祝福他们，同时又预料《多雷多郡联邦报》看来撑不了多久。⑥ 这种语气有些幸灾乐祸，却也是实情。当时这类地方性小报的人手都屈指可数，一次有三人离职肯定是很难承受的灾难，而且当时这些小报都会彼此转载内容，这样才能填满篇幅，但此后再也找不到其他报纸

① *The Mountain Democrat*, vol. 8, no. 23 (8 June 1861), p. 3, 'New Paper.'

② *Daily National Democrat*, vol. 6, no. 119 (30 June 1861), p. 2, 'El Dorado County Union.'

③ *The Mountain Democrat*, vol. 8, no. 26 (29 June 1861), p. 2, 'Douglas County Convention.'

④ *Sacramento Daily Union*, vol. 21, no. 3215 (18 July 1861), p. 4, 'Take Notice.'

⑤ ibid., vol. 21, no. 3202 (2 July 1861), p. 4, 'Wanted — A Good Job Printer.' 稍早有两家报纸报道，有一名柯理在香港英华书院时雇用的华人印工庄恒（Chong Hang），于1860年年底到多雷多郡南边阿玛多郡（Amador County）的报社求职未成［见 *Marysville Daily Appeal*, vol. 2, no. 290 (28 December 1860), p. 3, 'A Chinese Compositor.' 又见 *San Joaquin Republican*, vol. 10, no. 307 (28 December 1860), p. 3, 'A Chinese Compositor.'］，或许柯理新雇用的就是庄恒。

⑥ *San Joaquin Republican*, vol. 11, no. 183 (3 August 1861), p. 3, 'El Dorado Daily Union.'

转载《多雷多郡联邦报》的线索，由此可以判断应该是很快就停刊了。这也是柯理最后经营的一种报纸，结局仍是他难以持久的一贯模式。

1862至1865年间，柯理不再自创事业，可能也已没有资金可供消耗，于是为人工作，但依旧屡经变换，先后担任位于斯托克顿（Stockton）的加州州立精神病院职员①、区域性的图书销售业务员②，以及代理一种取得专利的马车安全装置销售等③，这几样工作都不在多雷多郡，他必须经常离家在外；他还曾具名为一种痢疾药丸的广告代言。④

柯理最后一件和中国有关的事务，是1862年10月在州立精神病院工作期间，将香港圣保罗书院（St. Paul's College, Hong Kong）出版、英华书院印刷的一部《算法全书》赠送给斯托克顿的活字印刷协会（Typographical Society of Stockton）。⑤该书作者为大英公会（Church Missionary Society）的传教士蒙克里夫（Edward T. R. Moncrieff），他于1850—1852年担任圣保罗书院教师时为学生编写的教本，内容分六章、正文三十五叶，以英华书院的大小三种活字按中国传统书写方式从右至左排印文字与数字，书中各种算式、符号与行格又纵横交错，不论检字、排版或印刷都相当费时而困难，但铅活字呈现出整齐划一、杂而不乱的面貌，易于阅读辨识与学习，可以

---

① *San Joaquin Republican*, vol. 12, no. 249 (19 October 1862), p. 2, 'A Chinese Book;' ibid., vol. 12, no. 250 (21 October 1862), p. 3, 'Magic Lantern.'

② *San Jose Weekly Mercury*, vol. 13, no. 5 (8 June 1865), p. 2. *Santa Cruz Weekly Sentinel*, vol. 10, no. 12 (26 August 1865), p. 3, 'President Lincoln and Son.'

③ *Sacramento Daily Union*, vol. 30, no. 4574 (18 November 1865), p. 2, 'Rosenfield's Patent;' ibid., p. 3, 'Patent Whiffletree.'

④ *Stockton Independent*, vol. 3, no. 142 (16 January 1863), p. 3, 'Grover's Rock Break.' 这项广告接连刊登数期。

⑤ *San Joaquin Republican*, vol. 12, no. 249 (19 October 1862), p. 2, 'A Chinese Book.'

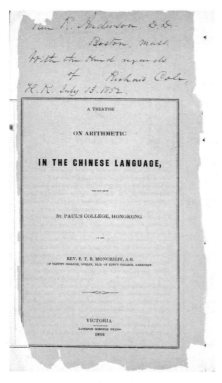

说是英华书院活字印本的一种代表作，也是柯理在中文活字制造与印刷上的具体成就。《算法全书》印刷未完而作者已辞职离去，余下约三分之一篇幅是由柯理校对完成的，至1852年4月完工出版，五个月后柯理自己也离职返美。

图1-2 柯理亲笔题赠《算法全书》封面
（美国哈佛大学哈佛燕京图书馆收藏）

1865年11月底，萨克拉门托的报纸刊登柯理连续两天在当地街头表演马车安全的装置[①]，这是已知他最后一次出现在报上的行踪，他大约死于1866年。随后他的妻子卡洛琳从家庭复出，积极参与婚前从事的教育与社会服务工作。1867年3月，萨克拉门托的妇女团体筹资开办"基督教孤儿院"（Protestant Orphan Asylum），任命卡洛琳为主持院务的舍监（Matron）[②]；1869年，她应邀迁居旧金山，向中国移民妇女及孩童传教，建立一间兼收男女生的小学，1869年5月开学，1875年时有41名学生，她不仅获得了传教界普遍的赞誉[1]，美国政府历次的访查报告也肯定了她的工作成果。[2]卡洛琳主持学校至1876年1月7日因病过世，报纸上有纪念她的一篇报道，名为《长久而有用的一生》(A Long and Useful Life)。[3]

结　语

　　本文的目的在于探究美国来华印工柯理不为人知的生平，以期更全面而深入地了解这位近代中文活字印刷出版史上的重要人物。在本文的研究中，令人印象最深刻的是他对工作欠缺持之以恒的态度，也不能尽量考虑周详，所以频繁更换工作，涉猎的行业则从印刷、报业、学校、家禽买卖到精神病院、图书和专利产品销售等，极为广泛。问题是他行事经常虎头蛇尾，一开始大做宣传，声势可观、引人瞩目，却不久就告结束，甚至不顾后果就抛弃原有的一切，宁可另起炉灶，且至少有三次计划已公之于世，也都不了了之。这些重复发生的现象已不是偶然或意外所致，而应归结于他的性格、情绪与

　　① 　O. Gibson, *The Chinese in America* (Cincinnati: Hitchcock & Walden, 1877), p. 165. *Historical Sketches of the Missions, under the care of the Board of Foreign Missions of the Presbyterian Church U.S.A.* (Philadelphia: Woman's Foreign Missionary Society of the Presbyterian Church, 1897, 4th ed.), p. 74. *American Missionary*, vol. 14, no. 11 (November 1870), p. 256.

　　② 　*Report of the Commissioner of Education for the Year 1871* (Washington, D. C.: Government Printing Office, 1872), p. 82, 'An Effort in Behalf of Chinese Women.' *Report of the Joint Special Committee to Investigate Chinese Immigration* (Washington, D. C.: Government Printing Office, 1877), p. 1181.

　　③ 　*San Jose Daily Mercury*, vol. 8, no. 101 (11 January 1876), p. 2, 'A Long and Useful Life.'

态度的不良特质。

相对地，柯理在华八年半期间只更换过一次工作，而且前后都在印刷出版的领域之内，算是他生平仅有的比较稳定的时期，也得以发挥他在这方面的专长技能，相继主持华英校书房、华花圣经书房与英华书院三家重要的印刷所，并大幅度改善提升巴黎活字与香港活字的效用，从而拥有他自己在近代中文活字印刷出版史上的一席之地。只是这八年半期间他依旧有着性格、情绪与态度的问题，以致和前后雇主美国长老会外国传教部与伦敦传教会都闹得不欢而散，未能为中文活字印刷做出更大的贡献。

2

姜别利这个人

绪　言

姜别利（William Gamble, 1830—1886）先后主持华花圣经书房与美华书馆，是近代中国印刷出版史上的重要人物。在他所属的美国长老会外国传教部档案中，留下了许多他撰写的书信手稿和印刷品，也有许多别人写给他或者谈论到他的书信内容。本文根据这些档案讨论他的人格特质，内容重点不在他的中文活字各项技术成就，而在于他是怎样的一个人，他的个性、工作态度、待人处事的模式，以及别人对他的看法评论等。这些和他的工作与成就有密切的关联性。这些档案的内容显示出他的三种人格特质：积极创新的精神、精明谋利的才能以及鲁直待人处世的态度。这些人格特质促成他在印刷工作上的非凡成就，却也导致他愤而辞职离华的后果。

一、积极创新的精神

积极创新的精神可说是姜别利最为凸显的一项人格特质，也是

＊ 本文由宫坂弥代生（Yayoi Miyasaka）女士译成日文，分三期刊于ダイナフォントストーリー：2019年12月24日（https://www.dynacw.co.jp/fontstory/fontstory_detail.aspx?s=405）；2020年2月10日（https://www.dynacw.co.jp/fontstory/fontstory_detail.aspx?s=420）；2020年4月10日（https://www.dynacw.co.jp/fontstory/fontstory_detail.aspx?s=435）。

＊＊ 本文曾收在孙明远主编《方寸之间：汉字文字设计文集》，（北京：文化艺术出版社，2023），页91-109。收入本书已修订。

他能在中文活字技术上获得空前成就的重要因素。他在1858年来华前，和中国没有什么渊源，对中国的认识应该就是接受来华任命的前后，长老会外国传教部秘书娄睿（Walter Lowrie）告诉他的关于在华传教与中文印刷的事。但是姜别利以自己原有的印刷专业基础，来华后很快地实际应用到中文印刷之上，例如电镀字模、计算中文常用字、设计活字架、发明造字新法等，都在很短的时间内呈现出巨大的成果，若没有积极创新的精神不可能如此。

姜别利甚至在还没有抵达宁波接掌华花圣经书房前，就已提出并准备了第一项创新计划。1858年6月15日姜别利搭乘来华的船只到达香港后，停泊了三个多星期，他把握机会，几乎每天前往伦敦传教会在香港的印刷所英华书院考察，也和负责英华的传教士湛约翰（John Chalmers）、中国人主管黄胜深入交谈。英华书院是当时西式中文活字的生产与印刷重镇，姜别利在密集访问后对于利用西方技术印刷中文的实况已经相当了解。他在写给娄睿的长信中详细描述了英华书院活字的情形，并且提出自己的新主意，就是购买英华的活字予以电镀成字模，如此华花圣经书房可以很少的代价拥有英华的全套活字字模。姜别利的确买了一些英华活字带到宁波备用。①

抵达宁波四个月后，姜别利于1858年12月初迈出电镀活字的第一步，以英华活字进行电镀制成字模实验并获得成功。②其实，在姜别利以前已经有人进行过同样的实验：早在1845年和1846年时，宁波长老会布道站要求华花圣经书房的印工柯理和两名传教士麦嘉缔、克陛存（Michael S. Culbertson）共同进行电镀字模的实验，

① BFMPC/MCR/CH, 199/8/12, W. Gamble to W. Lowrie, Hong Kong, July 2, 1858.
② ibid., 191A/4/173, Henry V. Rankin to W. Lowrie, Ningpo, December 8, 1858.

结果三人尝试失败，他们归因于材料和工具不足，也没有继续设法改进就停止了实验。①结果十二年后，由专业、积极主动又富于创新精神的姜别利完成中国最早的电镀字模之举。他随即向英华书院订购活字，每个汉字只买一个，电镀成字模，并在此后七八年间复制了英华书院的两套活字。

令人难以置信的是姜别利抵达宁波后还不满一个月，竟然很快地又着手于第二项创新计划。他在1858年8月底写信给娄睿：

> 我已经要求我的中文老师在不教我的时候，计算一部书中不同的汉字出现的次数。如果能有几位老师做这件事，便可以在算过所有我们出版的书以后，知道在一套活字中每个汉字需要铸造的正确数量。②

和电镀字模一样，姜别利也不是最早尝试计算汉字使用频率的人。早在1825至1826年间，伦敦会的传教士戴尔（Samuel Dyer）已经用马礼逊（Robert Morrison）的中文《圣经》算过一次，1827年戴尔在槟榔屿传教时又扩大到计算13种书，并在1834年出版《重校几书作印集字》（*A Selection of Three Thousand Characters*）③，罗列3 000个常用汉字作为打造一套活字的依据。但是，为数仅有3 000个未免过少，十余年后以戴尔活字为本而成的英华书院活字陆续增

---

① BFMPC/MCR/CH, 190/2/106, 'Minutes of the Annual Meeting of the Ningpo Mission, September 10, 1845;' ibid., 190/2/122, R. Cole to W. Lowrie, Chusan, November 15, 1845; ibid., 190/2/160, W. M. Lowrie, 'Minutes of the 2nd Annual Meeting of the Ningpo Mission held September 1846.'

② ibid., 199/8/35, W. Gamble to W. Lowrie, Ningpo, August 30, 1858.

③ Samuel Dyer, *A Selection of Three Thousand Characters, Being the Most Important in the Chinese Language*. Malacca: Printed at the Anglo-Chinese College, 1834.

加，至1857年时达到5 584个汉字的规模。^①姜别利在次年来华时就密集参访英华书院，应该知道了戴尔计算的数字和实际使用之间的明显落差，所以会在到宁波后不到一个月，就着手计算汉字使用频率，以确定在一套中文活字中，各个汉字应该铸出的正确活字数量。

在书中逐字计算每个汉字出现的次数极为费时费事，最多时雇用三人计算，一开始由姜别利个人负担工资，后来改由华花圣经书房的经费支出。^②1861年姜别利根据计算28种基督教图书、116万余字的结果编印成《两种字表》(*Two Lists of Selected Characters*)一书^③，取其中出现频率较多的5 150个字，加上伦敦会活字中特有的850个字，合计6 000个字。姜别利认为这就是一套中文活字应该要有的汉字字数，每个汉字再依出现频率铸造适当的活字数量。

解决了一套活字该有的汉字字数与每个汉字应铸的活字数量问题，接着考验姜别利的是这些活字究竟如何安排为宜。因为相对于拼音文字，汉字的数量实在太多，安排若不得当，检字排字工人在活字架间疲于奔命，会严重影响检字排字的效率。结果姜别利又再度显示了令人惊讶的创新能力，他在1858年8月底表示请中文老师计算汉字的同一封信中，也提到如果华花圣经书房的活字架与架上的活字盒能有较好的安排，相信检字排字效率和印刷产量都可以大幅度提高。^④

姜别利说的"较好的安排"在十个月后实现了。他在写于1859

① LMS/CH/SC, 6.1.A, J. Chalmers to A. Tidman, Hong Kong, October 14, 1857.

② BFMPC/MCR/CH, 199/8/14, Annual Report of the Ningpo Press for 1859-60.

③ W. Gamble, *Two Lists of Selected Characters Containing All in the Bibles and Twenty Seven Other Books*. Shanghai: Presbyterian Mission Press, 1861.

④ BFMPC/MCR/CH, 199/8/35, W. Gamble to W. Lowrie, Ningpo, August 30, 1858.

图 2-1　美华书馆使用的姜别利所创中文活字架
（G. McIntosh, A Mission Press Sexagenary. Shanghai: APMP, 1904.）

年 7 月 12 日的信中告诉娄睿，已经设计出不同以往的活字架与活字放置方式，活字架三面环绕着排版工匠，工匠不需要移动一步便伸手可得架上十分之九的活字，剩下的也只需转身便得。[1] 几个月后，传教士兰显理（Henry V. Rankin）兴冲冲地报导新活字架与活字安排新法的实用情形：

> 一名童工站着不必移动一步，可以在两天内排好一个组版（form）再将活字归还原位。这名童工进入华花书房才几个月，也才开始排版而已，不久以后他将可以在一天内就完成同样的工作。而一名排版熟工至少需要三天时间，才能从旧有的活字架上完成和那童工相同的工作量。[2]

①　BFMPC/MCR/CH, 199/8/22, W. Gamble to W. Lowrie, Ningpo, July 12, 1859.
②　ibid., 191A/4/234, H. V. Rankin to W. Lowrie, Ningpo, December 17, 1859.

这显示姜别利的第三项创新计划又成功了。事实上他的活字架成为后来中国各地印刷机构的"标准"设施,长达数十年之久,直到1948年时还有人仍在使用。[1]

不过,姜别利最受人推崇的创新应该是第四项,即以木质字范(punch)取代钢质字范的造字新法。从十五世纪西方使用活字印刷以来,制造工序总是先打造钢质字范,再翻制铜质字模,然后铸出活字。但是,打造字数和笔画都繁多的汉字钢质字范,实在旷日费时而难以成就,姜别利于是发挥创新精神另辟蹊径,1860年6月他在给娄睿的信中首先隐约透露:"我已想出一种打造字模的新方法,成本微不足道,若能如我所期待的成功,将会是一桩大事。"[2]到同一年底华花圣经书房迁移到上海前的半年间,姜别利又两次提到这种造字新法,表示已经雇用一名由他教导技术的中国工匠[3],动手制作一套新活字的字模,不但成本极低,字又小,更重要的是具有外国人无法刻出的汉字美好韵味,他充满期待地表示:"从黄杨木刻字制造字模的方法果真实现,将开创中文活字印刷的新纪元。"[4]

由于印刷所迁移上海,以新法打造活字暂停,再度开工后为了维持整套活字的字体型态风格一致,仍由原来的那名刻工独挑大梁,娄睿也在1864年间特地将新活字命名为"上海活字",以区别于美华书馆已有的香港、柏林和巴黎等活字。[5]直到1865年上海

① 邹万清,《改革新字架介绍》,张静庐辑注,《中国现代出版史料(丙编)》(北京:中华书局,1956),页438—449。

② BFMPC/MCR/CH, 199/8/29, W. Gamble to W. Lowrie, Ningpo, June 25, 1860.

③ 关于这位刻工王凤甲(Wong Feng-dzia),参见本书《小刻工、大成就:王凤甲的故事》一篇。

④ ibid., 199/8/34, W. Gamble to W. Lowrie, Ningpo, August 11, 1860; ibid., 199/8/36, W. Gamble to W. Lowrie, Ningpo, October 15, 1860.

⑤ ibid., 199/8/59, W. Gamble to W. Lowrie, Shanghai, 21 May 1864.

活字才大功告成，先后费了五年半工夫，是姜别利各项创新中耗时最长才完成的一项。他自己却很有把握，早在1860年才动工不久就说，这种造字新法和新活字架是自己到中国两年间的两大技术贡献。①

以上电镀字模、计算汉字使用频率、设计新活字架，以及造字新法四项创新中，前三项都是姜别利一到宁波就发动，第四项也是在不到两年后就开始的。可贵的是姜别利一直保持着创新的精神，到1867年以上四项创新都完成后，他随即在1868年开始第五项创新计划：电镀铜版。其实这也是他早已有之的构想，在前述他写于1858年7月2日香港的来华第一封信末尾，提到自己有个想法，即制作电镀铜版印刷《圣经》，可以低于英华书院所印的成本。②此后姜别利也屡次谈论电镀铜版，只因电镀铜版的技术和成本都高于电镀活字，制作时间也较长，而且他各项工作忙碌，实务上必须安排缓急先后，才会在完成前四项创新后再进行电镀铜版的制作，并宣称："在美华书馆的历史上，刚结束的这一年（1868）是以成功开始电镀铜版作为标志的。"③姜别利第一种电镀铜版印的产品，是1869年3月完成的《圣经》新约，接着又在几个月内印出14种电镀铜版的书，完成后他于1869年10月1日辞职离开了美华，电镀铜版成为他对中国印刷事业最后的一项创新贡献。

姜别利当初来华时，美国长老会外国传教部在娄睿主导下，坚持以西式活字印刷中文，不但要和中国传统的木刻印刷竞争，更要

---

① BFMPC/MCR/CH, 199/8/36, W. Gamble to W. Lowrie, Ningpo, 15 October 1860.
② ibid., 199/8/12, W. Gamble to W. Lowrie, Hong Kong, July 2, 1858.
③ ibid., 200/8/190, W. Gamble, 'Annual Report of the Presbyterian Mission Press at Shanghai, for the Year Ending 30th September, 1868.'

达到最终取而代之的目标。可是，以萌芽才二十余年的西式中文活字与已有千年之久的中国木刻竞争，还希望取而代之，简直如同不可能完成的任务。但姜别利的各项创新，无一不涉及提高效率、降低成本和保持品质等竞争的关键，将技术的优势转化成生产、成本和品质等经营的优势，于是不可能的竞争成为事实。即使他离职时西式中文活字要取代木刻仍有待中国社会更多因素的加入配合，但西式活字优势明显，使用的中国人明显增加，要在竞争中超过木刻已不是问题，而姜别利一贯的创新精神是造成这种情势的一项重要因素。

二、精明谋利的才能

姜别利的中文姓名本是"姜辟理"，1930年代贺圣鼐译为"姜别利"并广为人沿用后，姜辟理之名几乎湮没无闻。但是，"别利"完全不合西方资本主义社会出身的姜别利的想法与做法，他不论公私两端都很精明灵活，追求金钱利益，实际上也都大有所获。

在公务上，姜别利相当注重开源节流。他在华花圣经书房和美华书馆两个时期的做法，因应现实环境的条件而各有侧重。由于宁波实在没什么开源的机会，而且他才到职，所以整顿华花圣经书房以节流为重，而首要的对象为工资、纸张与装订三者。在工资方面，他就工匠的月薪和排版字数与压印张数分析后，和中国木刻的工资与工作量比较，发现华花圣经书房的活字印刷只比木刻省下很少的零头而已，几乎没有竞争上的优势，更不必奢谈取木刻而代之。于是姜别利在征得工匠同意后,将他们的固定月薪改为论字计酬,既可提高产量,而工匠也愿意多劳多得,并获得其他传教士的赞许。①在纸张方面,这是华花圣经书房最主要的一项支出,超过所有成本的一半,主要原因是宁波不产纸,必须通过中间商向外地购买,姜别利改为直接向福州产地收购,以降低价格。②至于装订方面,华花圣经书房原来外包给人装订,姜别利到职后认为前一年度(1858)的476元代价太高,和承包商谈判后随即在1859年度降为366元,省下110元;而1860年度又增加至422元,则是因为华花圣经书房的产量从前一年(1859)的730万余页提高至930万余页,整整多了200万页。③

印刷所迁到商业兴盛、交通便利的上海以后,姜别利经营美华书馆开辟财源的机会大增,同时1861至1865年美国南北内战期间,长老会外国传教部的收入减少,中国传教经费也受到影响。美华却有能力自筹财源,对母会经费的依赖大为减轻,姜别利也展现出精明的商业才干,有如上海布道站负责财务的传教士克陛存于1862年所说:"我们可从代印收到大笔的收入,这主要仰赖姜别利先生的经营,我不会怀疑他能否成功。"④

美华书馆的收益主要是代工印刷和出售活字两者。代工印刷指的是在长老会、美国圣经公会和宗教小册会三者以外付费印刷其

---

① BFMPC/MCR/CH, no. 18, W. Gamble to W. Lowrie, Ningpo, October 11, 1858; ibid., vol. 4, no. 197, H. V. Rankin to W. Lowrie, Ningpo, May 5, 1859; ibid., no. 242, 'Report of the Press for the Year Ending October 1st 1859.'

② ibid., 199/8/18, W. Gamble to W. Lowrie, Ningpo, October 11, 1858.

③ ibid., 199/8/19, W. Gamble to W. Lowrie, Ningpo, January 31, 1859; ibid., 199/8/32, W. Gamble to W. Lowrie, Ninpo, 14 February 1860; ibid., 191A/4/177, 'Report of the Press for the Year Ending September 30, 1858;' ibid., 192/4/242, 'Report of the Press for the Year Ending October 1, 1859;' ibid., 199/8/14, 'Annual Report of the Ningpo Press for 1859-60.'

④ ibid., 191A/5/249, M. S. Culbertson to W. Lowrie, Shanghai, May 17, 1862.

40

他印件。前三者是以成本或接近成本的微薄利润计价，至于代工印刷的收费则不同：若是其他传教会或个别传教士委托代印的基督教书刊，计价稍高，但仍接近成本；若是个别传教士关于中国或日本的著作，收费高于前者，但因这类著作仍间接有助于传教工作，也给予折扣优惠；至于代印商业书刊、文件、广告或表格等，姜别利则在商言商，收费最高。①

美华书馆代印的利润之高，可以克陛存在1862年7月的举例说明：在当时姜别利已收到和未完成的代印收入合计1 150元中，利润至少有700元（60%）。②难怪姜别利会积极地在不影响传教书刊印刷的原则下，很用心地经营代印生意，例如增加美华的工匠人手应付接踵上门的生意，也几次请娄睿新购印刷机运来，还为了迎合顾客的不同品味、需求，从美国采购不同字体的英文活字与装饰的花色等。③结果美华代印收入大为增加，从1862年的673元涨到1869年的5 374元④，这还是由于姜别利刻意不接受太多纯粹商业性的代印，以免影响到传教书刊的印刷，否则代印收入还会更多。

出售活字是美华书馆在代印以外又一种自筹财源，但姜别利直到1865年才开始出售活字，原因在于他既然曾电镀复制英华书院的两种活字，当然也担心别人如法炮制电镀美华的活字。1865

---

① BFMPC/MCR/CH, 200/8/248, 'Annual Report of the Shanghai Mission, by John Wherry, September 30, 1868.'

② ibid., 191A/5/259, M. S. Culbertson to W. Lowrie, Shanghai, July 17, 1862.

③ ibid., 199/8/–, W. Gamble to W. Lowrie, Shanghai, June 18, 1861; ibid., 199/8/42, W. Gamble to W. Lowrie, Shanghai, no day [received in New York on November 2, 1861]; ibid., 191A/5/269, W. Gamble to W. Lowrie, Shanghai, September 3, 1862; ibid., 199/8/107, J. Wherry to John C. Lowrie, Shanghai, 15 January 1868.

④ ibid., 199/8/45, Report of the Press for the Year Ending Oct. 1, 1862; ibid., 195/9/131, Presbyterian Mission Shanghai in a/c Current with the Presbyterian Mission Press for the Year Ending Sept. 30, 1869.

年7月姜别利写信告诉娄睿，自己很不愿意出售活字，唯恐有人取得美华活字后复制，从而"剥夺"（deprive of）美华出售字模的机会。①尽管如此，由于英华书院在这年以低价卖出了一批字模给上海道台丁日昌，姜别利不甘示弱，也设法出售美华的字模给丁日昌，并将价格压低到和英华一样，以保持竞争力。②从1865年到1869年姜别利离职的四年间，美华活字的销售金额从681元快速上升到5 992元③，比代印收入的增长程度更为明显，而出售的活字中、英、日三种语言都有，销售对象则从中国扩大到日本、美国与欧洲。

代印和活字成为美华书馆的重要财源。1868年4月姜别利表示，美华书馆过去半年的开支约6 000元中，多达5 000元是来自代工印刷和出售活字，只有1 000元取自外国传教部的经费。④四个月后，姜别利又说当年美华支出的经费中，约2 500元来自外国传教部，另有8 500元则来自代印与出售活字等。⑤也就是说，美华的经费绝大部分出于自筹，这表示美华书馆在姜别利的经营下确实生财有道，大幅度减少了对外国传教部经费的依赖。

姜别利精明谋利的作风也运用在增加自己的财富上。1860年代初期，由于太平天国战事的影响，江南居民大量避居上海，造成

---

① BFMPC/MCR/CH, 196/7/169, W. Gamble to W. Lowrie, Shanghai, July 20 1865.

② ibid., 199/8/–, 'Annual Report of the Presbyterian Mission Press at Shanghai, from Oct. 1, 1864 to Oct. 1, 1865.'

③ ibid., 199/8/–, 'Annual Report of the Presbyterian Mission Press at Shanghai, from Oct. 1, 1864 to Oct. 1, 1865;' ibid., 195/9/131, 'Presbyterian Mission Shanghai in a/c Current with the Presbyterian Mission Press for the Year Ending Sept. 30, 1869.'

④ ibid., 200/8/140, W. Gamble to J. C. Lowrie, Shanghai, April 17, 1868.

⑤ ibid., 200/8/187, W. Gamble to J. C. Lowrie, Ningpo, August 11, 1868. 姜别利写此信时正在宁波度假，因此发信地点为宁波。

土地、住宅和建筑的需求与价格迅速上涨，许多华人和外国人投资土地和住宅的买卖生意，姜别利也是其中之一。他到上海后很快就了解了这种现象，在1862年11月写信给娄睿表明自己从事土地投资的事，说是希望投资的报酬可以使自己不必支薪，减轻外国传教部的负担，同时声明自己是业余行为，没有占用美华书馆的工作时间。很有意思的是姜别利可能是为了证明投资土地大有可为，特地举例说有位如此投资的上海外国人一年收入高达五万两银。①

　　1863年1月，姜别利又提起自己投资土地的事，表示在美华书馆附近买下的建筑用地已经出租，每年收入是地价的三分之一，由于土地是借钱买的，三年可以还清贷款，此后可望每年有三千两银的租金收益，远多于自己的生活所需，届时他将不再支领外国传教部的薪水，因为他决定"为美华的利益而奉献自己和自己所有的一切"②。姜别利的土地生意做得不小，除了出租也有买卖，结果他竟在一年后就兑现了自己的诺言。1863年10月他写信给娄睿说：

　　　　虽然财神是上海本地供奉的神祇，而我和财神也有关联，但是我希望财神不会控制了我的心志。我告诉过您，我买了一些土地，获利很好，也说过希望我能以此获利支持自己，不必从本会支薪。我很高兴地说，我在去年做到了这点，我刚刚付了足够抵偿我各项费用的金额给司库，也希望明年能继续如此，等到买地借的钱付清后，不仅支

　　①　BFMPC/MCR/CH, 199/8/–, W. Gamble to W. Lowrie, Shanghai, November 5, 1862.
　　②　ibid., 199/8/46, W. Gamble to W. Lowrie, Shanghai, January 17, 1863.

持我自己，还能支持两三名传教士的费用。①

姜别利坦承自己和上海中外居民一样都追求财富，但自己不至于财迷心窍，因此兑现诺言，也希望继续甚至增加奉献的金额。虽然此后姜别利没有达到支持两三名传教士的期望，但他至少在自己不领薪水以外，又捐给传教士范约翰（John M. W. Farnham）办理的清心书院50元，捐了350元给在苏州传教的一名德国人斯米德（Charles Schmidt）②；此外，姜别利还负担自己一位在上海长期同住的妹妹的生活，也自掏腰包四五百元整修自己住的长老会宿舍。③这些都显示姜别利的土地生意不小而获利相当丰厚。在《上海道契》中可以见到他至少买过十二笔土地，合计多达17.4亩余，价钱共约26 000两银，其中甚至有一笔是1862年向自己所属的上海布道站买进的南门土地，有一亩多。④他除了自己做这行生意，也曾介绍好友丁韪良（William Martin）买地，让丁韪良因此每年有2 000元以上的收益。⑤

姜别利进一步在自己的土地上建屋四十来户，分租给华人居住或营商，每月坐收租金。现存在美国国会图书馆的姜别利文物中，有一份他离华后代他收租的华人张丁元（Chang Ding Yuen）所报三年半的账册，起自1873年2月，止于1876年6月，每月收租200

---

① BFMPC/MCR/CH, 199/8/55, W. Gamble to W. Lories, Shanghai, October 6, 1863. 姜别利说的去年，指的是到他写信的六天前1863年9月30日为止的年度，美国长老传教会的会计年度是从10月1日到下一年的9月30日。

② ibid., 191A/5/305, John S. Roberts to W. Rankin, Shanghai, December 7, 1863; ibid., vol. 8, no. 140, W. Gamble to J. C. Lowrie, Shanghai, April 17, 1868. 斯米德申请成为美国长老会的传教士，在等候长老会答复期间，姜别利给予了资助。

③ ibid., 196/7/93, W. Gamble to W. Lowrie, Shanghai, January 7, 1865.

④ 蔡育天编，《上海道契》（上海：上海古籍出版社，2005），美册第55号。BFMPC/CH, 191A/5/259, M. S. Culbertson to W. Lowrie, July 17, 1862; ibid., 191A/5/305, J. S. Roberts to W. Rankin, Shanghai, December 7, 1863.

⑤ BFMPC/MCR/CH, 199/8/55, W. Gamble to W. Lowrie, Shanghai, October 6, 1863.

至300多元不等，只有最后一个月不知何故仅有90余元。[①]单是这些租金一年就有约2 500至4 000元的收入。1860年代长老会上海传教士年薪为800两银或1 000元（另有未成年子女津贴）[②]，而姜别利的房租收入一项已数倍于此。他辞职离开中国以后，生活颇为舒适，结婚后偕妻及子女在欧洲悠游生活数年，再回到美国建造农庄居住，就是在上海期间投资土地房屋大获其利的成果。

三、鲁直待人处世的态度

姜别利以积极创新的精神，达成多项中文印刷技术上的杰出成就，又以精明灵活的经营方法，为美华书馆和自己谋得可观的金钱利益。到1868年他来华满十年时，美华已是中国规模最大的西式印刷所与活字生产者。伦敦会的墨海书馆在积弱多年后已于两年前关闭，英华书院也因技术落后难以竞争而在讨论出售的可能性，其他规模更小的印刷所更不可能和美华相提并论。但是，就在姜别利和美华的工作已达到或正迈向巅峰的时候，他却在1869年辞职离华了，这并不是他的本意，而是他向来待人好恶分明、处世言行粗鲁的后果。

---

① 'Statement of Accounts by Chang Ding Yuen as Agent for Mr. Gambles Native Property 1873–1876.' Library of Congress, call number G/W/SA 1. 感谢暨南大学吴青教授访美期间为我拍照取得这份文献。
② BFMPC/MCR/CH, 191/5/278, 'Annual Report of the Shanghai Mission Treasury from Oct 1, 1861 to Oct. 1, 1862;' ibid., 191A/5/328, 'Annual Report of the Shanghai Mission, from Oct. 1, 1863 to Oct. 1, 1864.'

姜别利在华期间，唯一能让他心悦诚服的人是远在美国的娄睿。娄睿本是长老会外国传教部中文印刷的创始者[①]，也亲自经手美华书馆自澳门的前身华英校书房以来的相关事务，姜别利由他招募来华，此后两人之间通信的频繁、言词用心的恳切，都不是其他传教士能比得上的。娄睿比姜别利年长达四十六岁，名为外国传教部秘书而实际掌理该会事务，又曾任美国联邦参议员，却愿意和地位比传教士还低的姜别利来往，而且相当支持、配合姜别利的各项要求与行动，甚至在1860年印刷所要从宁波迁往上海前夕，姜别利非常不满上海的传教士而发脾气要抛下工作回美国时，娄睿仍曲意维护，接受姜别利故意提出的不合理的高薪要求，只希望能挽留他在华工作。[②]娄睿的这些做法，让姜别利在感动之余，回报以尽心尽力在华花圣经书房与美华书馆工作。当娄睿于1865年因年逾八旬而婉谢续任长老会外国传教部秘书时，姜别利写信给他：

　　　　由于我和其他传教士岗位不同，我知道您退休消息后的感受也和别人不同，传教士的专业让他们依赖教会的支持，而我从来就认为除了您以外不知还有谁可以依靠。当初由于对您的尊敬与信任，我来到中国，后来也主要因为您的屡次劝勉和鼓励，我继续留在岗位上；我从一开始就收到您写给我的鼓励与指导的信件，老实说，我从没有如此热忱地期待别人的来信，也没有如此愉悦地阅读别人的来信，但此后我再也不能期待太多了。我感谢上帝

　　① 关于娄睿及他和美国长老会中文印刷的关系，参见笔者，《铸以代刻》，中华版，页283—298；台大版，页307—322，《美国长老会中文印刷出版的开端》一篇。
　　② 关于此事的详情，参见笔者《铸以代刻》，中华版，页433—436；台大版，页465—468。

让您长寿,如今您得以眼见您创始及小心照料的美华书馆几乎达到巅峰了,这个印刷机构完全是在您的呵护之下诞生与成长的![1]

娄睿收信后,亲笔给姜别利回信:

> 您对我的亲切友善,我有最真诚的回响。您将中文金属活字的制造归功于我,其实我只居一小部分而已,如果不是您承当起这件大事,制造这些活字不论如何都将非常困难。只有真正的天分、才智与坚持不懈使您得以成功,而且您也成功地造出整套五号上海活字,对无数的中国人而言,此事的完成是一项大成就,也会让您的一生大为满足。[2]

这两封信,一者真情流露表达姜别利对娄睿的尊敬与回报;一者显示娄睿对于姜别利不负所望的欣慰之情。应该可以说,美华书馆能很快地崛起,发展成中国最大也最成功的西式印刷与活字机构,是姜别利在华创新经营与娄睿在美支持共同缔造的结果。

但是,姜别利对其他人并非都如此温和而以礼相待,他的个性有两个大问题:口不择言与冲动。姜别利不论在书信中或当面都经常过于心直口快,并不考虑是否应当说或应当怎么说比较适宜。他认为自己对娄睿可以无事不谈,经常在信中高谈阔论批评人和事。例如他在给娄睿的信中说,单身传教士比携家带眷的已婚传教

---

① BFMPC/MCR/CH, 196/7/161, W. Gamble to W. Lowrie, Shanghai, September 1, 1865.

② ibid., 196/7/162, W. Lowrie to W. Gamble, New York, November 3, 1865.

士好，因为已婚者费用太高，又花太多时间、心力在家庭而影响传教工作①；姜别利应该不知道，当时欧美各传教会都以派出已婚传教士为原则，若是单身也希望最好能在出发前结婚。又如他的好友传教士应思理（Elias B. Inslee）和宁波有些同事不合，姜别利在信中为应思理抱不平，又进一步添油加醋，自认为宁波布道站的历史"从头到尾"就是争吵和严重不满的纪录，还问娄睿宁波布道站的管理是怎么回事。②结果引来娄睿回信说，虽然当前在宁波有些争执，但姜别利的说法是错误的，其他布道站都比不上宁波布道站开头那些年的和谐与效率。③

迁到上海以后，姜别利继续批评他人，并扩大到批评自己所在的长老会和所有的基督教传教士及其工作，同时赞扬天主教的传教士。例如他说：

> 本会在华有些布道站有太多的机械设备、太多的印书、太多的学校教学、太多的房屋建筑，却太少直接对民众教导和传讲福音。……我觉得基督教的传教工作有两个最不利的特征：其一是巨大的奢侈昂贵，其二是传教士极少克己无我。④

姜别利在另一封信中又说：

> 我认为阻碍我们在华传教成功的一大因素，是传教士维持外国生活方式，这形成和中国人之间的巨大鸿沟，而这种生活方式主要是传教士携家带眷的缘故。我不是

① BFMPC/MCR/CH, 199/8/20, W. Gamble to W. Lowrie, Ningpo, March 14, 1859.
② ibid., 199/8/25, W. Gamble to W. Lowrie, Ningpo, October 29, 1859.
③ ibid., 235/79/150, W. Lowrie to W. Gamble, New York, January 26, 1860.
④ ibid., 199/8/56, W. Gamble to W. Lowrie, Shanghai, December 23, 1863.

要男性传教士单独在此，但就困难的传教使命而言，男性传教士的同伴应该是男人而非女人，我真担心整体基督教的传教方式太过女性化（womanish）。天主教传教士的克己无我和商人的冒险进取让我们觉得羞愧，两者都使我们［基督教传教士］受人轻视。[1]

以上只是姜别利屡次批评传教的少数片段而已，他还曾一口气向娄睿连提十个问题质疑传教界的做法[2]，最后他干脆表示失望："我坦率地承认，自己越了解基督教的传教工作，就越没有信心。"[3]即使是基于善意恨铁不成钢，但他批评的内容、文字和语气都和自己的身份角色极不相称。

除了在书信中指责，姜别利也公开当面批评别人，甚至引起纷扰与冲突。1860年华花圣经书房将从宁波迁到上海之际，两地传教士为此争论。上海传教士为争取搬迁而说即使没有姜别利也能办好印刷所。后来姜别利想返美时，这些传教士却又反对他离华。姜别利批评上海传教士出尔反尔、非常自私，因此扬言真要辞职回美。上海传教士找他商量时，他又故意为难，要求年薪从600元遽升为1 800元，并冲动要求将自己比照传教士的身份改变成较低的一般雇员。幸而爱才的娄睿在接到上海的紧急报告后，决定接受他的条件留人为先。等到姜别利冲动之后平静下来，才表示不会支领那远高于传教士的1 800元薪水。[4]

印刷所搬迁到上海后，姜别利强烈要求上海布道站出售克陛存

①　BFMPC/MCR/CH, 199/8/60, W. Gamble to W. Lowrie, Shanghai, January 8, 1864.
②　ibid., 197/7/381, W. Gamble to W. Lowrie, Shanghai, December 24, 1866.
③　ibid., 200/8/140, W. Gamble to J. C. Lowrie, Shanghai, April 17, 1868.
④　ibid., 191A/5/227, W. Gamble to W. Lowrie, Shanghai, November 6, 1861.

所住的虹口房地,所得用于新建小东门外的美华书馆厂房。但一者外国传教部先前鉴于太平天国战事未定,已下令暂缓兴建,再者上海房地价格飞涨,克陛存认为虹口房地的价钱肯定继续攀高,早卖反而会有损失。但姜别利就是不愿再等,一直责怪克陛存自私,只顾自己住得方便而牺牲美华的发展。非常不满的姜别利除了向娄睿告状,又以1 800元薪水为条件,冲动地声明将毫不犹豫地领这份高薪,否则就要离开上海布道站。①克陛存实在拗不过姜别利的脾气,只好让步,满足了他的要求。

姜别利和上海布道站的另一位传教士范约翰有更大的冲突。两人约自1865年起不和,经常在写给娄睿的信中批评对方的种种不是,也在布道站会议时互相掣肘、杯葛。问题是姜别利自前述1860年迁到上海之际,发脾气提出要求高薪和改变身份的两个条件后,他已经成为地位在传教士之下的布道站雇员,根本没有资格参加布道站会议。但他自己未察觉到此点,其他传教士明知却也没有反对,让他多年来继续出席会议,参与讨论和表决,甚至轮值担任主席。②等到他和范约翰交恶后,范约翰便要求姜别利不得再出席会议。③这项釜底抽薪的要求完全出乎姜别利意料,他因而为之大怒,冲动之下甚至举拳作势要殴打范约翰。④姜别利为图挽回局面,又向教会控告范约翰诽谤自己等六项行为,结果或因时效已过,或因姜别利自己也有过失而不能成立。⑤姜别利

　　①　BFMPC/MCR/CH, 191A/5/234, W. Gamble to W. Lowrie, Shanghai, December 22, 1861; ibid., 191A/5/249, M. S. Culbertson to W. Lowrie, Shanghai, May 17, 1862.

　　②　ibid., 195/9/53, J. Wherry to J. C. Lowrie, Shanghai, 19 April 1869.

　　③　ibid., 199/8/110, J. M. W. Farnham to J. Wherry, Shanghai, June 18, 1868.

　　④　ibid., 195/9/36, J. M. W. Farnham to J. C. Lowrie, Shanghai, March 19, 1869.

　　⑤　ibid., 199/8/116, W. Gamble to J. Wherry, February 18, 1869; ibid., 195/9/46, J. M. W. Farnham, 'Copy of the Minutes of the Shanghai Presbytery,' Shanghai, 24 August 1869; ibid., 195/9/53, J. Wherry to J. C. Lowrie, Shanghai, 19 April 1869.

是全盘皆输，愤而提出辞呈，当时娄睿已经过世，再也没人维护、挽留他。可以说是姜别利的冲动与鲁莽导致自己离开美华书馆的后果。

四、传教士的评价

姜别利离职不久，有些熟识的长老会传教士不免会谈论到他和美华书馆，这些谈论犹如他们对姜别利与美华的评价一般，非常值得注意。例如在山东的狄考文（Calvin W. Mateer）表示，姜别利以自己的方式完成了良好的工作，虽然他经常以其个人特质冒犯别人，但不能否认的事实是他将美华经营得很好，使得美华在中国的印刷出版方面遥遥领先。①

在杭州的陶锡祈（Samuel Dodd）则说，姜别利的脾气不好相与，也不前后一致——他经常说传教士应该节衣缩食过生活，但他自己却是上海最富有的人之一；他对那些未进入内地工作的传教士非常不满，但他却说自己才不想为了进入内地而放弃喜爱的美食烤肉等。尽管如此，姜别利在美华书馆做了伟大而可贵的工作，值得长老会以他的工作为傲，许多在华的外国人也都对他有高度的评价。②一年后陶锡祈再度论及姜别利，说他不论好坏都不会隐藏自己的脾气，他可以今天称赞一个人是圣人，明天却完全是另一种说法。但陶锡祈相信姜别利是一位正直的

---

① BFMPC/MCR/CH, 195/9/149, Calvin W. Mateer to J. C. Lowrie, Tungchow, October 29, 1869.

② ibid., 195/9/144, Samuel Dodd to J. C. Lowrie, Hangchow, October 12, 1869.

A PIONEER PRINTER.

"Who was Wm. Gamble" may have been asked by some who recently saw that name in the obituary column of the *Daily News*. He left Shanghai about fifteen years ago and was personally known to only a few of the older residents; but he deserves to be held in lasting remembrance by the whole foreign community resident in China.

His claims to this distinction may be briefly stated.

1.—He was the chief agency in establishing in Shanghai the American Mission Press, which is now situated in Peking Road.

2.—He was the first to introduce into China the arts of electro-typing and stereotyping.

3.—By the first named process he made two new fonts of Chinese type, and improved, I might say completed, all existing fonts.

4.—By a stereotyping process, he greatly reduced the cost of printing.

5.—By ascertaining, with a view to printing, the relative frequency of Chinese characters, he has enabled students of Chinese to diminish the labour of acquiring the language.

6.—Mr. Gamble invented a circular frame for Chinese types, which enables the printer to reach them by simply turning from side to side, instead of walking back and forth as before.

These are achievements that can only be properly appreciated by those who are conversant with Chinese printing; and they claim for their author a high place on the roll of China's benefactors.

Mr. Gamble was a native of Ireland, but removed to the United States in early youth; and come to China in 1857, in the capacity of missionary printer.

W. A. P. M.

Peking, 5th August, 1886.

图 2-2　丁韪良在姜别利过世后投书报
　　　　纸称道他的六大成就
　　　[1886 年 8 月 13 日《北华捷报》
　　　（*The North-China Herald*）]

基督徒,数年来两人几乎每次见面都会为谈论天主教而争吵,可是争吵过后仍是好朋友。①

姜别利离华一年后,在宁波的传教士蒲德立（John Butler）于 1870 年底到上海暂时主持美华书馆三个多月。他说自己原来不懂印刷出版,到美华以后却不能不对姜别利的天才给予最高的赞许,因为美华其实需要三个人管理才应付得来,即一名负责技术的专业印工、一名会计兼事务,以及一名头脑清楚、心地温暖而铁腕办事的传教士主管全局。蒲德立认为姜别利主持的美华书馆是长老会的荣誉象征,也是对中国有益的最有效机构之一。②

---

　　① 　BFMPC/MCR/CH, 194/10/183, S. Dodd to J. C. Lowrie, Hangchow, November 27, 1871.

　　② 　ibid., 196/9/392, John Butler to J. C. Lowrie, Shanghai, December 10, 1870.

结　语

　　姜别利以充沛的创新精神和精明的管理能力，将华花圣经书房和美华书馆经营得成效卓著，并对近代中国印刷出版技术与事业的发展产生了重大的影响。他在离职这年不过三十九岁而已，但工作上的成就已经普遍受人推崇，确实难能可贵；不料却因过于鲁直粗犷的个性，在很不愉快的情形下突然离职，没能为中文印刷做出更大的贡献，令人惋惜。

3

从档案谈姜别利活字的四个问题

绪　言

　　姜别利是美国长老会外国传教部来华的印工，先后担任宁波华花圣经书房和上海美华书馆的主任，为近代中国印刷出版史上的重要人物。在外国传教部的档案中，保存着他自己撰写的一百余封书信，还有华花圣经书房、美华书馆的年报和出版目录等。这些文献加上档案中其他传教士的书信中谈论他的内容，以及传教会秘书发给他的信件等，都是关于近代中文活字与印刷出版的珍贵史料。例如他促成中文检字排字效率大增的活字架新设计，以及他从黄杨木刻字电镀字模的新发明等，在这些第一手史料中都有讨论、描述，因此这些档案是探讨美华书馆、姜别利以及活字相关课题应该参考利用的文献。①只是以往的研究很少利用，以致许多研究结果比较模糊，或者有些错误不合史实。本文主要借姜别利这些档案的内容，辨正研究者经常提到却也经常错误的四个基本问题，以展现这些档案的史料价值。

---

　　*　本文为笔者于2017年12月20日参加上海大学上海美术学院字体工作室成立仪式的讲稿，收入本书已修订。
　　①　关于美国长老会外国传教部的档案，参见本书《美华书馆的研究文献》一篇。

一、姜别利何时、何地 及如何开始电镀活字?

姜别利带来的电镀技术,使中文活字的铸造生产大为容易,而普及利用也方便经济,这是西式活字印刷术能在十九世纪后期的中国迅速推广的重要因素。因此,姜别利第一次电镀活字是近代中国印刷史上很有意义的事件。印刷史的论著也都记载了这件事,但是内容却各有出入,时间从1859年、1860年到1861年都有人说,地点则或说宁波,或说上海。究竟姜别利是在何时、何地及如何开始电镀活字的?

在讨论这个问题以前,应该先了解姜别利的电镀工作,依时间先后有以下三种:

第一,美华已有活字却无字模时,他以活字电镀成字模,再从字模铸出活字。这是他最早进行的电镀工作,使用的是和一般西方铸字工匠同样的技术。

第二,他要新创活字或改善原有的活字时,由中国工匠先刻成黄杨木字范(punch),再以此种字范电镀成字模,再从字模铸出活字。这是他自己新创而被研究者津津乐道的电镀成就。

第三,他电镀的对象不是个别的活字,而是以活字排成整版,校对无误后,将整版电镀成铜版,用于印刷成书,即电镀铜版。

在这三种电镀中,绝大多数的研究者只谈从黄杨木刻字范的第二种,认为这就是他电镀工作的全部,却不知他在此以前已进行了第一种的电镀,而且在新创第二种电镀成功以后,仍继续进行着第一种的工作。因此，讨论姜别利电镀工作的开头，当然是他以活字电镀成字模再铸出活字的第一种，而非刻黄杨木为字范的第二种。

姜别利原来在美国时并不十分熟悉电镀技术，直到他决定接受长老会外国传教部派遣来华的任务后，该会秘书娄睿（Walter Lowrie）认为当时的印刷业已经普遍应用电镀造字，因此吩咐姜别利出发前要学好日后很可能会用得着的这项技术；娄睿又两次在写给宁波布道站的信中向传教士们预告，姜别利到职后将使用电镀技术进行活字的制造与改善。①

事实上，姜别利在抵达宁波工作前已经立意要电镀字模了。当他最初来华路经香港暂停期间，于1858年7月2日写信给娄睿，表示自己想到一个好主意，就是向他在香港期间连日参观的伦敦传教会英华书院购买活字，每个汉字只买一或两个活字，然后把这些活字电镀制成字模，再以字模铸造活字，如此长老会以很少的代价就可以拥有整套字模，再从字模铸出活字自用或出售。②不过，尽管姜别利自认这个主意不错，但在没有获得秘书同意，也不知道宁波传教士的意见以前，他没有即刻购买伦敦会整套活字，只买了少数，有的寄给秘书，其余的带到宁波备用。

1858年8月初姜别利抵达宁波，并自同年10月1日起接掌华花圣经书房。两个月后，他进行了在华的第一次电镀行动。宁波传教士兰显理（Henry V. Rankin）在这年12月8日写信向秘书报告姜别利的实验与结果：

———————————

　　① BFMPC/MCR/CH, 235/79/110, W. Lowrie to Ningpo Mission, New York, 1 August 1856; ibid., 235/79/123, 1 March 1, 1858; ibid., 235/79/124, 17 March 1858.

　　② ibid., 199/8/12, W. Gamble to W. Lowrie, Hong Kong, 2 July 1858.

附上姜别利先生以电镀的字模所铸的一个活字,用来电镀字模的那个活字是他在香港购买的。这只是一次实验,但如此令人满意,我们认为姜别利可以每个汉字只买一个活字,加上必要的黄铜等材料成本,电镀出伦敦会小活字的所有字模。[1]

兰显理这封信确切证实:姜别利第一次(也是中国第一次)进行电镀活字的时间是 1858 年 12 月初,地点在宁波,应该就是当地美国长老会布道站设于卢家祠堂的华花圣经书房。[2]

这第一次的电镀成功使姜别利获得了传教士的赞赏。他随即向香港英华书院订购伦敦会的小活字,同时写信请秘书在美采购必要的相关设备和材料,准备要一显身手。一年多以后的 1860 年 8 月 11 日,他写信向秘书报告:

我们制造伦敦会活字字模的工作进展顺利,……每星期可制造两百个字模,这将让我们很快地完成一整套;不过,目前我们只收到香港寄来的三千个左右的活字,还有两千个没有收到。[3]

姜别利写了这封信的四个月后,电镀工作因为美华书馆从宁波迁往上海而暂停,到当时为止完成了 900 多个字模[4],到上海后才又

[1]　BFMPC/MCR/CH, 191/4/173, H. V. Rankin to W. Lowrie, Ningpo, December 8, 1858.

[2]　2013 年 5 月,笔者参加上海的中国近现代新闻出版博物馆学术考察队伍,到宁波实地印证传教士档案所载史料,推定华花圣经书房所在即今余姚江北岸槐树路卢家巷(卢家箭头)18 号宁波市槐树幼儿园之地。

[3]　BFMPC/MCR/CH, 199/8/34, W. Gamble to W. Lowrie, Ningpo, August 11, 1860.

[4]　ibid., 199/8/37, W. Gamble, 'Inventory of Stocks & Fixtures in the Printing Establishment of the Presbyterian Ningpo Mission, October 15, 1860.'

继续进行。

二、姜别利制造几种中文活字？

第二个问题是姜别利究竟为美华书馆制造过几种中文活字？
1931年商务印书馆为庆祝创立三十五周年，编印《最近三十五年之
中国教育》文集，其中有此书主编之一贺圣鼐撰写的《三十五年来
中国之印刷术》一篇，说姜别利为美华打造了大小七种中文活字。[①]
贺氏此文又被收入以后的印刷出版史书中[②]，广泛流传而影响很大。
八十多年来的研究者几乎全都承袭这种说法，于是姜别利打造七种
中文活字几乎已成定论。

贺圣鼐并没有说明自己说法的依据，但很可能就是1895年
时美华书馆的经理金多士（Gilbert McIntosh）为纪念美华五十
周年而编印的《在华传教印刷所》（*The Mission Press in China*）
一书，其中展示了美华书馆的七种中文活字。[③]但是，金多士在
展示七种活字之前说："以下是现在美华书馆使用的七种中文
活字。"（The following are the Chinese fonts at present in use.）他
并没有说这七种活字都是姜别利打造的，而是说这七种是1895
年时美华书馆使用中的活字。从1869年姜别利离开美华，到
1895年金多士出版《在华传教印刷所》，两者相隔二十六年之久，

---

① 贺圣鼐，《三十五年来中国之印刷术》，庄俞、贺圣鼐编，《最近三十五年之中国教育》卷下（上海：商务印书馆，1931），页173—202，尤其是页176—177。
② 例如贺圣鼐、赖彦于编，《近代印刷术》（长沙：商务印书馆，1933）；张静庐辑注，《中国近代出版史料（初编）》（上海：群联出版社，1953），页173—204。
③ Gilbert McIntosh, *The Mission Press in China* (Shanghai: APMP, 1895), pp. 27-28.

美华当然有可能在超过四分之一世纪的这段时间中新增活字，所以金多士说美华使用七种活字，并不等于姜别利打造了七种活字。

姜别利制造各种活字的工程到1867年时已接近完成，只剩柏林活字还在继续改善当中，因此他在这年编印了一种《美华书馆中文、满文与日文活字字样》(*Specimens of Chinese, Manchu and Japanese Type, from the Type Foundry of the American Presbyterian Mission Press*)，其中包含从大到小排列的中文活字六种，并非七种。[①]或许有人会说，这份字样出版后姜别利仍在职约两年，其间他可能来得及造出第七种活字。但是，姜别利使用他发明的黄杨木字范电镀字模的新法制造五号字"上海活字"，都得费四年多的工夫，从1861年开工到1865年底才告完成，因此他不可能在任内最后约两年间完成第七种活字的打造。何况，打造一种新活字对任何印工而言都是非常重大的事，所以姜别利在制造五号字的四年多期间，不断在美华书馆的年报和写回美国的信中报导这号活字进展的情形，但他在1867至1869年离职前从来不曾提及有第七种活字的事。

前述的1867年字样是给外国人看的，另有一份以中国人为对象的字样广告是更确凿的证据。1868年9月5日，传教士林乐知(Young J. Allen)主编的《中国教会新报》创刊，并由美华书馆承印。三个半月后的12月19日当期《中国教会新报》上，姜别利以"本馆主人"之名，刊登《美华书馆告白》出售活字的两页广告，告白的文字开宗明义就说："本馆现有新铸大小中国铅字计六号出卖。"[②]接着

---

① *Specimens of Chinese, Manchu and Japanese Type, from the Type Foundry of the APMP.* Shanghai: 1867.

② 《美华书馆告白》，《中国教会新报》第1年第16期(1868年12月19日)。

图 3-1　美华书馆出售活字广告
（"另有第二号"为原柏林活字，"第二号"为姜别利改善者）
[《中国教会新报》第 1 年第 16 期（1868 年 12 月 19 日）]

列举各号字的价钱等，再接着是大小各号字样。[1]此后这份告白广告陆续登到 1869 年 8 月中旬[2]，也就是姜别利自美华书馆离职的一个半月前，内容也始终是六种活字，这是姜别利打造的是六种活字而非七种的确证。

　　值得探究的是在姜别利的六种和金多士的七种之间，两者的差别究竟是哪一种活字？以两者对照可知，就是大小介于姜别利的五号字和六号字之间的 Brevier 活字。在美国长老会外国传教部

---

　　① 告白后列出七号字样，二号活字有两种：一种字形较差，是从德国柏林购来的活字，由于还有存货，因此以较便宜的价格出售，另一种则是经姜别利改善过字形的。前者售完后，广告中也不再出现此种活字。
　　②《中国教会新报》第 1 年第 48 期（1869 年 8 月 14 日）。

的档案中，有姜别利写于1868年2月24日的一封信，足以证明他并没有打造这种Brevier活字。他在这封信中请传教会秘书在美国代为订购500磅的英文活字，并且指定是"铸在Small Pica字坯上的Brevier活字"（Brevier type cast on S. Pica body）。①为什么要订购这样特殊规格、铸在较大（Small Pica）字坯上的较小（Brevier）英文活字呢？原来是为了准备印刷双语字典之类的书，姜别利指的是卫三畏（Samuel W. Williams）当时正在编辑中的字典《汉英韵府》（*A Syllabic Dictionary of the Chinese Language*）。姜别利表示自己仔细考虑过这件事了，确信必须要有这样的活字才好。他没有进一步说明考虑的内容，但毫无疑问就是他将以Brevier英文活字排印《汉英韵府》的英文正文，可是当时美华书馆所有的六种中文活字，一至四号字都太大，排印起来和英文不能搭配而不美观，也太占版面空间而浪费纸张与成本，至于六号字又太小，数量也太少，只有五百多个字，无法用于排印字典，因此姜别利只能选用Small Pica尺寸的五号中文活字，为了迁就搭配这种中文活字，才需要向美国订购以Small Pica字坯铸造的Brevier英文活字。如果1868年时姜别利已有相当于Brevier的中文活字，或者他打算进行铸造，当然不必多此一举向美国订购铸在Small Pica字坯上的Brevier英文活字。从以上的这些文献证据和讨论可知，长期以来所谓姜别利制造七种活字的说法是个误解。姜别利制造的就是六种中文活字，他离职后美华书馆才又增加了一种Brevier大小的六号中文活字，而原来姜别利的六号字则变成了七号字。

---

① 　BFMPC/MCR/CH, 200/8/126, W. Gamble to W. Lowrie, Changhai, February 24, 1868.

三、六种中文活字是否都出自姜别利?

确定了姜别利制造六种中文活字后,第三个问题是这六种中文活字全部都是他所造的吗? 其实,"姜别利制造六种中文活字"这句话是非常含混笼统而不准确的说法。比较准确的表达应如下表所列,在六种活字中,姜别利改善既有活字、复制他人活字以及自行新创活字各有两种,以下分别简要讨论。

表3-1　姜别利六种活字表

号数	来历或名称	英文规格	姜别利的工作
1	香港活字(大)	Double pica	复制
2	柏林活字	Double small pica	改善
3	巴黎活字	Two line brevier	改善
4	香港活字(小)	Three line diamond	复制
5	上海活字(大)	Small pica	新创
6	上海活字(小)	Ruby	新创

(一)改善既有活字

这包含三号的巴黎活字与二号的柏林活字两种。法国人铸造的巴黎活字是美华书馆拥有的第一种活字,早在美华前身华英校书房于1844年在澳门创立时就已有之。巴黎活字中只有一部分是全字，大部分需由两个活字（部首和字根）拼合以组成汉字，字形很不匀称美观，有浓厚的"洋相"。从在澳门华英校书房起就持续以三种方式予以改善：

第一是就地改善，由传教士的中文老师协助，挑出字形笔画难看而易于改善的活字，由印工柯理随手修改。第二是要求巴黎原来的生产者重新打造字模弥补，例如柯理于1845年12月18日写信给外国传教部秘书，附有五十余个汉字清单，请秘书向巴黎生产者要求重新铸造字模。[①]第三是就地打造新的活字。由于第二种方式很费时日，有些字形不佳但急待用于排印的字，便在澳门雇用中国工匠在空白字坯上逐一刻成活字。[②]

姜别利于1858年来华后，经常听到传教士批评巴黎活字不好看，他也持同样的态度[③]，不但较少使用这种活字印书，也只进行了很有限的局部改善。他在1863年的美华书馆年报中表示，为巴黎活字新打造了一百来个全字的字模，都是最常用的汉字，原有的这些活字字形很难看。[④]这是外国传教部档案中姜别利改善巴黎活字仅有的一次记载。令人惊讶的进一步发展是姜别利离开美华书馆两年后，1871和1872两年的美华年报都宣称已经重新打造了全新的三号活字，以取代原有的巴黎活字。[⑤]

---

① BFMPC/MCR/CH, 190/2/88, R. Cole to W. Lowrie, Ningpo, December 18, 1845.

② ibid., 189/1/612, R. Cole to W. Lowrie, Macao, September 17, 1844.

③ 例如1863年长老会秘书要求他以巴黎活字印一版《圣经》时，他回信说中国人和外国人从来就不喜爱这种活字（ibid., 199/8/51, W. Gamble to W. Lowrie, Shanghai, August 19, 1863）。

④ ibid., 199/8/54, W. Gamble, 'Annual Report of the Press for the Year Ending October 1st 1863.'

⑤ ibid., 194/10/197, C. W. Mateer, Report of the Superintendent of the Pres. Mis. Press for the Year Ending Sept. 30, 1871. *Annual Report of the PMP, at Shanghai, for the Year Ending September 30, 1872* (Shanghai: 1872), pp. 4–5.

从以上所述可知，美华书馆的三号巴黎活字在姜别利来华以前早已有之，也经过了前人的改善，姜别利所做的就是重新打造一百来个全字字模而已，而且在他离开美华不久，这种活字就被新刻的另一种三号活字取代了，也就是说，姜别利和1871年以后的美华三号活字无关。

柏林活字是德国人在柏林生产的活字，也是美华书馆的第二种活字，外国传教部秘书在姜别利来华前已经购得而交给他带来中国。柏林活字的字形较大，也比巴黎活字更接近中国人习见的汉字，因此姜别利经常使用柏林活字。在1859—1860年的华花圣经书房年报中，他表示这年大都以柏林活字而非巴黎活字印刷，因为柏林活字的字体较大，笔画也较为清晰可辨。[①]

1864年5月21日姜别利写信给秘书，报导自己以柏林活字印了一种大八开本的《圣经》，并说这是到当时为止最好的中文《圣经》印本。他特地分赠给所有华中地区的传教士，还打算送给所有在华的传教士人手一部[②]，可见姜别利对柏林活字是相当满意的。不过两个月后，他又在另一封信中表示，准备要动手改善柏林活字，因为这种活字的一个缺陷是遗漏了不少常用字，也有许多字的字形较差。[③]结果他费了很大的工夫，将柏林活字几乎全部重新打造过，大量增加全字的活字数量并明显改善了字形，直到1868年底或1869年初才全部完工。[④]

---

　　① BFMPC/MCR/CH, 199/8/14, W. Gamble, 'Annual Report of the Ningpo Press for 1859-60.'

　　② ibid., 199/8/59, W. Gamble to W. Lowrie, Shanghai, May 21, 1864.

　　③ ibid., 199/8/58, W. Gamble to W. Lowrie, Shanghai, July 21, 1864.

　　④ ibid., 200/8/190, W. Gamble, 'Annual Report of the PMP at Shanghai, for the Year Ending September 30th 1868.'

（二）复制他人活字

这包含一号与四号两种香港活字，原来都属于伦敦传教会所有。从1833年起，伦敦会的传教士戴尔接连在东南亚的槟榔屿、马六甲和新加坡三地铸造大小两种活字；鸦片战争后，该会其他传教士继续在香港的伦敦会英华书院努力进行，包含的活字数量也逐渐增加到实用的程度，到1857年时大小活字的数量都已达到5 584个汉字。①

前文讨论姜别利第一次的电镀活字时已经提过，他最初在1858年来华路过香港时参观英华书院，并买了一些小活字准备以电镀方式翻制字模，实验成功后，他随即购买并复制的也是小活字，但由于印刷所迁往上海而暂停。到上海后恢复电镀，1863年10月编报的美华书馆当年度报告中，姜别利宣布已经完成香港活字，超过5 000字，即将用于排印一版《圣经》②；他在写于1864年7月间的一封信中又表示，他新增了大约800个新的香港小活字，整套活字也达到6 000个汉字的规模。③

至于香港大活字，早在1843年时长老会传教士已订购这种活字，在1846年7月间送达宁波华花圣经书房④，但是总数只有3 591个活字，不仅数量太少，而且没有字模，无法铸出更多的活字，以致实用性不大，每个活字又太大，排印后占太多版面并不经济，只适于印篇幅很短的"小"册，或者偶尔在印刷有正文和注释的书时，作为

① LMS/CH/SC, 6.1.A., J. Chalmers to A. Tidman, Hong Kong, 14 October 1857.

② BFMPC/MCR/CH, 199/8/54, W. Gamble, 'Annual Report of the Press for the Year Ending October 1, 1863.'

③ ibid., 199/8/58, W. Gamble to W. Lowrie, Shanghai, July 21, 1864.

④ ibid., 190/2/160, W. M. Lowrie, 'Minutes of the 2nd Annual Meeting of the Ningpo Mission held September 1846.' 关于长老会订购香港大活字经过，参见笔者，《铸以代刻》，中华版，页367；台大版，页393—394。

排印正文大字之用。

到1866年时，英华书院在上海的兄弟印刷所墨海书馆结束，出清库存各种活字，于是姜别利以一百元代价买入墨海书馆整套大活字[①]，仍照购买小活字的前例，每个汉字只买一个活字，再以电镀翻制字模而成为美华书馆的一号活字。

伦敦会多名传教士费时二十余年心力才获致的两种活字，被姜别利复制而攘为己有。如果行之于今日，肯定是剽窃或仿冒的违法行为，但是在十九世纪电镀发明不久却没有法律规范，姜别利得以取巧方式复制成为美华书馆的一号和四号字。而伦敦会的传教士都被蒙在鼓里，主持英华书院的理雅各（James Legge）还为不能尽早将姜别利订购的活字送到上海向他致歉。[②]另一位传教士滕纳（Frederick S. Turner）在1867年时也说："美华书馆的姜别利现在出售活字和字模的价格，远低于英华书院，以致向我们购买的人明显减少了。"[③]滕纳完全不知道美华活字的价格之所以远低于英华，正是姜别利以电镀复制字模而大幅度降低了成本。

（三）自行新创活字

这包含五号与六号的上海活字两种，这两种活字的问世是姜别利新创活字技术的结果。在华花圣经书房1859—1860年的年报中，他报导了自己正在实验中的造字新技术：

> 这年进行在黄杨木刻字，再以电镀方式制造字模的实

---

① LMS/CH/CC, 3.2.C., W. Muirhead to J. Mullens, Shanghai, August 15, 1866.
② BFMPC/MCR/CH, 199/8/34, W. Gamble to W. Lowrie, Ningpo, August 11, 1860.
③ LMS/CH/SC, 6.5.A., F. F. Turner to J. Mullens, Hong Kong, April 25, 1867.

验,结果非常成功。从这种字模铸出的活字,和欧美铸造的品质一样,还具备了只有中国人才能造得出来的汉字美感和匀称感。打造这样的字模每个只要6—8分钱,相当于从钢质字范打造的六分之一成本而已。①

铸造西式活字的传统工序,最困难也最花时间的是第一步——打造字范。要在只有零点几厘米平方的钢质字范上雕刻文字,拼音文字已经不容易,笔画复杂的汉字更是难上加难。姜别利改以容易雕刻的木质字范来取代钢质字范,又以电镀方式取代人工打造字模。他在写于1860年10月中的一封信中充满期待地说:"此种从黄杨木刻字造字模的方法一旦成功,相信将会创造中文活字印刷的新时代。"②

1863年5月5日,姜别利写信给传教部秘书,表示决心早日完成以新技术制造的活字(即后来所称的五号字),秘书则在1864年将其命名为"上海活字",以区别美华已有但都出于他人之手的香港、柏林和巴黎等活字。③到了1865年7月间,姜别利报导上海活字的黄杨木字范已全部刻完,字模则还有1 500个尚待电镀。④不久,姜别利又在1865年的美华书馆年报中说,上海活字已经接近完成,只剩极少数字模待制而已,他并且表示这套活字有6 000个全字和1 400个拼合字,合计7 400个活字⑤;这1 400个拼合活字可以拼成19 000个汉字,连同6 000个全字,一共可排印

① BFMPC/MCR/CH, 199/8/14, W. Gamble, 'Annual Report of the Ningpo Press for 1859–60.'

② ibid., 199/8/36, W. Gamble to W. Lowrie, Ningpo, October 15, 1860.

③ ibid., 199/8/59, W. Gamble to W. Lowrie, Shanghai, 21 May 1864.

④ ibid., 196/7/169, W. Gamble to W. Lowrie, Shanghai, 20 July 1865.

⑤ ibid., 199/8/–, W. Gamble, 'Annual Report of the APMP at Shanghai, from October 1st 1864 to October 1st 1865.'

约25 000个汉字，这是到当时为止能够排印出最多汉字的一种西式中文活字。①姜别利没有提过上海活字全部完成的确切时日，最可能的当是1865年10月初他编写年报到同年底的三个月之间。

至于更小的六号字，在姜别利六种活字中数量最少。他在写于1865年7月20日的信上表示，刻工正在雕刻大约500个最常用的六号字，尺寸只有五号字的一半大小。②在1866年11月一封信上，姜别利说这几百个六号字是准备排印《圣经》的注解用的，中国人肯定会对这么小却又非常清晰可见的字大吃一惊。③

厘清了上述六种活字的"身世"和来龙去脉以后，可知一般所谓姜别利为美华书馆制造多少种活字是过于含混笼统的说法，因为其中的三号巴黎活字与二号柏林活字是他改善美华书馆已有的活字，而一号和四号两种香港活字是他取巧复制伦敦会原有的活字，只有五号和六号字才是他创新开发制造的两种活字。

四、姜别利有无制作电镀铜版？

电镀活字和电镀铜版都利用电镀的技术，但是前者电镀的对象是单个的活字，后者的对象则进一步是排好版的整面活字，因此要

---

① W. Gamble, 'Specimen of a New Font of Chinese Movable Type Belonging to the Printing Office of the APM.' *Journal of the North-China Branch of the Royal Asiatic Society*, new series, no. 1 (December 1864), p. 145.

② BFMPC/MCR/CH, 196/7/169, W. Gamble to W. Lowrie, Shanghai, July 20, 1865.

③ ibid., 197/7/367, W. Gamble to W. Lowrie, Shanghai, November 8, 1866.

求的技术水平和制作成本都更高，电镀的工时也较久。一般提到姜别利的电镀工作，想到的就是他制造的活字字模，他有没有制作电镀铜版呢？

早在1871年12月初的《中国教会新报》上，已有未署名的作者撰写《美华书馆述略》一文，其中表示美华在"铅字之外，又有铜版"①，接着以约两百字篇幅说明电镀铜版的制法及印成的各书书名。这是早期以中文介绍电镀铜版的文献，但此文全篇没有提及姜别利的名字。

《美华书馆述略》出版六十年后（1931），贺圣鼐的《三十五年来中国之印刷术》一文也论及电镀铜版，认为"此版在中国首先采用者为宁波之花华[华花]圣经书房"②，仍没有提及姜别利，事实是华花圣经书房不曾使用电镀铜版。

近年来一些印刷史的专书经常提到电镀铜版，但说法很值得商榷。曾有一部中国印刷史的作者表示，见过美华书馆在1869年所印的《新约全书》，封面题有"新铸铜版"四个字，但该作者怀疑可能是指铜模铸字，认为该书是以新铸铅字所印。③又如芮哲非（Christopher A. Reed）的《谷腾堡在上海》（*Gutenberg in Shanghai*），书中一直将电镀活字和电镀铜版混为一谈，夹缠不清。④可见即使书上都印了"新铸铜版"，印刷史研究者却不敢相信，不然就是分不清电镀活字和电镀铜版两者。

姜别利是将电镀铜版技术引入中国的人。和电镀字模一样，他

---

① 《美华书馆述略》卷下，《中国教会新报》第4年第165期（1871年12月9日），叶73—74。

② 贺圣鼐，《三十五年来中国之印刷术》，页183。

③ 张秀民著、韩琦增订，《中国印刷史》（插图珍藏增订版）（杭州：浙江古籍出版社，2006），页460。

④ Christopher A. Reed, *Gutenberg in Shanghai: Chinese Print Capitalism, 1876–1937* (Honolulu: University of Hawaii Press, 2004), pp. 28, 45.

早在来华时从香港写给秘书的第一封信中就已经论及电镀铜版，他表示以此种技术印刷《新约》，应该会比英华书院以活字所印的成本更低。[1]此后将近十年间他和秘书的通信中，两人经常讨论以电镀铜版印刷中文传教书刊的重要性和可行性。秘书还曾在1863年的圣诞节晚上写信告诉姜别利："我诚挚地希望并梦想，你我都能活到《圣经》新旧约电镀铜版的完成，但我担心这是个太过遥远的希望。"[2]两人如此念兹在兹，姜别利却迟迟没有进行电镀，原因如下：

首先，他在印刷所的日常工作相当忙碌，还要学习中国语文，因此活字和铜版等新事物需要有先后缓急的顺序。而电镀铜版是以排版完成的整面活字，校对无误后制作蜡版，敷上石墨再放入电镀槽中制成铜版，其技术和成本都高于电镀活字，制作时间也较长，因此秘书和姜别利都觉得应以活字工作（包括电镀新活字与改善旧活字）为优先，完成后再电镀铜版。

其次，一书制成铜版后，重印时不必再排版校对，得以减低成本与时间，但铜版的内容无法更动，除非重制，因此必须是内容固定无讹、市场需求量大、时常重印的经典或畅销书如《圣经》才适合电镀。但长老会的中文《圣经》直到1862年才完成翻译，而各传教士对译文还颇有意见，很可能需要再修订变动，为此秘书和姜别利又等待了数年才进行电镀。

1866年1月，姜别利收到秘书的通知，已获得美国圣经公会同意补助中文《新约》电镀铜版的费用1 000元，可以动手电镀了。[3]只是当时姜别利太过忙碌，而且中国工匠学习电镀技术也需要时间和积累经验，直到1868年姜别利才开始着手《新约》的电镀工作。

① BFMPC/MCR/CH, 199/8/12, W. Gamble to W. Lowrie, Hong Kong, July 2, 1858.

② ibid., 232/63/176, W. Lowrie to W. Gamble, New York, December 24, 1863.

③ ibid., 199/8/63, W. Gamble to W. Lowrie, Shanghai, January 25, 1866.

他在这年的美华年报开头就说:

> 在美华书馆的历史上,刚结束的这一年(1868)是以成功开始电镀铜版作为标志的。……现在各项准备都已完成,工匠也已学会电镀方法,我们强烈认为本会所有优秀的出版品都应尽快制作成铜版,铜版具有便宜、正确、美观以及易于制作等优点。[①]

《新约》的电镀铜版到1869年3月全部完成,只是前述秘书想亲眼见到铜版中文《圣经》的梦想不及实现,他已在四个月前的1868年底过世。姜别利寄送一部铜版《新约》给新任秘书,并郑重声明:"这是以电镀铜版在中国生产的第一种产品。"[②]这版《新约》的印量共5 000部,其中之一就是前述一部中国印刷史的作者所记印有"新铸铜版"四字,但他仍怀疑不是电镀铜版而是铅字所印者。不过,那位作者说"书为新铸铅字所印",其实等于赞扬姜别利电镀铜版技术的高明,

图3-2　姜别利电镀铜版第一
种产品(1869)
(美国密西根大学图书馆收藏)

因为以整版铅字电镀后,依然具有新铸铅字笔画纤毫毕露、棱角锐利的效果,足以让印刷史专家误以为是新铸铅字所印。

　　[①]　BFMPC/MCR/CH, 200/8/190, W. Gamble, 'Annual Report of the APMP at Shanghai, for the Year Ending 30th September, 1868.'
　　[②]　ibid., 195/9/40, W. Gamble to J. C. Lowrie, Shanghai, March 20, 1869.

《新约》完成后，姜别利又用几个月时间电镀了十四种书，其中有仅6叶的圣经摘句《圣书酒戒撮要》，也有多至114叶篇幅的丁韪良《天道溯源》。完成后他就在这年（1869）10月1日辞职离开了美华，电镀铜版是他对美华，也是对整个中国印刷技术最后的一项重要贡献。此后美华仍继续以电镀铜版印书，例如宾为霖（William C. Burns）翻译的宗教小说《天路历程》，以及卫三畏编纂的字典《汉英韵府》等，尤其1874年出版的《汉英韵府》是多达一千多页的巨著，从排版、电镀到印刷都相当不易。[①]可以说姜别利虽然从美华离职，也离开了中国，但是他引介传授的电镀铜版印刷技术继续在美华和中国发挥功能。

结　语

本文以美国长老会外国传教部档案中的史料，辨正一般对于姜别利活字四个基本问题的误解。在本文已经使用的史料以外，档案中还有大量关于姜别利和美华书馆的第一手文献，例如计算中文常用字、设计新活字架、训练中国印刷与铸字工匠、出售活字给中国内外的顾客，以及他对中文印刷出版的更多想法等，都是珍贵的史料。进一步说，基督教传教士是引进西方印刷技术，导致传统中文印刷彻底改变的群体，不仅姜别利一人而已，在长老会外国传教部及其他传教会如伦敦会、美部会、美以美会的档案中，有很多中文活字、

---

① 这部字典印到半途改以铅版取代铜版（*Annual Report of the PMP, at Shanghai, for the Year Ending September 30, 1873*, p. 9）。

印刷出版和知识传播的重要文献，可供对相关的人物和事务进行更具体、深入而周详的研究。希望研究者能尽量参考利用，以避免二手史料的许多讹误，共同提升关于姜别利、活字、美华书馆和整体近代中国印刷出版史的研究水平。

4

小刻工、大成就：王凤甲的故事

绪　言

美华书馆从最初在澳门时雇用四至六名中国工匠，逐渐增加到1904年时雇用190人。在这些中国职工里，除很少数的买办、账房和校对等职员外，绝大多数是分在铸字、印刷、装订等各部门的工匠。这些工匠都没有留下自己在美华工作的记载，传教士在书信中也不常提及个别工匠的行事。难得一见的是美华书馆主任姜别利在几年间经常谈论一名刻工及其工作，即使每次所谈只是简短的片段，但拼凑起来已足以彰显这名刻工王凤甲（Wong Feng-dzia）的不凡成就。他从1861至1865年以将近四年时间，独自雕刻完成"上海活字"（即美华五号活字、Small Pica）的7 400个字范。这套小活字于十九世纪后期至二十世纪初在中国广泛流行，在国外也有人使用，因此，王凤甲在近代中文印刷史上有特别的一席之地。

一、中文印刷的时代变局

王凤甲的个人与家庭等背景都无从了解，唯一知道的是他进

＊　本文应中央美术学院刘钊教授出题撰写，参加2022年"字道—汉字设计的现代之路艺术展"论坛，并刊登于《艺术与设计》2022年第6期，页171—174。

入美华书馆前就已是木刻印工。他所处的1850与1860年代，中国正在西方势力的压迫与影响之下，连中文印刷也难逃此种影响而展开巨变。来华的基督教传教士为便于自己印刷与传播书刊，积极推动以西式字模铸造的活字印刷中文，以取代木刻板印和手刻的活字。

到1860年时，已有四种西式中文活字问世：香港大活字与小活字、巴黎活字及柏林活字。两种香港活字由伦敦传教会拥有，在香港生产。巴黎活字由法国人李格昂（Marcellin Legrand）在巴黎铸造，柏林活字由普鲁士人贝尔豪斯（Augustus Beyerhaus）在柏林铸造。[①]

这四种活字却各有问题。第一，有的字形太大，香港大活字的尺寸是Double Pica（24点），柏林活字为Double Small Pica（22点），巴黎活字为Two Line Brevier（16点），香港小活字则是Three Line Diamond（13.5点）。其中香港大活字与柏林活字虽然都是比照当时中文书字形大小而造，但传教士认为如此印成的书刊篇幅太多太厚，不便携带传播，成本也高，印刷中外双语对照时也很难搭配适当的外文活字，外文部分会留下许多空白，既不美观也浪费纸张成本。第二，香港大小活字各只有5 584个常用字，遇到其他的字只能以木刻活字应急填充，但木活字与铅活字杂凑并印，字形与吸墨效果不同，版面并不美观。第三，巴黎和柏林两种拼合活字，为了节省逐一打造数万个中文字范的时间、金钱和人力，分别打造部首活字和字根活字，两者互相搭配可以拼合成许多不同的中文字，无法搭配的才打造全字，结果拼合而成的字形怪异、生硬不自然，失去汉字的优美匀称，不容易吸引中国人阅读内容。

---

① 关于这四种活字，参见笔者《铸以代刻》的相关论述。

打造西式活字的正常工序,是先打造钢质字范,再从字范造出字模,最后从字模铸造活字。在这三道步骤中,最困难也最花时间的是第一步,在硬度很高的钢质字坯上雕刻字范。拼音文字由于字母数量有限,即使有大小写、正体、斜体之分,加上一些符号、数字等,一套活字数量通常只有约150个,所以经常有人打造拼音文字的新活字,大小尺寸各异、字体风格变化无穷。象形的中文则不同,不但笔画复杂,字数又多达数万个,十九世纪初中期要手工一一打造钢质字范实在是不可能完成的任务。香港的两种全字各耗时二十多年,才完成不到6 000个常用字;巴黎和柏林两种拼合活字虽较快,也费了约六年和八年的工夫才完成。

尽管打造中文活字不容易,还是有人愿意尝试,那是1858年起来华接掌宁波华花圣经书房的姜别利,而王凤甲也因此承担雕刻一套全新活字字范的任务。

二、宁波的新活字计划

华花圣经书房是属于美国长老会外国传教部的印刷所,1844年创立于澳门,以巴黎活字印刷,1845年迁至宁波并改名华花圣经书房。姜别利来华上任时又带来柏林活字的字模,到1859年7月时铸出整套的柏林活字应用,接着从1860年起以电镀方式复制香港活字,一旦完成将使华花圣经书房成为唯一拥有四种中文活字的印刷所。但姜别利并不满足,还构想打造一套新的中文活字。

姜别利打造新活字的构想，源自以低廉的成本印刷小开本的《圣经》以便于携带传播，因此他的目标是打造Brevier、8点大小、尺寸约0.28×0.28厘米的活字，也已经动手造出一些样品。[①]后来应该是觉得尺寸过小，印成的书不便阅读，不合中国人的阅读习惯，于是决定放大为打造Small Pica、11点大小、尺寸约0.39×0.39厘米的活字，但仍小于已有的香港小活字（约0.48×0.48厘米）。

尺寸已经很小，若要在字坯上刻出比已有四种活字美观的字形，难度更高，势必要有写刻技巧高明的中国工匠，才能造出大量工整优美的中文字范，也才好进行接下来的字模和活字工序。姜别利发掘出的中国工匠就是王凤甲。1859年7月12日，姜别利写信告诉外国传教部的秘书：

> 我雇用一名最好的木刻工匠已有一段时间，我教他如何在金属的活字字坯上刻字，他也刻得非常好，而且刻出只有中国人才能领会到的汉字韵味。[②]

从这封信可以知道，王凤甲到华花圣经书房工作以前已是技术高明的木刻工匠，进入华花圣经书房后，姜别利又教导他在金属字坯上刻字的技术，他也学得很出色。不过姜别利既然要他学金属刻字，可知当时姜别利还是要依照传统工法从钢质字范打造新活字。直到将近一年后的1860年6月25日，姜别利在写给秘书的一封信结束前附带一笔，表示自己已想好一种制造字模的新方法，成本很小，一旦成功将是一件大事。[③]

---

① BFMPC/MCR/CH, 192/4/295, H. V. Rankin to W. Lowrie, Ningpo, 6 October 1860.

② ibid., 199/8/22, W. Gamble to W. Lowrie, Ningpo, 12 July 1859.

③ ibid., 199/8/29, W. Gamble to W. Lowrie, Ningpo, 25 June 1860.

一个半月后的1860年8月11日，姜别利再度写信给秘书，比较详细地提到王凤甲和新活字的计划：

> 我曾在前面一封信中提到雇用了一名木刻工匠，他刻木质字范与钢质字范一样地好；新活字每个字模的成本，包含木刻字、铜版、工资等在内，大约是8分钱，因此若慎选5 000个必要的中文字构成一套活字，成本将不会超过400银元，而且字形远胜于在外国所刻。[①]

这封信显示姜别利已经决定要以新技术打造活字，王凤甲原有的中国木刻技巧正符合需要，姜别利有信心他刻的字形会优于巴黎和柏林两种活字；姜别利也估计了新活字包含5 000个常用字、每个字模的成本与总价等。姜别利发明的打造活字新法结合了中西技术，两个主要特点是以木质字范取代钢质字范，又以电镀取代人工打造字模，如此可以大为降低打造的技术难度、节省时间和成本。

两个月后，姜别利在1860年10月15日写给秘书的信中表示，自己上任后有两项重要的创新：一是中文活字架的设计，一是从黄杨木字坯刻字制造字模，后者成功后，将会创造中文活字印刷的新时代。[②]姜别利对新活字很有信心，但是他向美国订购的工具和原料还没全部到齐，同时华花圣经书房即将在这年底搬迁到上海，因此新活字的制造要到上海以后才开始，这套活字后来被命名为"上海活字"。尽管如此，这套活字计划的确始于宁波，主要的工作人员王凤甲也来自宁波。

----

① BFMPC/MCR/CH, 199/8/34, W. Gamble to W. Lowrie, Ningpo, 11 August 1860.

② ibid., 199/8/36, W. Gamble to W. Lowrie, Ningpo, 15 October 1860.

三、上海开工与完成

    1860年12月底，华花圣经书房从宁波迁到上海并改名为美华书馆，王凤甲并没有一起迁移，而是九个月后的1861年9月才前往位于上海虹口的美华书馆。姜别利于1861年10月4日报导王凤甲归队后的工作情况：

>   宁波那位刻字极好的刻工刚到上海来，已经在进行新活字的工作。他刻的字又小又美观，真是无人可比；可是他一天只能刻成七个字，而我们每个月要付他12元的工资，这使得成本比我当初估计的要高，每个字模从原来的6至8分钱提高为至少10分钱。不过，即使这样，比起以往要打造钢质的字范，这只是一点小钱而已。[①]

    姜别利说王凤甲每天只能刻成七个字，原因应该是如下文所述他的身体健康不好，而刻小字又很费目力和精神。不过，王凤甲每月12元工资确是很高的待遇，十几年后（1875），同一布道站的两名中国人牧师鲍哲才与黄文兰每月工资分别才9元和10元而已。[②]姜别利既然欣赏王凤甲的技艺，就没有计较他的产量和工资是否相当的问题，何况姜别利认为比起刻钢质字范，王凤甲的工资只是戋戋

---

    ①   BFMPC/MCR/CH, 191/5/217, W. Gamble to W. Lowrie, Shanghai, 4 October 1861.

    ②   ibid., 199/12/193, Reports of Shanghai Mission [for 1875]; ibid., 198/12/46, J. M. W. Farnham to F. F. Ellinwood, Shanghai, 27 February 1875.

之数。姜别利在美华书馆1861年的年报中表示，这套新活字完成后，字形的优美将超越历来任何中文活字[①]，他指的不仅是超越已有的四种西式活字，也超越所有逐字手刻的活字。

称赞王凤甲的人不止姜别利。当时长老会上海布道站最资深的传教士克陛存（Michael S. Culbertson）也写信告诉秘书：

> 刻工［即王凤甲］正在刻我们的两套新活字中最小的那一套，我刚看过一些以他所刻活字印出来的字样，确信那是所有中文活字中最好的产品，也将是最有用处的。[②]

1861年9月开工后，新活字的工作进行顺利，一年后美华书馆的1862年年报简略报导，已经刻成将近2 000个字，但还没有电镀成字模。[③]

1863年5月初，姜别利写信给秘书报告新活字的进度，附寄了一份以新活字印制的一百来字的样张给秘书，并说已经电镀了五六百个字模。[④]当时在新活字以外，美华书馆也在电镀香港小活字，姜别利还得兼顾印刷部门的事务，各项工作彼此影响，难免拖累进度。姜别利决定加紧活字赶工，为此雇用一名上海外国人印工帮他照料印刷部门，他自己则专心于铸字，同时增加电镀字模和活字的工匠人数至八人。[⑤]进度加快后，姜别利于1863年10月6日向秘书报告，新活字已经刻成2 900字，电镀成字模的也有2 000字，其中1 000字已经铸出活字。姜别利又提到王凤甲：

---

① BFMPC/MCR/CH, 199/8/44, W. Gamble, Annual Report of the Press for 1860–1861.

② ibid., 191A/5/229, M. S. Culbertson to W. Lowrie, Shanghai, 22 November 1861.

③ ibid., 199/8/45, W. Gamble, Report of the Press for the Year Ending October 1, 1862.

④ ibid., 199/8/48, W. Gamble to W. Lowrie, Shanghai, 5 May 1863.

⑤ ibid., 199/8/52, W. Gamble to W. Lowrie, Shanghai, 4 August 1863.

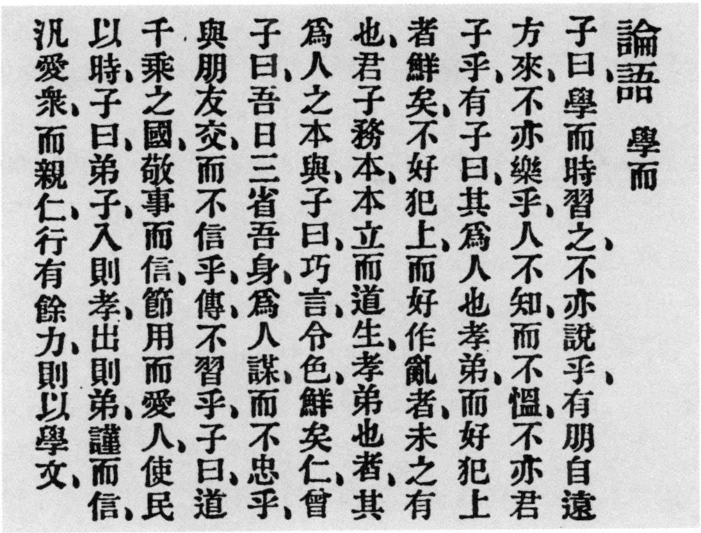

論語 學而
子曰、學而時習之、不亦說乎、有朋自遠
方來、不亦樂乎、人不知、而不慍、不亦君
子乎、有子曰、其爲人也孝弟、而好犯上
者鮮矣、不好犯上、而好作亂者、未之有
也、君子務本、本立而道生、孝弟也者、其
爲人之本與、子曰、巧言令色、鮮矣仁、曾
子曰、吾日三省吾身、爲人謀、而不忠乎、
與朋友交、而不信乎、傳不習乎、子曰、道
千乘之國、敬事而信、節用而愛人、使民
以時、子曰、弟子入則孝、出則弟、謹而信、
汎愛衆、而親仁、行有餘力、則以學文、

图4–1　王凤甲所刻上海活字（美华书馆五号字）样本
（*Journal of North-China Branch of the Royal Asiatic Society*, December 1864, p. 145.）

> 刻工的身体状况不好，进度缓慢，但是他慢工出细活，刻出的字好到连中国人都觉得不可思议；我认为全中国应当没有人可以和他相提并论，因为他的技术是我亲自训练的，中国人还没有这种技术。[①]

在1864年5月21日的信中，姜别利谈到王凤甲每个月完成300字，已刻成将近5 000字。[②]每个月300字，不计礼拜日，王凤甲平均每天完成超过十个字，比原来每天七个字增加近一半产量。这很可能是他在姜别利赶工的压力下，不顾自己的健康尽力而为的结果。

---

① BFMPC/MCR/CH, 199/8/55, W. Gamble to W. Lowrie, Shanghai, 6 October 1863.
② ibid., 199/8/59, W. Gamble to W. Lowrie, Shanghai, 21 May 1864.

至于已刻成将近5 000字，姜别利最初在宁波时估计的是新活字将包含5 000常用字，到1864年时修正增加至7 400字，其中6 000个常用字为全字（和香港小活字相同），1 400个为部首与字根的拼合活字，可以拼成约19 000个汉字，连同全字共可排印约25 000个汉字，因此"上海活字"也是一种拼合活字，但是拼成的字形比巴黎活字和柏林活字优美自然，而且可排印字数是最初在宁波估计数目的五倍，也多于已有的四种活字，用处大为增加。[①]

姜别利在1864年5月21日的信中又说，这套新活字已由秘书命名为"上海活字"（Shanghai Font）。秘书之意显然是要这套活字与已有的巴黎、柏林及香港等活字相提并论，不过"上海活字"的名称流传并不久。到1868年时姜别利为便于中国人向美华书馆购买活字时称呼，将各种活字名称从大到小重新编成简单易懂的一至六号，"上海活字"也改称"五号活字"。

1865年7月20日，姜别利报告上海活字的字范已经全部刻完。[②]从1861年9月开工，经过将近四年时间，王凤甲终于达成这桩不容易的任务。姜别利随即又交付他新的工作，将五百个最常用的汉字刻成更小的字范（Ruby、5.5点、尺寸约0.194 × 0.194厘米），大小只有上海活字的四分之一，而他也不负期待完成使命，刻成美华书馆的六号活字。一个疑问是木刻字有时一人写、一人刻，有时一名刻工就包办两者，王凤甲是否又写又刻，包办写和刻两项工作？由于姜别利从头到尾只提王凤甲一人，没有提过另外有人写那些蝇头小字，上海活字应该就是王凤甲又写又刻、独自完成的杰作。

[①]　BFMPC/MCR/CH, 191A/5/325, W. Gamble to W. Lowrie, Shanghai, 20 September 1864. W. Gamble, 'Specimen of a New Font of Chinese Movable Type Belonging to the Printing Office of the APM.' *Journal of the North-China Branch of the Royal Asiatic Society*, new series, no. 1 (December 1864), p. 145,

[②]　ibid., 196/7/169, W. Gamble to W. Lowrie, Shanghai, 20 July 1865.

令人惊讶的是上海活字还未完工，姜别利已将其用于印刷图书和销售了。原来他急于证明上海活字的字小而美，印成书刊所占篇幅和成本都少，实在是价廉物美。所以他要王凤甲先刻《圣经》新约内的2 700多个不同的字，到1863年9月刻完后，再经电镀字模与铸造活字，1864年8、9月起用于印刷《新约》。姜别利屡次报导这部书的印刷情况，很有自信其美观将远远超过历来所有的中文《圣经》。①后来这部书有机会被赠予北京总理各国事务衙门的几位大臣。据美国驻北京使馆的代办卫三畏（Samuel W. Williams）表示，几位大臣对于书中的活字和印刷之美大为赞赏，说是见所未见，也承认即使最上乘的木刻印刷也望尘莫及。②卫三畏先前来华担任印工二十余年，非常关注中文活字的进展，早在1863年见到进行中的上海活字时，就已称赞其字形美观，也预料这套活字将大有用处。③事实上他编纂的中英双语字典《汉英韵府》(*A Syllabic Dictionary of the Chinese Language*)，于1874年由美华书馆出版，就是以上海活字印刷的。

至于上海活字的销售，姜别利于1865年6、7月间主动写信向法国皇家印刷所的所长推销，对方也愿意订购，全套活字于1868年交货，价款1 800元。④此外，耶鲁学院教授惠特尼（William D.

①　BFMPC/MCR/CH, 199/8/54, W. Gamble, Annual Report of the Press for the Year Ending October 1, 1863; ibid., 191A/5/325, W. Gamble to W. Lowrie, Shanghai, 20 September 1864; ibid., 199/8/–, W. Gamble, Report of the Press at Shanghai for the Year Ending October 1, 1864; ibid., 199/8/57, W. Gamble to W. Lowrie, Shanghai, 25 October 1864.

②　*The Chinese Recorder*, vol. 6, no. 1 (Jan. – Feb., 1875), p. 30.

③　BFMPC/MCR/CH, 199/8/56, W. Gamble to W. Lowrie, Shanghai, 23 December 1863.

④　ibid., 196/7/169, W. Gamble to W. Lowrie, Shanghai, 20 July 1865; ibid., 199/8/105, W. Gamble to J. C. Lowrie, Shanghai, 16 January 1868; ibid., 200/8/190, W. Gamble, Annual Report of PMP at Shanghai, for the Year Ending 30 September 1868.

Whitney）于1865年中写信给姜别利，代表美国东方学会（American Oriental Society）订购一部分上海活字。姜别利迟至1869年3月交货，价款358元。①这只是上海活字完成前的两笔交易，等到完成后，订购的国内外客户就更多了。

四、结局与结语

王凤甲完成雕刻上海活字的半年后，姜别利于1866年1月25日写信给秘书，报告王凤甲辞世的不幸消息。

> 收到您授权电镀铜版的信时，我们正在入殓已故的王凤甲遗体，他是上海活字的刻工。此人有些非常令人难以置信的事，他就现身在需要他承担任务的时刻，所有人都说从来没见过事情做得像他这么好的人，中国的确没有比他更好的工匠了。难得的是他在健康不好的情况下，还能完成上海活字的刻字工作。他在两个星期前的礼拜日［1月14日］受洗成为基督徒，死于上个礼拜日［1866年1月21日］的凌晨两点钟。②

在1866年的美华书馆年报中，姜别利逐一感谢这年秘书等人及美华各部门员工的协助与效率。他特别提到王凤甲，表示上海活字得以完成，归功于王凤甲细致入微的技巧和丝毫不倦的耐心，

---

① BFMPC/MCR/CH, 199/8/－, W. Gamble, Annual Report of PMP at Shanghai, from October 1, 1864 to October 1, 1865.

② ibid., 199/8/63, W. Gamble to W. Lowrie, Shanghai, 25 January 1866.

直到过世为止。[①]姜别利从黄杨木刻字电镀成活字的发明，是制造中文活字的革命性技术，他本人也认为这是自己来华的两大贡献之一。这项新技术首先就应用于上海活字的创制，而王凤甲正是实现上海活字的关键人物。姜别利确实应该感谢王凤甲。

王凤甲简直就是专为上海活字而生的，有如姜别利所说：在打造这套活字需要人手的时候，王凤甲就出现了；上海活字完成后，他竟然也随之过世。王凤甲除了有高明的手艺，令人印象深刻的是尽管他的健康状态一直不好，却能坚守岗位，中途还能因应需求提高产量，坚持到任务完成。虽然在姜别利的记载以外，难以觅得更多王凤甲的生平史料，但这些记载已经凸显了王凤甲鲜明的形象，即一位社会地位不高的寻常刻字工匠，凭着高明的技术和坚忍的毅力，创造了中国近代印刷史上一套令人赞不绝口，也广泛为人所用的活字字范。尽管没有多少人知道他，但他开创的上海活字或者说美华书馆五号活字，在数十年中印刷了许多中国人的精神食粮。

---

① BFMPC/MCR/CH, 196/7/240, W. Gamble, Annual Report of PMP at Shanghai, from October 1, 1865 to October 1, 1866.

5

美华书馆二号（柏林）活字的
起源与发展

绪　言

　　1860年代后期，姜别利为上海美华书馆完成六种中文活字的制造，此后这六种中文活字由国内外的中文印刷机构普遍而长期使用，在近代中文活字史上有重要的地位。这六种活字各有不同的来源与发展过程，本文以其中的二号（柏林）活字为讨论的对象[①]，利用的史料主要是与这种活字密切相关的美部会与美国长老会外国传教部等相关档案，希望借着探讨柏林活字的背景、起源、订购、制造、使用与改善等发展经过，阐明牵涉到的主要人和事的脉络及其互动关系，以及中国文化中的文字元素在柏林活字发展过程中的作用与影响力。

一、背景与起源

　　十九世纪前期，欧洲有此起彼落堪称活跃的铸造中文活字活

---

*　本文为笔者于2018年9月1日参加在日本东京印刷博物馆举办的“日中韩字体讲座暨研讨会：东亚汉字字体的现在与未来”提交的论文，修订后刊登于《中国出版史研究》2019年第2期，页163—176。

①　从最初的1844年起到1860年代中，与此种活字相关的人都习惯以其生产地称之为“柏林活字”，以相对有别于“巴黎活字”“香港活字”“上海活字”等。直到1868年美华书馆刊登广告出售活字时，才依大小分别改称为一号至六号活字，以便中国顾客辨识订购，此后也都称为几号活字，而“柏林活字”等原来名称随之少有人知。本文讨论的主要是1868年以前的内容，依旧称为“柏林活字”。

动。促成这种现象的原因主要有二：传播基督教的热忱与汉学研究的需要。这一时期正逢欧洲各基督教国家展开大规模全球传教事业，对象包含号称占世界人口三分之一的中国，因此传教界希望以中文活字大量而低廉地生产书刊向中国人传教。同一时期，欧洲人以中国为对象的汉学研究活动日渐兴盛，相关的论著增加，但书内的中文只能使用木刻板或木活字印刷，既不方便而且效果不好，汉学家期盼以金属铸造的活字印刷中文与欧文品质协调一致的著作。

这些造字活动有的在欧洲各国进行，例如1830年代法国李格昂（Marcellin Legrand）在巴黎，1840年代英国瓦茨（Richard Watts）在伦敦，和本文讨论的普鲁士贝尔豪斯（Auguste Beyerhaus）在柏林从事的造字工作；也有些造字活动是在中国或附近的地区进行，例如1810年代英国东印度公司印工汤姆斯（Peter P. Thoms）在澳门，1830年代起伦敦会传教士戴尔（Samuel Dyer）在马来亚半岛各地进行的造字工作等。

中国文字有别于欧洲拼音文字的特性，使得十九世纪前期欧洲人在制造中文活字时各有想法和做法，以应付汉字数量庞大的难题。例如李格昂采取拼合活字的方式，汤姆斯则先铸造规格一致的字坯，再逐字手工雕刻，而戴尔则是以铸造常用的汉字为主，等等。尽管做法不一，他们的目的都在于缩减制造的时间和成本，希望自己的活字能尽快达到实际用于印刷出版的地步。这些不同的制造方式导致各种中文活字有以下三种结果：

（一）具有实用性，而且有市场，得以复制出售。例如李格昂的巴黎活字，除了法国皇家印刷所购买，还有美国的长老会外国传教部和普鲁士政府文化部等顾客订购；又如戴尔的活字，先后有英美的传教会、中国香港的英文报社、俄国政府以及中国官方和民众等购买。[①]

（二）虽有实用性，却无法复制而没有市场。例如印度雪兰坡（Serampore）英国浸信会布道站印刷所的活字，为求速成只铸造常用字，其他则以手工雕刻，因此仅此一套，只能用于该印刷所；又如英国东印度公司汤姆斯的澳门活字，数量多达20万个，但全部都是手工雕刻，所以无法复制。[②]

（三）没有实用性，当然也没有市场。例如1826年伦敦费金斯（Vincent Figgins）铸造数十个活字，其字形与可行性获得马礼逊（Robert Morrison）赞许，却只制造少数活字后就停止[③]；又如马礼逊父子于1833年在广州尝试铸造中文活字成功，却没有继续[④]；还有人所造的活字因品质低劣而难以实用，例如1833年普鲁士在华的独立传教士郭实猎（Karl F. A. Gützlaff）的尝试。

由于郭实猎的造字行动直接促成本文所论柏林活字的制造，有必要予以比较详细的讨论。1833年11月初，来华两年的郭实猎决定借着印刷出版加强自己的传教活动，除了创办月刊《东西洋考每月统纪传》，又计划撰写十六种传教书分发给中国人阅读，于是雇用一名中国工匠在澳门制造活字，准备用来印刷出版自己的作品。[⑤]但是，郭实

---

① 法国皇家印刷所与美国长老会订购巴黎活字，参见笔者，《铸以代刻》，中华版，页289—292；台大版，页314—315。关于普鲁士政府订购巴黎活字，见顾钧、[日]宫泽真一编，《美国耶鲁大学图书馆藏卫三畏未刊往来书信集》（桂林：广西师范大学出版社，2012），vol. 3, pp. 108–119, S. W. Williams to E. C. Bridgman, London, 12 September 1845。关于戴尔活字的市场，参见笔者，《马礼逊与中文印刷出版》（台北：学生书局，2000），页287—299。

② 关于雪兰坡的中文活字，参见《马礼逊与中文印刷出版》，页143—148；东印度公司的澳门活字，参见同书页90—91，及《铸以代刻》，中华版，页39—40；台大版，页45—46。

③ *The Evangelical Magazine and Missionary Chronicle* (May 1826), pp. 186–187, 'Lord's Prayer in Chinese.'

④ 关于马礼逊的铸字尝试，参见《铸以代刻》，中华版，页20；台大版，页25。

⑤ *Missionary Register*, June 1834, pp. 268–270, 'China.'

猎的造字方法非常特殊,省略了正常造字的第一道工序字范(punch),而直接雕刻阴文字模(matrix),再从字模铸出活字。郭实猎离开澳门前往北方沿海时,委托美部会传教士卫三畏照料其事。卫三畏写信告诉该会秘书安德森(Rufus Anderson),活字不能如此制造,郭实猎的活字形体过大,字面无法绝对平整,笔画既粗,笔画多的字还相当模糊难辨;又说郭实猎已经为此花费300元,希望刻成3 000个字模,每个10分钱。卫三畏还随信附送了一些郭实猎的字模样品给安德森。①

在1834年10月号的《中国丛报》(*The Chinese Repository*)上,担任主编的卫三畏又提及郭实猎这种不先打造字范而直接雕刻字模的事,认为中国人既无这方面天分,也无相关的技术,不可能成功。②四十年后,卫三畏回忆郭实猎这件往事,说后者在铜版上刻阴文字模,每个字模大小半英寸见方,花400元刻成4 000个常用字的字模,再将这些字模送到雪兰坡铸出活字,结果每个活字字形很差,字面不平也不完整,根本不能用于印刷。③

郭实猎的活字既不能用,他索性将全部字模与活字寄呈给早年济助自己求学的普鲁士国王(Frederick William III),请求国王找铸字工匠设法改善。等到改善后的字模与活字又送回到郭实猎手中,他的十余种传教书早在1835至1837年间由新加坡的美部会"坚夏书院"以木刻出版。④他对这些字模与活字也失去了兴趣,

---

① ABCFM/Unit 3/ABC 16.3.8, vol. 1, S. W. Williams to R. Anderson, Canton, 28 December, 1833.

② *The Chinese Repository*, vol. 3, no. 6 (October 1834), p. 252.

③ *The Chinese Recorder*, vol. 6, no. 1 (January-February 1875), pp. 22–30, S. Wells Williams, 'Movable Types for Printing Chinese.'

④ 这段时间坚夏书院出版郭实猎作品的清单,见美部会广州布道站秘书伯驾(Peter Parker)所写的半年工作报告附件B(ABCFM/Unit 3/ABC 16.3.8., vol. 1 A, P. Parker to R. Anderson, Canton, 7 March 1837, Appendices: Document B — Preparation of Tracts)。关于坚夏书院及郭实猎的书在该书院出版的详情,参见笔者,《基督教与新加坡华人1819—1846》(台北:"清华大学"出版社,2010),页97—130。

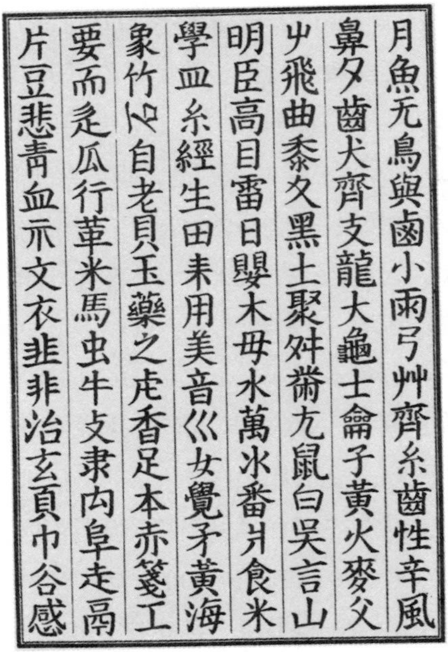

图 5-1　贝尔豪斯早期制作的中文活字
(Johann H. Meyer, *The Gutenbergs Album*.
Braunschweig, 1840, p. 344.)

便全部赠送给在巴达维亚（Batavia）的伦敦会传教士麦都思（Walter H. Medhurst）。1842年10月，麦都思表示收到了这批活字，但发觉不论字形或活字本身都很差，远不如戴尔正在制造中的活字。[①]后来麦都思将这批活字带到上海，偶尔在戴尔的活字缺字时，以郭实猎的活字补充排印。[②]

普鲁士国王找来为郭实猎活字进行补救的铸字师傅，正是以后柏林活字的制造人贝尔豪斯。他为其中一些不知何故遗漏字模的活字打造字范、补充字模[③]，因此，1840年普鲁士出版的一部包含各种语文活字样本中，有一页是贝尔豪斯所制的中文活字样张，包含128个字。[④]笔者发觉其中有些活字和麦都思在上海初期印书所用的活字完全一样[⑤]，足以证明1840年贝

---

① LMS/UG/BA, 5.B., W. H. Medhurst to the Directors, Batavia, 16 October 1842.

② ibid., 10 April 1843; 3; LMS/CH/CC, 1.1.A., W. H. Medhurst to A. Tidman, Shanghai, 1 May 1844.

③ ABCFM/Unit 3/ABC 16.3.3, vol. 1, S. W. Williams to R. Anderson, New York, 13 December 1845.

④ Johann H. Meyer, *The Gutenbergs Album* (Braunschweig, 1840), p. 344.

⑤ 笔者以1844—1845年麦都思在墨海书馆所印《真理通道》一书为例，对照1840年贝尔豪斯中文活字样本，发觉两者有17个活字完全一样；由于《真理通道》是以戴尔大活字排印，只在缺字时才以郭实猎活字补充，而1840年贝尔豪斯中文活字样本也只有一页（128字），在两者数量都很有限的条件下，还能有17个完全一样的活字极不容易，也显示两者高度相关。

尔豪斯中文活字样张中的字，全部或至少一部分是他为郭实猎补充字模的活字。

从上述可知，郭实猎和贝尔豪斯的两种中文活字之间有因果关系，即贝尔豪斯在偶然间奉国王之命改善郭实猎的活字，虽然只能有限度地补救郭实猎拙劣活字的命运，但贝尔豪斯自己却因此对中文活字产生兴趣，后来他制造的柏林活字还辗转成为十九世纪中文印刷主要使用的活字之一，这应当是他自己也意想不到的结果。

二、关注与订购

柏林活字的发展过程集中在四个人身上：制造人贝尔豪斯（柏林的铸字师傅）、订购的发起人卫三畏（美部会视同传教士的印工）、订购后的主持人娄睿（美国长老会外国传教部秘书），以及使用与改善人姜别利（美华书馆主任）。这四个人分别在柏林活字发展的不同阶段扮演重要的角色：贝尔豪斯在订购前后和制造阶段出现，卫三畏主要是在订购前关注并促成柏林活字的制造，娄睿是在订购后和制造时期主持大计，至于姜别利则是使用与改造柏林活字的主角。

最初发起订购的人是卫三畏。他从1833年来华，负责美部会在华的印刷工作，也协同编辑英文月刊《中国丛报》。他于1835年底从广州移居澳门，直到1844年底返美，在澳门居住和工作九年。从鸦片战争结束后的1842年底起，美国长老会的对华传教士娄理华以分租的方式，和卫三畏住在澳门同一幢房屋中，1844年初长老会派印工柯理来华，也在同处设立"华英校书房"（美华书馆的前身）。卫三畏和娄理华、柯理等人虽然分属不同传教会，但彼此来往密切，关系良好，当卫三畏于1844年准备回美国休假时，娄理华写信将他介绍给自己的父亲（即长老会外国传教部秘书）娄睿，称卫三畏是最了解中文印刷的人，希望娄睿能和卫三畏见面谈论在华印刷中文的事。①

1844年9月间，娄理华将郭实猎附信送来的贝尔豪斯所造活字样品寄给娄睿，并说见过的人都认为那是向来所见品质最好的中文活字。②卫三畏也是见过的人之一，并先于同年8月在写给朋友的一封信中表示，贝氏制造的活字样品字形优美，很有中国风味（*à la Chinois*），如果贝氏的造字工作确实在进行中，他有意运用朋友捐给自己购买活字的钱订购一套贝氏字模。③

卫三畏努力打听贝尔豪斯的造字情形。1844年11月底，他离开中国经印度洋、地中海返回美国，1845年7月途经马尔他（Malta）期间，第一次写信和贝氏直接联系，并于同年9月到达伦敦后收到贝氏两封回信，才知道情况不如预期，原来是贝氏欠缺资金，到当时为止只造出一些活字样品而已，没有进一步行动；卫三畏再度写信给贝氏，请他向普鲁士政府请求赞助一半制造经费，自己愿意筹措另一半经费，作为订购一套字模的代价。④等到1845年10月中旬卫三畏回纽约后，收到贝氏来信，说普鲁士政府表示已经为两种中文活字花费大笔钱，却始终没有印过一张半页的中文，因此不可能再赞助同样的事。⑤所谓普鲁士政府为两种中文活字花费大笔钱，第一是为了改善郭实猎的活字付给贝氏的钱，第二则是购买李格昂所

① BFMPC/CH, 189/1/196, W. M. Lowrie to W. Lowrie, Macao, 8 December 1842.

② ibid., 189/1/619, W. M. Lowrie to W. Lowrie. Macao, 24 September 1844.

③ 《美国耶鲁大学图书馆藏卫三畏未刊往来书信集》, vol. 2, pp. 469–472, S. W. Williams to Harriet C. Wood, Macao, 10 August 1844.

④ ibid., vol. 3, pp. 108–119, S. W. Williams to E. C. Bridgman, London, 12 September 1845.

⑤ ABCFM/Unit 3/ABC 16.3.3, vol. 1, S. W. Williams to R. Anderson, New York, 13 December 1845.

造的巴黎活字。不过，当普鲁士政府从贝氏知道卫三畏对中文活字有兴趣时，曾主动表示愿意让他免费使用巴黎活字，卫三畏很了解巴黎活字的字形问题而婉谢了。[①]

贝尔豪斯来信中又说，基于协助传教事业的热忱，自己已经开始打造字范，也表示若卫三畏愿意订购，自己可以每个字模2先令6便士（未整修）或2先令7便士（整修过）的代价承做。卫三畏全盘考虑了当时西式中文活字的情势：戴尔1843年过世后，伦敦会的活字前景变得难以确定，世上只有李格昂的巴黎活字可以购用，但拼合式的活字不好，在这种情况下，贝氏既有意愿制造，他的活字样品看来也相当优美，而且所提的价钱很合理。于是卫三畏决定要促成其事。[②]

他的办法是由自己所属的美部会和长老会合作订购一套柏林活字，各出一半费用；同时他为不增加美部会负担，那一半费用就由他个人承担，美部会只要名义上同意即可。这个办法获得美部会认可，卫三畏再和长老会秘书娄睿洽谈。娄睿对中文和中文印刷都很感兴趣，长老会的中国传教事业可说是由他一人主持，订购巴黎活字（即后来的美华书馆3号活字）和创立该会的中文印刷所也都出自他的主张[③]，又如前文所述，他早已收到儿子娄理华推荐卫三畏的信，所以很快接受了卫三畏的建议，两人达成的协定内容主要如下：

（一）双方共同订购贝尔豪斯的柏林活字字模一套，由长老会保存使用，美部会或卫三畏需要时再为他们铸出活字。

（二）柏林活字必须和巴黎活字同样是拼合活字。这是娄睿提

---

① ABCFM/Unit 3/ABC 16.3.3, vol. 1, S. W. Williams to R. Anderson, New York, 13 December 1845.

② ibid.

③ 关于娄睿和中文活字的关系，参见《铸以代刻》，中华版，页283—298；台大版，页307—322，《美国长老会中文印刷出版的开端》。

出的条件,他坚持拼合活字可以大量减少制造的成本和时间,而使用的效果则和非拼合活字一样。卫三畏虽然不喜欢拼合活字,但为促成柏林活字的制造,便同意了娄睿的要求。

(三) 同意贝尔豪斯所提价格,每个整修过的字模为2先令7便士(约0.63元)。以巴黎活字的经验估计,柏林活字应有将近4 100个字模,可拼成约2万个汉字,合计为529镑11先令8便士(约2 562元),双方各负担一半,即264镑15先令10便士(约1 281元)。

(四) 要求贝尔豪斯依据娄睿和卫三畏所提的字表制作,从1846年1月起算,两年后完成制造。①

卫三畏将以上结果通知贝尔豪斯,而美部会和长老会双方的理事会也分别在1845年12月中、下旬通过合购②,于是柏林活字就此定案,进入实际制造的阶段。不过,卫三畏必须兑现负担一半价钱的承诺,当时他的故乡纽约州尤蒂卡(Utica)的亲友已捐款656元给他,尚差625元,加上他同时也要订购日文活字的缘故③,合计还需要约1 500元才够。卫三畏的筹款之道是以中国和中国人为主题到处巡回演讲募款,从尤蒂卡到纽约,甚至远赴中西部的克利夫兰(Cleveland)演讲,每场募得数十元并逐渐积累。他在两年中演讲超过一百场,不但所募款数足够付清柏林活字与日文活字的费用,他的讲稿还在1848年结集成《中国总论》(*The Middle Kingdom*)两册出版,以后屡次再版,成为十九世纪美国汉学研究的代表作之一④,可说是柏林活字带来的副产品。

---

① ABCFM/Unit 3/ABC 16.3.3, vol. 1, S. W. Williams to R. Anderson, New York, 13 December 1845.

② ABCFM/Unit 1/ABC 2.1, vol. 8, R. Anderson to S. W. Williams, Boston, 17 December, 1845; ibid., R. Anderson to the Canton Mission, Boston, 17 December 1845; BFMPC/MCR/CH, 235/79/1, Summary Letter to field, Mission Letter, 27 December 1845.

③ 关于卫三畏的日文活字,参见本书《卫三畏与日文活字》一篇。

④ S. Wells Williams, *The Middle Kingdom*. New York: Wiley and Putnam, 1848.

三、制造与延宕

　　1846年6月，贝尔豪斯收到卫三畏寄给他的第一批字表，他回信表示当时已经制造了300个字模，另外有200个字范还待整修。贝氏乐观地说，除了他亲自动手，还将雇用两名熟练的铸字工匠协助，每月以100至150个字模的产量，可望在1847年底完成4 000个字模；贝氏回信中也关切付款的问题，他表示当时柏林没有商行和纽约直接来往，因此要求卫三畏开给他可以向汉堡商行取款的信用状，或者伦敦或不来梅（Bremen）的商行也可以，他收款后会将完成的字模寄出。①几个月后，娄睿和卫三畏又分别写信给贝氏，送来第二批字表、费用100英镑以及一批中文书等等，都通过美国驻普鲁士使节丹拿逊（Andrew J. Donelson）转交，丹拿逊还邀请贝氏到使馆做客面谈；贝氏则回寄一份活字印样给娄睿，很有自信地请娄睿欣赏每个字的"风格、样貌和匀称"（style, appearance and proportion），并表示将持续如此，保证让娄睿满意。②

　　卫三畏和娄睿先后寄给贝尔豪斯的字表，一共包含3 946个欲铸的活字，全字和拼合字都有。③但是，制造柏林活字的工作却不如他们预期的顺利，甚至还严重地拖延下来，原因如下：

　　首先，卫三畏和娄睿所订自1846年初起两年内完成的时间过

---

① BFMPC/MCR/CH, 190/2/84, A. Beyerhaus to S. W. Williams, Berlin, 7 June 1846.
② ibid., 190/2/172, A. Beyerhaus to W. Lowrie, Berlin, 22 October 1846.
③ ABCFM/Unit 3/ABC 16.3.8, vol. 3, S. W. Williams to R. Anderson, New York, 3 April 1848.

于短促。后来娄睿承认，当年他订购巴黎活字时和李格昂说好的也是两年完成，而且李格昂还有汉学家指点汉字方面的问题，结果巴黎活字交货连修改在内却拖延长达十年之久[1]，因此，要边造边学中文的贝氏在两年内完成柏林活字，成为不切实际的期待。

其次，贝尔豪斯低估了中文活字制造的困难程度。1850年9月贝氏在回答娄睿质问何以拖延时承认，当初自己只因这是一件有益于传教的善事，所以开出较低的每个字模2先令7便士价格，却导致雇用不起技术高明的工匠，只能雇用三名年轻资浅的工匠有限度地协助，大部分的工作还得由贝氏自己承担，进度也随着缓慢下来。[2]

第三，柏林活字的制造过程较费时间。贝尔豪斯比较巴黎活字与柏林活字选择字形的过程，说李格昂只以马礼逊的字典一种作为巴黎活字字形的依据，当然省时方便；而柏林活字是每个字都由贝氏自己翻查不同的字书，再从中选择他认为最好的字形，所以他自信柏林活字的字形比较流畅厚重（free and bold），而巴黎活字则显得呆板僵硬（stiff）[3]，但是贝氏此种选择字形的做法耗费较多时间，也拖延了工期。

第四，贝尔豪斯应娄睿要求，代为重制长老会先前购买的一部分巴黎活字。这种活字的许多字形相当拙劣，在华传教士屡次列出清单要求娄睿转请制造人李格昂修改或重制，但由于数量太多，娄睿转而询问贝尔豪斯可否代为重制一部分，贝氏回答同意，每个活字的重制代价3先令。[4]娄睿将在华传教士所列的189个巴黎活字寄给贝氏重制，贝氏完成后将字模寄给娄睿，娄睿非常满意重制的品质，并于

———————————

①   BFMPC/MCR/CH, 235/79/37, W. Lowrie to S. W. Williams, New York, 27 November 1850.

②   ibid.

③   ibid., 190/2/172, A. Beyerhaus to W. Lowrie, Berlin, 22 October 1846.

④   ibid.

1848年10月间将这些活字寄给在华传教士取代原来的巴黎活字。[1]代为重制这些巴黎活字当然也会影响到柏林活字的制造进度。

1848年6月初，卫三畏离开美国再度来华，行前他将演讲募款所得扣除日文活字费用以后的1 250元留在美国，以备柏林活字寄到时付给贝尔豪斯。[2]可是事情延宕下来，卫三畏开始觉得不耐烦，三四年间抱怨不已，态度也越来越强烈。例如，1850年3月他告诉娄睿，拖延如此严重，真后悔没有事先订立违约如何处罚的规定；1851年5月又说，宁可付给贝尔豪斯到当前为止的成本费用，一切到此为止，别再延宕下去；三个月后他再度写信给娄睿，表示越早和贝尔豪斯解约越好，因为柏林活字不可能卖出第二套字模，贝氏继续做下去则亏本越大；同一年（1851）底，卫三畏又向所属美部会秘书安德森抱怨此事，希望终止订购柏林活字。[3]

卫三畏之所以会越来越失去耐心，有个很重要的因素，即当时伦敦会在香港继续制造的戴尔大小两套活字将接近完成，卫三畏尤其欣赏其中的小活字，认为字形小而又美，而且都是全字而非拼合字，数量也已达到实用的规模。卫三畏屡次在主编的《中国丛报》和写给娄睿或安德森的信中对其高度赞美。[4]相形之下，迟迟不能完工的柏林活字则让卫三畏心中的不满越积越多，他甚至在写给弟弟斐德烈（Frederick Williams）的信中附寄了戴尔小活字的样品，并说：

①　BFMPC/MCR/CH, 235/79/12, W. Lowrie to Ningpo Mission, New York, 26 October 1848.

②　ABCFM/Unit 3/ABC 16.3.8, vol. 3, S. W. Williams to R. Anderson, New York, 3 April 1848.

③　BFMPC/MCR/CH, 199/6/8, S. W. Williams to W. Lowrie, Canton, 28 March 1850; ibid., 199/8/8, S. W. Williams to W. Lowrie, Canton, 22 May 1851; ibid., 199/8/9, S. W. Williams to W. Lowrie, Canton, 22 August 1851; ABCFM/Unit 3/ABC 16.3.8, vol. 3, S. W. Williams to R. Anderson, Canton, 27 December 1851.

④　BFMPC/MCR/CH, 199/6/8, S. W. Williams to W. Lowrie, Canton, 28 March 1850; ibid., 199/8/8, S. W. Williams to W. Lowrie, Canton, 22 May 1851. *The Chinese Repository*, vol. 20, no. 5 (May 1851), pp. 282–284, 'Specimen of the Three-line Diamond Chinese Types Made by the London Missionary Society.'

我真后悔插手管起柏林活字的闲事，如果订购那种活字的钱还在我手头的话，我直接购买戴尔小活字就是了，也不用请求别人的同意。①

卫三畏说"不用请求别人的同意"，指的是他必须尊重娄睿的意见，毕竟订购柏林活字是双方共同的事。而娄睿对贝尔豪斯及柏林活字的观感，却和卫三畏大为不同。娄睿以巴黎活字对照检查贝氏完成寄来的柏林活字，发觉后者的品质确实胜于前者；娄睿又请人在柏林实地查访贝氏的信誉，也证实贝氏是很有信用的基督徒，贝氏当面向查访的人坦承自己当初失策，认为这是传教用途而开价过低，以致请不起高明的工匠，但仍希望有机会完成柏林活字，也没有要求提高价钱；加以贝氏曾为娄睿改善一些拙劣的巴黎活字，这些因素都让娄睿愿意等待柏林活字的完成，尽管屡次收到卫三畏抱怨不满贝氏的信件，仍然不为所动地继续等待。②

到1850年底为止，娄睿收到了两批共900个完成的柏林活字字模；到1853年8月时，娄睿合计已收到三分之二的字模（约2 700个）③；至于所有字模完成寄到纽约，应当是1853年底或1854年初的事。④也就是说，从1846年起算，贝尔豪斯费了长达八年时间才完成柏林活字

① 《美国耶鲁大学图书馆藏卫三畏未刊往来书信集》，vol. 4, pp. 15–18, S. W. William to F. Williams, Canton, 23 April 1851.

② BFMPC/MCR/CH, 190/2/172, A. Beyerhaus to W. Lowrie, Berlin, 22 October 1846; ibid., 235/79/12, W. Lowrie to Ningpo Mission, New York, 26 October 1848; ibid., 235/79/37, W. Lorrie to S. W. Williams, New York, 27 November 1850; ABCFM/Unit 1/ABC 2.1, vol. 18, R. Anderson to Canton Mission, Boston, 22 April 1853.

③ BFMPC/MCR/CH, 235/79/37, W. Lowrie to S. W. Williams, New York, 27 November 1850; ibid., 235/79/78, W. Lowrie to Ningpo Mission, New York, 1 August 1853.

④ 卫三畏于1854年1月随美国海军舰队前往日本，同年8月回广州后，收到那七个月间娄睿寄来的两封关于柏林活字的信，从卫三畏的回信内容可知娄睿是来信通知柏林活字已全部完成。卫三畏的回信见BFMPC/MCR/CH, 199/8/11, S. W. Williams to W. Lowrie, Canton, 18 August 1854。

的制造,比预定的两年延后六年之久。若非贝尔豪斯自己的坚持和娄睿的耐心,柏林活字很可能就因卫三畏的失望不满而夭折了。

四、使用与改造

娄睿在纽约收到全部柏林活字的字模后,并没有立即送到中国,因为长老会在华印刷出版事业已有很大的变化:1845年订购柏林活字时设于澳门的华英校书房,在同年搬迁到宁波,改名为华花圣经书房,而负责书房的印工柯理也在1847年离职,此后一直由传教士相继主持书房的业务。但他们没有印刷专业技能,即使娄睿将柏林活字字模送到宁波,传教士也不可能从字模铸出活字。所以直到1858年3月18日,新任书房主任的专业印工姜别利从纽约启程来华,娄睿才将全部字模装在特别订制的保险箱中,交给姜别利随身带来。①

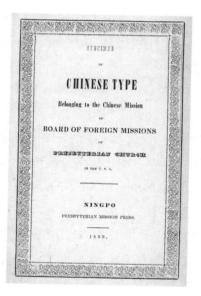

图5-2 宁波华花圣经书房排印柏林活字样本封面(1859)
(澳大利亚国家图书馆收藏)

---

① BFMPC/MCR/CH, 235/79/123, W. Lowrie to Ningpo Mission, New York, 1 March 1858.

虽然姜别利带来了字模,但还是得铸出活字才能实用,所以他接掌华花圣经书房后的一项要务,就是从字模逐一铸出柏林活字。先前他已在纽约铸造了约1 000磅,还有1 000余磅待铸。从1858年10月12日起,柏林活字由一名年轻的中国工匠开始铸造,这是耗时费事的工作,直到第二年(1859)的7月才全部完成。①由于贝尔豪斯没有提供完整的柏林活字字表,在使用和管理上都不方便,于是姜别利编印了《柏林活字样本》(*Specimen of Chinese Type Belonging to the Chinese Mission ...*)②,并在1859年11月间出版,包含全字2 711个、三分之二大小的拼合活字1 290个、一半大小的拼合活字20个、三分之一大小的拼合活字109个、数字和句读符号17个,合计有4 147个活字,其中的拼合活字只有左右拼合,而无巴黎活字的上下拼合字。为了解这些活字到底可以拼成多少个汉字,姜别利从1860年8月起编印《柏林活字拼合汉字总表》(*List of Chinese Characters Formed by the Combination of the Divisible Type of the Berlin Font*),但这部《汉字总表》直到华花圣经书房于1860年底迁到上海并改名为美华书馆后,才在1862年间印成,包含全字及所有拼合而成的22 031个汉字。③

　　柏林活字铸出来后,长老会的传教士觉得字形比巴黎活字好看得多。例如,兰显理曾两度告诉娄睿,希望以柏林活字印一版《新约》全书,因为字形远比巴黎活字令人满意,巴黎活字应该搁置一

　　①　BFMPC/MCR/CH, 199/8/18, W. Gamble to W. Lowrie, Ningpo, 11 October 1858; ibid., 199/8/22, W. Gamble to W. Lowrie, Ningpo, 12 July 1859.

　　②　*Specimen of Chinese Type Belonging to the Chinese Mission of BFM of PCUSA.* Ningpo: PMP, 1859.

　　③　*List of Chinese Characters Formed by the Combination of the Divisible Type of the Berlin Font Used at the Shanghai Mission Press of the BFM of the PCUSA.* Shanghai: 1862.

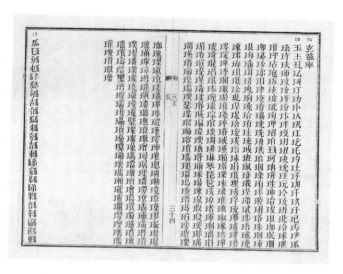

图 5-3 上海美华书馆排印柏林活字拼合汉字一页
（*List of Chinese Characters ... of the Berlin Font,* 1862）
（澳大利亚国家图书馆收藏）

旁并彻底整修，等等。[①] 连上海伦敦会负责墨海书馆的伟烈亚力也不止一次写信给姜别利，赞赏柏林活字的字形和大小，认为是当时"中国最好的一组活字"，还想向姜别利订购一套活字用于印刷墨海的书。[②] 既然传教士都说好看，姜别利也就尽量多用柏林活字。他在美华书馆1859年10月至1860年9月的年报中说，这年美华共印了930万余页，远多于前一年的739万余页，其中大部分都以柏林活字印刷，人们都认为柏林活字的字体较大而且胜于巴黎活字，笔画也较重而清楚。[③]

① BFMPC/MCR/CH, 191A/4/220, Henry V. Rankin to W. Lowrie, Ningpo, 3 August 1859; ibid., 192/4/257, H. V. Rankin to W. Lowrie, Ningpo, 16 March 1860.

② ibid., 199/8/21, W. Gamble to W. Lowrie, Ningpo, 9 May 1859; ibid., 199/8/23, W. Gamble to W. Lowrie, Ningpo, 31 August 1859. 姜别利将伟烈亚力拟购柏林活字的意愿呈报娄睿，经娄睿指示不急于出售，而伟烈亚力也因没有获得伦敦会授权而未成交。

③ BFMPC/MCR/CH, 199/8/14, Annual Report of the Ningpo Press for 1859–60.

在柏林活字所印的各种书中，堪称代表作的是从1862年4月开印的全本《圣经》。到当时为止，华花圣经书房和美华书馆都没有印过全本《圣经》，这是1840年代在华传教士为了采用"上帝"或"神"的争论而分裂，美国长老会主张的"神"译本迟迟没能完成所致。直到1862年时"神"本的翻译终于完稿，姜别利随即着手以柏林活字印刷大八开本的全本《圣经》。《新约》于1863年4月印成5 000部；《旧约》则在1864年5月印成，因篇幅远比《新约》多，只印1 200部。①在同一时期，美华书馆也以巴黎活字另印了一版八开本的全本《圣经》。姜别利却特别喜爱柏林活字印的大八开本，他将这个版本送给在华中的所有传教士每人一部，还预备扩大送给所有在华的传教士，他很有自信地表示："这是所有中文《圣经》中最好的一种版本。"②

由于姜别利和传教士都喜爱，柏林活字成为美华书馆主要使用的活字。不过在充满朝气与创新能力的姜别利主持下，美华书馆的情势变化得很快，不久柏林活字就遇上了强有力的两个竞争者：香港英华书院的小活字和姜别利自创的上海活字。1859年姜别利以每一汉字只买一个活字的方式，向英华书院购得原来戴尔的小活字一套。他以电镀方式制造字模再铸出活字，到1863年时完成（即后来的美华书馆4号活字），当时柏林活字也才开始用来印书不久；1861年姜别利又开始制造更小的上海活字，并在1865年底完成（即后来的美华书馆5号活字）。这两种活字都小于柏林活字，印刷成本也比较低，同时其字形都由中国人书写，因此是中国人习见熟悉

① BFMPC/MCR/CH, 191A/5/245, M. S. Culbertson to W. Lowrie, Shanghai, 3 May 1862; ibid., 199/8/54, Annual Report of the Press for the Year Ending October 1st 1863; ibid., 199/8/59, W. Gamble to W. Lowrie, Shanghai, 21 May 1864.
② BFMPC/MCR/CH, 199/8/59, W. Gamble to W. Lowrie, Shanghai, 21 May 1864.

的形体。即使上海活字也是拼合式，却很少有突兀不匀称的笔画，更没有看起来充满异国风味的"洋相"字。

相对于上述两种新造的活字，柏林活字明显地暴露出自己的缺点。字体较大并不是问题，因为传统的中文书多的是正文大字和夹注小字并排的形式，传教的书也同样如此。何况在1866至1867年间姜别利又电镀复制了英华书院的戴尔大活字（即稍后的美华书馆1号活字），比柏林活字更大。柏林活字的真正问题有二：主要在于一些不匀称的字形，尤其是拼合活字造成不自然的难看字形；其次是未收录一些常用字，却又包含了一些罕用字。

关于字形的问题，姜别利自己来华不久，或许还不能领略汉字的美感，但他显然从传教士和中国人的意见中了解了柏林活字的字形缺陷。他于1859年7月写信告诉娄睿，已经教会了一名中国工匠刻字的技巧，以后可以很便宜的成本制造字模，而且字形非常自然而完美，这绝对不是在外国生产的柏林活字造得出来的字形，中国人不喜欢柏林活字的许多字形，认为机械呆板的拼合活字不可能造出良好的汉字字形。[1]一个多月后，姜别利又在另一封信中说，没有人喜欢拼合字，许多拼合字的字形很不匀称，柏林活字需要重新打造二三千个全字才行。[2]娄睿同意柏林活字有些不好的字形需要改善，但对竟然得重新制造多达二三千个全字大感惊讶，还说："我们的印刷所在宁波似乎没有多少朋友。"[3]

至于未收常用字却包含罕用字的问题，起于1859年姜别利雇人计算在28种中文书内每个汉字出现的频率，借以确定中文有哪些常用字，以及每个常用字应铸造多少个活字备用。到1860年时

---

① BFMPC/MCR/CH, 199/8/22, W. Gamble to W. Lowrie, Ningpo, 12 July 1859.

② ibid., 199/8/23, W. Gamble to W. Lowrie, Ningpo, 31 August 1859.

③ ibid., 235/79/144, W. Lowrie to W. Gamble, New York, 10 December 1859.

计算的总字数超过100万，但其中只包含将近5 000个不同的汉字。姜别利再将这5 000个字和柏林活字对照，发觉有些字并未收在柏林活字内，而柏林活字却又收有这5 000个字以外的字，也就是说柏林活字未收一些用得着的字，却收了一些用不着的字，姜别利认为这种情形降低了柏林活字的实用性。[①]其实，在姜别利大规模计算汉字出现频率以前，不独柏林活字而已，巴黎活字和戴尔大小两种活字同样都有收字不尽适当的问题。但娄睿又对柏林活字这个现象大感意外，因为当初是由自己和卫三畏提供字表给贝尔豪斯照样制造的，竟然还会出现用不着的字。[②]

由于上述两个缺失，姜别利决定改造柏林活字，但他是等到上海活字制造完成后，大约从1866年初起动手。此次改造包含新增常用的全字和重制字形不好的拼合字两者。改善的幅度不论数量和质量都很可观，例如全字从原来的2 711个大量增加至6 000多个，有效减少了拼合活字产生的检字和排字时间、精力与错误，同时这些新增全字以及重制的拼合字都由中国人书写，字形也明显美观许多，可说是已经中国化的柏林活字。这项改善工作直到1868年底或1869年初才告成[③]，但姜别利没有编印改善后的柏林活字表，他自己也于1869年离职。四年后（1873）的美华书馆主任狄昌（John L. Mateer）编印《铅字拼法集全》（*Lists of Chinese Characters in the Fonts of the PMP*）一书[④]，其中的字样就是以姜别利改善后的柏林活字排印，所以该书就等于是柏林活字表一般。据该书所载，改造后的柏林活字包含全字6 664个、三分之二大小的拼

① BFMPC/MCR/CH, 199/8/32, W. Gamble to W. Lowrie, Ningpo, 14 February 1860.
② ibid., 235/79/180, W. Lowrie to W. Gamble, New York 4 June 1860.
③ ibid., 200/8/190, Annual Report of PMP at Shanghai, for the Year Ending 30th September, 1868.
④ *Lists of Chinese Characters in the Fonts of the PMP*. Shanghai: APMP, 1873.

合活字1 413个、三分之一大小的拼合活字132个，合计有8 209个活字，一共可拼成23 000余汉字。虽然比改善前可拼成的汉字只增加约1 000字，但重要的是全字从改造以前的2 711个大量增至6 664个，常用字都已包含在内，再者拼合活字取消二分之一大小者，而其字形也改观美化，拼合后不再有过于突兀不自然的字形。

对于美华书馆的不同活字，姜别利、娄睿和传教士一向分别称为戴尔、柏林、巴黎、香港及上海等活字，或以对应的英文活字称为Double Pica，Double Small Pica，Two Line Brevier，Three Line Diamond（偶尔称为English），Small Pica，以及最小的Ruby。从1868年底起，为了便于向中国人销售，姜别利将美华书馆的活字重新命名，从大到小称为一号至六号活字，较为简单明了。事实上柏林活字既然已经中国化，也不适合再以原来的产地柏林相称，于是从此改以中文"二号活字"或英文"Double Small Pica"之名行于世，为十九世纪后期及二十世纪初期的中文印刷界广泛采用。

结　语

文化方面的字形因素成为柏林活字制造与使用的重要问题。柏林活字虽然是西方技术的产物，但其内容是中国的文字符号，而且印刷出版的书刊是以中国读者为对象，绝不能忽视字形的重要性。然而，制造者贝尔豪斯的中国文化素养不足，并在距离中国遥远也欠缺中国文化情境的柏林进行制造，更严重的是指导者娄睿完全不能体会汉字的文化因素，柏林活字却在他的要求下以拼合方式制造，这注定了柏林活字难逃中国人与传教士对其字形的负面评价，也导致使用这种活字的姜别利不能不进行大规模的改善。可见即使是西方技术的产物，只要涉及中国文化的内容，就必须讲究如何能比较准确地表现这些文化元素，否则在中国难免会遭遇阻碍。

不仅柏林活字如此，较早制造的巴黎活字也一样，甚至还更为严重。在遭受多年的批评并进行改善后，美华书馆的巴黎活字最终在1870年代全部重制。至于戴尔的大小活字和上海活字，由于都在制造期间就注意到文化方面的字形因素，由中国人书写字样并尽量减少拼合字，所以没有面临类似柏林和巴黎活字需要大规模改善的困境。

其实，柏林活字与巴黎活字还算是幸运的，因为两者传入中国以后，都与戴尔大小活字和上海活字共同成为美华书馆活字家族的成员，得以在中国文化的情境中改善并获得新的面貌、新的名称与新的生命，也因此能够长期而普遍为人所用。

6

卫三畏与日文活字

绪　言

从十九世纪初年到中叶，基督教在华传教士为了便于印刷中文传教书刊，推动以西式活字取代中国传统木刻的过程中，属于美部会的传教士卫三畏是一位重要的人物。他非常积极地赞助、促成和使用多种西式中文活字①，又进一步关注中国统治阶级的满文和邻近国家的日文两种活字，也终于实现了制造西式的满文和日文活字的愿望。本文探讨卫三畏和日本关系的起源、制造日文活字的经过，以及上海美华书馆利用卫三畏日文活字的情形，讨论的主要依据是美部会、长老会外国传教部、伦敦会等三个传教团体的档案，以及美国耶鲁大学所藏的卫三畏个人书信。

一、卫三畏与日本关系的起源

谈论卫三畏与日文活字，必须先了解他和日本的关系。卫三畏最令人熟悉的与日本的关系，是1853年和1854年两度担任美国

　　＊　本文日译本刊登于日本横滨历史博物馆于2022年12月举办的"活字：支持近代日本的小巨人"（活字 近代日本を支えた小さな巨人たち）展览图录，页82—89。本文经宫坂弥代生讲师伉俪提供卓见并译成日文，谨此致谢。
　　①　参见笔者，《卫三畏与中文活字》，《印刷文化》，北京：2020年第1期，页56—70（2020年10月）。

海军舰队远征日本的翻译官。他不只居中翻译语文，而且实际参与谈判方式与条约内容，是美方不可或缺的要角。卫三畏身为对华传教士，却在美国对日外交行动的初期举足轻重，这并非偶然一蹴可及，而是早在1830年代已经打下基础，他在日文活字方面也是如此。

　　1833年10月卫三畏抵达中国，负责美部会广州布道站的印刷工作，却在两年后（1835年12月）改往澳门建立一家不属于美部会的印刷所。这是由于英国东印度公司关闭其在华印刷所，将未印完的麦都思所编《福建方言字典》（*A Dictionary of the Hok-këen Dialect of the Chinese Language*）弃之不顾。在广州的美部会传教士和美国商人欧立芬（D. W. C. Olyphant）都觉得可惜，决定由卫三畏前往澳门补印《福建方言字典》。为期全书字体一致，卫三畏向东印度公司借用原来的活字，也向马儒翰（John R. Morrison）借得一部印刷机，在欧立芬位于澳门的房产中印刷，卫三畏也住在其中。[①]字典于1837年6月印完，卫三畏经布道站决议继续留在澳门印书，到1839年时，中英两国间的情势紧张，其他传教士将广州

图6-1　卫三畏像
（F. W. Williams, *The Life and Letters of Samuel Wells Williams*. New York: G. P. Putnam's Sons, 1889, frontispiece.）

① ABCFM/Unit 3/ABC 16.3.8, vol. 1, S. W. Williams to R. Anderson, Canton, 22 November 1835; ibid., ABC 16.3.11, vol. 1, Records of the Mission of the ABCFM in China, 1835, 'Medhurst's Dictionary.'

布道站印刷所的机器和活字带到澳门，与卫三畏的印刷所合并。[1]

从1835年起，卫三畏在澳门一住长达九年，直到1844年休假返美才离开澳门。其间他除了印刷与进修中文，也和日本发生密切的关系，包含他与流落澳门的日本人接触并且同住、向他们学习日本语文、偕同他们乘船前往日本、编写关于日本的文章，以及准备制造日文活字等。

在卫三畏之前，同在澳门的英国驻华商务监督的翻译官、普鲁士籍传教士郭实猎，在1835年底收留三名因船难辗转来到澳门的日本漂流民，并向他们学习日本语文，还将《圣经》中的约翰福音与约翰一、二、三书译成日文出版。1836年6月5日，郭实猎因事派三人中的久吉（Keokitch）来找卫三畏，这是卫三畏第一次和日本人接触，他也记下两人以英文谈话的内容。[2]

1837年7月，卫三畏有了前往日本的机会。这年的上半年，澳门的日本漂流民增加至七名，欧立芬的合伙人金恩（Charles W. King）决定派遣属下的船只"马礼逊号"将他们送回日本，并希望借此打开与日本往来的通道，和金恩同行的有郭实猎、医生伯驾（Peter Parker）和卫三畏等人。1837年7月底马礼逊号抵达江户，遭遇日本当局炮轰，日本拒绝接受漂流民回国，也不同意交往的请求；马礼逊号转往鹿儿岛再度尝试叩关，又遭到拒绝，最终无功而返，于同年8月底回到澳门。[3]

---

[1]　ABCFM/Unit 3/ABC 16.3.11, vol. 1, Records of the Mission of the ABCFM in China, 23 May 1839.

[2]　Frederick W. Williams, *The Life and Letters of Samuel Wells Williams* (New York: G. P. Putnam's Sons, 1889), pp. 83–84.

[3]　F. W. Williams, *The Life and Letters of Samuel Wells Williams*, pp. 94–98. S. W. Williams, 'Narrative of a Voyage of the Ship Morrison to Lewchew and Japan in the Months of July and August, 1837;' *The Chinese Repository*, vol. 6, no. 5 (September, 1837), pp. 209–229; ibid., vol. 6, no. 8 (December 1837), pp. 353–380.

马礼逊号任务失败，卫三畏和日本的关系并没有断绝，反而更为加强。他回澳门一个月后，美部会广州布道站随即在1837年9月开会，讨论日本之行的后续事宜，认为日本传教工作有其可能和必要，应该预为准备，因此决议卫三畏继续住在澳门，并由布道站负担费用收留一名以上的日本漂流民同住，而卫三畏每日研读数小时日本语文，数个月后将有能力获得一套日文活字。[①]

　　上述会议后，卫三畏立即收留两名日本漂流民同住，每天向其中受过较好教育的一人学习日本语文两小时。[②]此后他收留同住的日本人陆续增加，到1841年时达到七名之多[③]，有的在他的印刷所工作，他必须以日语沟通。[④]卫三畏这样的生活、研读与工作环境很有利于学习日本语文，不足的是教他的人本身语文能力并不太高，而且他继续以研读中文为主，其次才是日文。[⑤]但是他仍全力以赴，并将学会的日文编写成一本字汇[⑥]，五年后他的日文程度已经可以胜任翻译《圣经》，日语也能够主持礼拜仪式。1843年7月底他在写给美部会秘书安德森（Rufus Anderson）的信中报导：《马太福音》译成日文已经进展到第二十三节，这是一件令人愉快的工作；同时每个礼拜天我也主持日语的礼拜

---

　　① ABCFM/Unit 3/ABC 16.3.11, vol. 1, Records of the Mission of the ABCFM in China, September 28, 1837; ibid., ABC 16.3.8, vol. 1 A, E. C. Bridgman to R. Anderson, Canton, March 7, 1838. 布道站决议文没有说明将如何获得一套日文活字。

　　② ibid., ABC 16.3.8, vol. 1 A, S. W. Williams to R. Anderson, Macao, May 10, 1838; ibid., Canton, October 5, 1838.

　　③ ibid., ABC 16.3.8, vol. 1 A, E. C. Bridgman to R. Anderson, Macao, March 1, 1841. F. W. Williams, *The Life and Letters of Samuel Wells Williams*, p. 122.

　　④ 顾均、宫泽真一编，《美国耶鲁大学图书馆藏卫三畏未刊往来书信集》，vol. 2, pp. 41–44, S. W. Williams to his father, Macao, 26 January 1839.

　　⑤ ABCFM/Unit 3/ABC 16.3.8, vol. 1 A, S. W. Williams to R. Anderson, Macao, July 1, 1840.

　　⑥ ibid., ABC 16.3.11, vol. 1, Records of the Mission of the ABCFM in China, March 13, 1838. F. W. Williams, *The Life and Letters of Samuel Wells Williams*, p. 100.

仪式。"①到1844年5月时，他报导已经完成《马太福音》与《创世记》的日文翻译。②但也许是要留待修订的缘故，卫三畏日译的《马太福音》与《创世记》都没有出版，后来他的译稿于1856年底第二次鸦片战争的初期，在中国人烧毁广州十三行事件中被毁而消失。③

在学习语文和翻译以外，卫三畏在澳门期间也编写了四篇关于日本的文章，都发表在他参与主编的《中国丛报》。最早的一篇是他参与的马礼逊号航行琉球与日本记；次篇评介在马礼逊号以前三艘英国船只尝试造访日本的记事；第三篇叙述十六世纪末日本前往罗马晋见天主教皇的使节团；第四篇是连载达十期的长文，评介日本人的生活与社会，摘录自1839至1840年伦敦《亚洲学报》（*The Asiatic Journal*）的内容，加上卫三畏的一些增补文字。④这四篇文章内容相当广泛，也显示到1840年代初期时，卫三畏关于日本的知识和了解大为增加和深化，不限于语言文字而已。

---

① ABCFM/Unit 3/ABC 16.3.8, vol. 1 A, S. W. Williams to R. Anderson, Macao, July 30, 1843.

② ibid., ABC 16.3.11, vol. 1, Records of the Mission of the ABCFM in China, May no day, 1842.

③ F. W. Williams, *The Life and Letters of Samuel Wells Williams*, p. 100. 广州十三行烧毁后，在卫三畏提列的损失清单中，包含日文《马太福音》稿本一册，但没有《创世记》稿本；还有日文与中文字典稿本三册，可能就是他将学会的日文编成的字汇（Yale University Library, Manuscripts and Archives, Samuel Wells Williams Family Papers, Series II, box 15, folder 66, 'List of Items in Claim of S. W. Williams.'）。

④ (1) 'Voyage of the Ship Morrison to Lewchew & Japan in July and August, 1837.' *The Chinese Repository*, vol. 6, no. 5 (Sept. 1837), pp. 209−229; no. 8, (Dec. 1837), pp. 353−380; (2) 'Intercourse with Japan: Notices of Visits to that Country by the Brothers, the Eclipse, and the Cyprus.' ibid., vol. 7, no. 11 (Mar. 1839), pp. 588−594; (3) 'Notice of an Embassy Sent from Three Japanese Princes to the Pope at Rome in 1582.' ibid., vol. 8, no. 6 (Oct. 1839), pp. 273−282; (4) 'Notices of Japan, No. 1−10.' ibid., vol. 9, no. 5 (Sept. 1840) − vol. 10, no. 6 (Jun. 1841).

二、卫三畏与日文活字

卫三畏负责布道站的印刷，他主编的《中国丛报》又经常刊登西式中文活字的文章与消息，当他的视野从中国广及日本以后，很自然地也关注起日文活字。美部会广州布道站在1837年9月开会，决议卫三畏开始学习日本语文，希望几个月后便能获得一套日文活字。事情并没有如这项决议预料地如此简单，从1837年9月算起，卫三畏费了超过八年半的时间，才得以在1846年5月完成他的一套日文活字。[①]

先是1838年3月间，卫三畏在布道站会议上表示，希望两三年后可以休假回美一年半左右，最好让一名日本人和他一起到美国，参与打造日文活字，以便印刷他编写的日文字汇或其他书籍。[②]布道站会议后两个月，卫三畏写信给美部会秘书安德森，又表达回美休假的想法，并且比较详细地说明，布道站希望他休假期间能获得一套日文活字，这只需很少的费用，因为一套日文活字的字数比英文活字还少，他也期望美部会同意他带着日文老师一起返美，他说日文活字的字形若没有经过日本人的认可，将难以普遍被人接受。[③]

主要由于鸦片战争的影响，卫三畏休假回美的计划直到战后的

---

① 《美国耶鲁大学图书馆藏卫三畏未刊往来书信集》，vol. 3, pp. 161–162, S. W. Williams to Peter Parker, New York, May 19, 1846.

② ABCFM/Unit 3/ABC 16.3.11, vol. 1, Records of the Mission of the ABCFM in China, March 13, 1838.

③ ibid., ABC 16.3.8, vol. 1 A, S. W. Williams to R. Anderson, Macao, May 10, 1838.

1844年底才实现。他并没有带日本人同行，而是独自一人从印度洋、埃及、地中海，经巴黎和伦敦，再横渡大西洋到美国。这样绕远路而非直接回美的行程和活字有关，他准备于行经欧洲期间，和在柏林制造中文活字的贝尔豪斯联络，也有意在巴黎和伦敦购买日文与满文两种活字。结果他的确和贝尔豪斯联络上，也决定出钱出力促成后者制造柏林中文活字[①]；卫三畏在巴黎时又造访皇家印刷所（Imprimiere Royale），检视其满文和日文两种活字后，订购一套满文字模，但他因不满意那里的日文活字而没有订购。[②]

　　1845年10月中，卫三畏回到纽约。满文活字已经到手，还待办的是在美国订购日文活字和支持柏林中文活字的制造。在日文活字方面，卫三畏于1845年12月3日前往波士顿的美部会总部时，交给秘书安德森一份手写的日文片假名五十音及数字，希望能在美国打造一套活字。他同时说明一些要点，例如连同数字在内共八十一个活字，尺寸大小应该是Long Primer（10点），活字应是正方形，以便可以直排日文或横排搭配英文等。但他不能确定打造这样一套字范（punch）与翻铸字模（matrix）需要多少费用，以及尺寸若是English（14点）的话，价钱应是多少，等等。[③]

　　卫三畏于1845年12月13日写信给安德森，指名由铸字师傅哈洛克（Homan Hallock）打造日文活字。[④]哈洛克原是美部会传教

　　① 关于卫三畏与柏林中文活字，参见本书《美华书馆二号（柏林）活字的起源与发展》。

　　② 《美国耶鲁大学图书馆藏卫三畏未刊往来书信集》, vol. 3, pp. 100–107, S. W. Williams to E. C. Bridgman, Paris, August 18, 1845; ibid., pp. 108–119, S. W. Williams to E. C. Bridgman, London, September 12, 1845.在拙书《铸以代刻》中，笔者错误地说卫三畏"从法国皇家印刷所取得满文与日文活字各一副"，谨此订正。

　　③ ABCFM/Unit 3/ABC 16.3.3, vol. 1, a sheet of Japanese Katakana and notes written by S. W. Williams, dated December 3, 1845.

　　④ ibid., S. W. Williams to R. Anderson, New York, December 13, 1845.

士，自1826年起驻在中东马耳他（Malta）和土耳其士麦那（Smyrna）等地布道站，专门负责铸字和印刷，先后制造出阿拉伯文（Arabic）、叙利亚文（Syriac）、坦米尔文（Tamil）及亚美尼亚文（Armenian）等多种语文活字，1841年离职返美后仍以铸字印刷维生，经常承揽美部会的生意。[1]哈洛克和卫三畏都是美部会的同工且同行，美部会的会刊《传教先锋》（*Missionary Herald*）屡次刊登哈洛克的活字与印刷成就，离职后仍有大量篇幅的报道。[2]这份月刊是美部会传教士的共同读物，卫三畏对哈洛克必然闻名已久，所以指名请他打造。

打造活字的人有了，费用又该怎么办呢？当时卫三畏正在筹措柏林中文活字的经费，这件事本来和日文活字无关，因中文活字的字数多而费用远远大于日文，估计将达2 562元。卫三畏知道美部会不可能同意付这笔巨款，便找上在中国已经设立印刷所的长老会外国传教部，和该部秘书娄睿谈妥合作订购柏林中文活字，由美部会与长老会各负担一半经费（1 281元）。卫三畏又承诺由他个人负担美部会的那一半费用，甚至进一步慨然表示，费用比中文少得多的日文活字也由他一并负责，估计日文和中文（一半）活字合计1 500元多一些，他打算以自己募款并前往各地演讲的收入筹措这笔钱。[3]若再加上先前在巴黎自费购买满文活字的300元，合计超过1 800元。对照他单身传教士的年薪只有800元，这充分显示出卫三畏对这三种活字事业的热忱、奉献和期待。

---

[1] 关于哈洛克的生平行事，参见 J. F. Coakley, 'Homan Hallock, Punchcutter.' *Printing History*, vol. 23, no. 1 (2003), pp. 18–41.承"中研院"赖芊卉女士提供此篇文章，谨此致谢。

[2] 例如 The Missionary Herald, vol. 35, no. 1 (January 1839), p. 5, 'Smyrna;' vol. 39, no. 1 (January 1843), p. 5, 'Mission to Turkey;' p. 8, 'Mission to the Nestorians of Persia;' vol. 40, no. 5 (May 1844), pp. 170–172, 'Oriental Type.'

[3] ABCFM/Unit 3/ABC 16.3.3, vol. 1, S. W. Williams to R. Anderson, New York, December 13, 1845. 在本文中卫三畏提到金额时都没有注明币别。

费用有着落，事情也容易办了。1845年12月17日安德森通知卫三畏，美部会决定订购日文活字的字范和字模各一套，费用在300元以内，由卫三畏个人承担。[1]安德森的通知中附有一份哈洛克开出的日文活字估价单：每个字范2元至2.25元、81个为162至200元；每个字模（未修整）0.25元、81个为20.25元；每个字模修整费0.25元、81个为20.25元；三项合计为202.5元至240.5元。[2]

造字已经定案，卫三畏却从1845年底到1846年初忙于各地演讲筹措活字的经费，一时无暇处理造字的事，1846年2月中旬他还表示将尽快去找哈洛克商量其事。[3]不过，三个月后他写信给在中国的伯驾医生时，终于宣布日文活字已经完成，加上铸出来的75磅重活字，代价共约240元，他说："每一分钱都是我凭口才演讲赚来的。"[4]到1847年3月间，卫三畏准备再度来华时，再度向安德森提到日文活字完成的事，但字数和费用都和前述有些差异，这次他说的是97个字模，还有70磅铸出来的活字，共费230元。[5]

忙完日文与中文活字，也忙完将历次演讲稿整理出版成《中国总论》一书，再完成结婚大事后，卫三畏于1848年6月初偕同妻子出发来华，同年9月抵达驻地广州，也携来日文和满文的字模与活字，但将日文的字范留在美国，寄放于纽约美国圣经会负责出版与发行的梅文（Almon Merwin）处。卫三畏表示这是为防字模与活字

---

①　ABCFM/Unit 1/ABC 2.1, vol. 6, R. Anderson to S. W. Williams, Boston, December 17, 1845.

②　ibid., R. Anderson to S. W. Williams, Boston, December 17, 1845, enclosure.哈洛克的计算当有误，每个字范若是2.25元，81个应是182.25元，而非200元。

③　ABCFM/Unit 3/ABC16.3.3, vol. 1, S. W. Williams to W. J. Armstrong, Cleveland, February 13, 1846.

④　《美国耶鲁大学图书馆藏卫三畏未刊往来书信集》, vol. 3, pp. 161-162, S. W. Williams to P. Parker, New York, May 19, 1846.

⑤　ABCFM/Unit 3/ABC 16.3.8, vol. 3, S. W. Williams to R. Anderson, New York, March 18, 1847.

万一意外丢失时,还有字范可用。①

回到广州以后,卫三畏一直没有机会使用日文活字,只有在传教士和美部会秘书谈论到布道站印刷所时,日文活字才出现在其财产项目中。②1856年10月,第二次鸦片战争爆发,这年12月14日深夜有人纵火焚毁了十三行,设在其中的美部会印刷所和卫三畏的住处都付之一炬,他辛苦获得的日文和满文字模与活字都成为劫灰。事后各国要求中国政府赔偿损失,卫三畏提列的损失清单中共三十二项物品,包含一套价值275元的日文活字(Long Primer)和一套价值300元的满文活字(Pica),他这三十二项物品共获得10 132元赔偿。③

广州十三行烧毁后,卫三畏随即于1857年1月8日在澳门举行的布道站会议上辞职④,离开了二十四年的传教士生涯,转而从事外交工作,担任美国驻华使节团的秘书兼翻译。

三、系出同"模"的美华书馆活字

令人想象不到的是卫三畏手上的日文活字灰飞烟灭了,数年后却在上海的美华书馆出现同出一源的日文活字,而且还是卫三畏亲自种的果,这是怎么一回事?

---

① ABCFM/Unit 3/ABC 16.3.8, vol. 3, S. W. Williams to R. Anderson, New York, April 3, 1848.

② ibid., vol. 2, D. Ball to R. Anderson, Canton, June 20, 1851; ibid., Unit 1/ABC 2.1, vol. 17, R. Anderson to the Canton Mission, Boston, October 24, 1851.

③ Yale University Library, Manuscripts and Archives, Samuel Wells Williams Family Papers, Series II, box 15, folder 66, 'List of Items in Claim of S. W. Williams.'

④ ABCFM/Unit 3/ABC 16.3.11, Records of the Mission of the ABCFM in China, January 8, 1857.

原来1848年6月卫三畏再度启程来华前，除了将日文字范留在纽约以防万一，又将日文字模借给长老会外国传教部的秘书娄睿，让他铸出一套活字送到该会在中国的印刷所使用。[①]卫三畏没有说明为何这么做，很可能是他出于回报娄睿愿意和他合作订购柏林中文活字的好意。而娄睿对中文印刷很感兴趣，正大力支持该会当时设在宁波的印刷所华花圣经书房，当然乐得接受卫三畏的好意，便以那些日文字模铸出一套活字送到宁波。长老会在宁波的传教士克陛存于1848年3月1日回复娄睿："我们已收到一套日文活字、印刷油墨和插图刻版。"[②]当时卫三畏和他的日文活字还在美国，可是以他的字模铸出来的长老会日文活字却先到达中国了。

　　虽然拥有日文活字，华花圣经书房却始终没有使用的机会，1858年专业印工姜别利到职后也是如此。两年后华花圣经书房准备迁移到上海，他编报了一份详细的书房财产清册，在排版部门中有个项目记着："日文活字，一小套。"[③]

　　1860年底，华花圣经书房迁移到上海，并改名为美华书馆。到上海几个月后，姜别利于1861年8月前后在给娄睿的信上兴奋地写道，他发觉上海有许多非传教性的印刷生意，不但应接不暇，利润也很巨大，又说："这类工作将使得我们有机会第一次使用日文活字，我顺便一提，现在我正以这些日文活字电镀成字模，这样我们有较多的活字可以利用。"[④]在1861年的美华书馆年报中，姜别利也提到

---

① ABCFM/Unit 3/ABC 16.3.8, vol. 3, S. W. Williams to R. Anderson, New York, April 3, 1848.

② BFMPC/MCR/China, 190/3/73, M. S. Culbertson to W. Lowrie, Ningpo, March 1, 1848.

③ ibid., 199/8/37, 'Inventory of Stocks & Fixtures in the Printing Establishment of the Presbyterian Ningpo Mission, October 15th 1860.'

④ ibid., 199/8/42, W. Gamble to W. Lowrie, Shanghai, no date [received in New York on November 2, 1861].

新增的这套日文字模。①

上述姜别利说的第一次使用日文活字，对象却不是上海本地的产品，而是在日本的传教士鲍留云（Samuel R. Brown）所著《东洋初学土话》（*Colloquial Japanese*）。②鲍留云于1861年将书稿寄给姜别利，表示价格不限，只要求上乘的排印品质并以西洋纸印刷。为此姜别利特地买入三十令的英国纸备用，并新增一名葡萄牙籍的排版工负责该书。③由于姜别利要先电镀日文字模，以及美华书馆又于1862年从虹口迁至小东门外，该书的印制有些耽搁，到1863年4月初才完成，八开本、323页，印量800册，姜别利和该书的书评作者都认为排印与装订都很精巧平整④，不过售价6元也是当时美华书馆的语文类出版品中价格最高的。⑤另一方面，美华书馆的账目记载收到鲍留云三次共1 407.25元的书款⑥，因此所印的800册若是全部售出，利润相当可观。

有必要辨明的一个曲折事实是，《东洋初学土话》虽然是美华书馆的第一部日文产品，却不是以美华书馆日文活字所印的第一部日文产品。原来在印刷《东洋初学土话》之前，已经有人使用这些

① BFMPC/MCR/China, 199/8/44, W. Gamble, Annual Report of the Press for 1860-61.

② 该书并无汉字书名，美华书馆历年年报提到该书时，无一例外都称为《东洋初学土话》。

③ BFMPC/MCR/CH, 199/8/42, W. Gamble to W. Lowrie, Shanghai, no date (received in New York on November 2, 1861).

④ ibid., 199/8/47, W. Gamble to W. Lowrie, Shanghai, April 8, 1863; ibid., no. 54, W. Gamble, Annual Report of the Press for the Year Ending October 1, 1863. *The North-China Herald*, June 27, 1863, p. 103, 'Reviews of Local Publications.'

⑤ 据美华书馆的广告（*The North-China Herald*, April 29, 1865, p. 68, 'Works on Sale at the APMP.'），1862年出版的麦嘉湖（John MacGowan）《上海方言》（*A Collection of Phrases in the Shanghai Dialect*）售价5元，1863年艾约瑟（Joseph Edkins）的《官话文法》（*A Grammar of the Chinese Colloquial Language*）售价5元，1863年丁韪良（W. A. P. Martin）的《认字新法》（*The Analytical Reader*）售价4元。

⑥ BFMPC/MCR/China, 191A/5/305, John S. Roberts to W. Rankin, Shanghai, December 7, 1863, 'Annual Report of the Shanghai Mission Treasury from October 1, 1862 to October 1, 1863.'

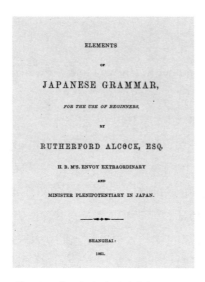

图6-2 《日文文法要素》(*Elements of Japanese Grammar*) 封面

活字印刷了一部《日文文法要素》（*Elements of Japanese Grammar*）。此书的作者是当时英国驻日本使节阿礼国（Rutherford Alcock），书名页上印着"上海1861"，却没有印刷者或出版者，书内也没有这两者的任何线索，但是书内的日文确是以美华书馆的粗体片假名活字印刷。同样有些蹊跷的是1861年10月姜别利写信通知娄睿，说是寄出了一包书给后者："包含美华书馆出版目录中的所有书册、一部阿礼国爵士的日文文法，和两份上海地图。"① 既然先说了包含美华出版目录中的所有书册，为何还需要写出"日文文法"一书，这么说显得这部日文文法书并非美华的产品，而且姜别利的其他书信和美华书馆1861年前后的年报出版目录中，都没有记载这部日文文法书，那么会是哪一家印刷所或出版社的产品呢？

笔者再查伦敦会上海布道站的档案，真相终于大白。当时负责伦敦会上海墨海书馆的是传教士慕维廉（William Muirhead），他在写于1862年1月初的一封信中提到，1861年墨海印的世俗出版品包含商业传单、中文与日文的文法、会话与字典等。② 原来是阿礼国的书稿交给同属英国人的墨海书馆印刷，墨海因为没有日文活字，

---

① BFMPC/MCR/China, 191/5/217, W. Gamble to W. Lowrie, Shanghai, October 4, 1861.

② LMS/CH/CC, 2.3.E., W. Muirhead to A. Tidman, Shanghai, 9 January 1862.

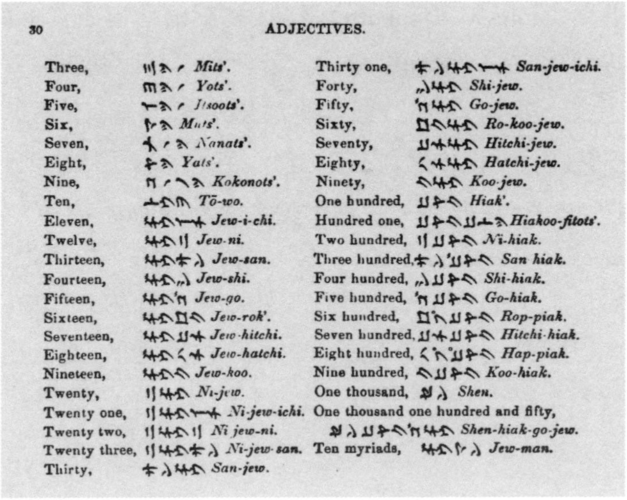

30 ADJECTIVES.

Three,	*Mits'.*	Thirty one,	*San-jew-ichi.*
Four,	*Yots'.*	Forty,	*Shi-jew.*
Five,	*Itsoots'.*	Fifty,	*Go-jew.*
Six,	*Muts'.*	Sixty,	*Ro-koo-jew.*
Seven,	*Nanats'.*	Seventy,	*Hitchi-jew.*
Eight,	*Yats'.*	Eighty,	*Hatchi-jew.*
Nine,	*Kokonots'.*	Ninety,	*Koo-jew.*
Ten,	*Tō-wo.*	One hundred,	*Hiak'.*
Eleven,	*Jew-i-chi.*	Hundred one,	*Hiakoo-fitots'.*
Twelve,	*Jew-ni.*	Two hundred,	*Ni-hiak.*
Thirteen,	*Jew-san.*	Three hundred,	*San hiak.*
Fourteen,	*Jew-shi.*	Four hundred,	*Shi-hiak.*
Fifteen,	*Jew-go.*	Five hundred,	*Go-hiak.*
Sixteen,	*Jew-rok'.*	Six hundred,	*Rop-piak.*
Seventeen,	*Jew-hitchi.*	Seven hundred,	*Hitchi-hiak.*
Eighteen,	*Jew-hatchi.*	Eight hundred,	*Hap-piak.*
Nineteen,	*Jew-koo.*	Nine hundred,	*Koo-hiak.*
Twenty,	*Ni-jew.*	One thousand,	*Shen.*
Twenty one,	*Ni-jew-ichi.*	One thousand one hundred and fifty,	*Shen-hiak-go-jew.*
Twenty two,	*Ni jew-ni.*	Ten myriads,	*Jew-man.*
Twenty three,	*Ni-jew-san.*		
Thirty,	*San-jew.*		

图 6–3 《日文文法要素》(*Elements of Japanese Grammar*)一页

而向美华书馆借用日文活字排印《日文文法要素》。类似这样有偿或无偿向同业借用活字的情况在印刷出版界并不罕见，而且墨海和美华的关系不错，慕维廉先前还让姜别利将纸张存放在墨海[①]，此次姜别利出借日文活字也算是投桃报李。

《日文文法要素》和《东洋初学土话》随后开启了美华书馆更大的日文印刷生意，不料从卫三畏以来的这套粗体片假名活字却也走到了尽头。在1865年的美华书馆年报中，姜别利宣布制造完成了一套Small Pica（11点）的平假名活字[②]，接着在1866年11月他又宣布已经制造了一套新的片假名活字[③]，这是为了印刷在日本的

① BFMPC/MCR/CH, 191A/5/243, M. S. Culbertson to W. Lowrie, Shanghai, February 20, 1862.

② ibid., 199/8/–, W. Gamble, 'Annual Report of PMP at Shanghai, from October 1, 1864 to October 1, 1865.'

③ ibid., 197/7/367, W. Gamble to W. Lowrie, Shanghai, November 8, 1866.

传教士平文（James C. Hepburn）所编《和英语林集成》（*A Japanese and English Dictionary*）而准备的。姜别利没有说明新造日文活字的原因，也许是鲍留云、平文或其他人告诉他，原来粗体片假名活字的字形不够好。无论如何，已知这套活字最后的用武之地，是在印刷伟烈亚力的《来华基督教传教士纪念集》（*Memorials of Protestant Missionaries to the Chinese*）时，其中的郭实猎名下有日文《约翰福音之传》一书，其日文书名使用了十来个粗体片假名活字排印。[①]至于《和英语林集成》及以后美华书馆印的日文书，都改用姜别利新造的活字印刷了。

结　语

卫三畏费了多年心血才终于造成的日文活字，最后只印了两部书便退出了历史的舞台，这在现实的成本效益上相当不合算。但是他的活字通过美华书馆和姜别利，以及传教士著作的媒介，很有助于引发日本西式活字印刷事业的萌芽与成长，因此，卫三畏和他的活字在日文活字的历史上具有特别的先行地位与意义。

---

① A. Wylie, *Memorials of Protestant Missionaries to the Chinese* (Shanghai: APMP, 1867), p. 63. 该书出版于1867年，但早自1864年已开始排印，因此仍用原有的粗体片假名活字排郭实猎的书名，参见 BFMPC/MCR/CH, 196/7/59, 'Books Printed, Issued, & in Depository Report of Press, 1863–1864 October 1, 1864.'。

7

从学生、工匠到牧师：
鲍哲才的一生

绪　言

鸦片战争结束后，基督教传教士纷纷进入中国建立布道站。他们的传教工作需要相当数量的中国人协助，例如四处讲道分书的助手、布道站学校的教师、医院打针给药的助理、印刷所排版压印的工匠，以及向女性讲解《圣经》的圣经妇女（Bible woman）等。传教士除了训练现成可用的人，也开办学校招收学生长期培养助手。

传教士开办的学校分为日间走读（day school）与全日寄宿（boarding school）两类。传教士比较重视全日寄宿学校，因为日间走读学校的学生每天课后回家，有一半以上时间是在异教徒的家庭和社会环境中生活，基督教的影响力有限；寄宿学校的学生长期在传教士的管理与教育下学习，比较容易成为传教士信任而得力的助手。各地布道站寄宿学校的有些学生也确实有所成就，不仅协助传教士，还能独当一面，成为牧师或医生等。

本文论述的对象鲍哲才就是布道站寄宿学校的学生，他在鸦片战争结束后不久进入宁波长老会开办的学校读书，毕业后短期担任日间学校助理教师，接着受雇于华花圣经书房和美华书馆担任排版工匠，以后又研读神学成为牧师，在苏州和上海两地传教牧会。他不只自身有成就，而且是商务印书馆的八名创办人中，多达六人的父亲、岳父和姻亲，这六人在成长过程、工作历练与宗教信仰上，都直接或间接受到他的熏陶和影响。

鲍哲才的生平事迹向来少有人知，但在美国长老会外国传教部的档案中，保存着不少关于他的史料，虽然大都零星片段而不完整，但综合排比后，相当程度地显示了在鸦片战争后基督教传入中国的时代背景下，一名历经布道站学生、印刷所工匠、教会牧师三个不同阶段的人物生平，以及商务印书馆创办人群体的家庭渊源。

一、学生时期

鲍哲才，字华甫，宁波鄞县鲍家耷人，生于1833年9月23日。他少年时就读于长老会宁波布道站的男生寄宿学校"义塾"，也因此成为鸦片战争后很早接受不同于传统教育的中国人之一。长老会的传教士于1844年6月创建宁波布道站，第二年（1845）设立义塾，由传教士祎理哲（Richard Q. Way）担任校长，从这年的7月26日开始陆续招收学生[①]，人数在三十名上下，入学者须签立甘结，依年龄大小决定修业年限四至八年，年龄越小则年限越长。义塾的课程包括基督教教育和一般教育两类：前者如阅读与讲解《圣经》、宗教小册，参加礼拜活动；后者如学习中国经典、史地、科学、音乐与体育等，英语则只限少数学生选读。所有学生的学费与生活都由布道站负担，学生全部住校，以免受到异教徒社会的干扰，期能达到在基督教环境中培育中国信徒和传教助手的目标。

1845年义塾开办招生时，鲍哲才十二岁，他可能于当年或翌年入学，但是直到1849年时，他的名字才第一次出现在传教士的档案

---

① BFMPC/MCR/CH, 190/2/98, R. Q. Way to W. Lorwie, Ningpo, 31 July 1845. ibid., 190/2/179, 15 October 1845.

中。这年6月7日，助理校务的传教士卦德明（John W. Quarterman）写信给长老会的司库卫尔斯（Daniel Wells），附上义塾学生的英文名单，其中第三个是鲍哲才名字的拼音Tsih Tsae，英文姓名则是Richard Webster。[①]整整一年后的1850年6月7日，祎理哲又寄送学生英文名单给长老会外国传教部秘书娄睿（Walter Lowrie），第七位是鲍哲才，在英文姓名后加注他由美国宾州（Pennsylvania）的茅曲庆克（Mauch-Chunk）地方长老教会青少年传教会捐款支持的信息[②]，而Richard Webster是该教会已故的牧师，捐款者希望受助者以此取名作为纪念。这是当时长老会为提高捐款者意愿而定的办法，传教士获知有人捐款并指定英文姓名后，即将此姓名分配给学生承受，等到学生毕业后又由新入学者顶替原来的姓名，学生和捐款人彼此毫不相识。传教士既不会以此英文姓名称呼学生，也屡次表示反对此种取名方式[③]，因此，鲍哲才应该不知道自己曾有过Richard Webster这个英文姓名。

祎理哲在上述寄送给秘书的名单上，又对已毕业及还在校的二十五名学生加以简短的考评，对鲍哲才的评语如下：

> 哲才是一名非常乖巧伶俐的男孩，修读美国历史、几何学、地理、英语、耶稣教要理问答和《圣经》，行为举止非常好。[④]

到1850年祎理哲写这封信时，鲍哲才就读义塾已经四或五年，

---

① BFMPC/MCR/CH, 190/3/118, J. W. Quarterman to D. Wells, Ningpo, 7 June 1849.

② ibid., 190/3/153, R. Q. Way to W. Lowrie, Ningpo, 7 June 1850.

③ ibid., 191/3/219, R. Q. Way to W. Lowrie, Ningpo, 30 June 1852; ibid., 191/3/250, J. M. Quarterman to W. Lowrie, Ningpo, 27 June 1853; ibid., 191A/4/21, S. N. Martin to W. Lowrie, Ningpo, 23 August 1854; ibid., 191/4/121, S. N. Martin to the Secretaries, Ningpo, 25 November 1857.

④ ibid., 190/3/153, R. Q. Way to W. Lowrie, Ningpo, 7 June 1850.

是最高年级的第四班学生。在这年的义塾年报中，祎理哲表示本年新开设的科目有"美国历史""几何"和"天文"三门。[①]"美国历史"以美部会传教士裨治文（Elijah C. Bridgman）的《亚美利驾合众国志略》为教科书，修读此科的是四名最高班的学生；"几何"由卦德明讲授，他翻译美国数学家戴维斯（Charles Davies）的两种书作为教材，包含四十三个命题在内[②]，上这门课的学生有八名，有的学生已经学到戴维斯的第二种书；"天文"则以伦敦传教会医生合信（Benjamin Hobson）的《天文略论》为教材，有八名学生，但鲍哲才没有修读此科。

祎理哲对鲍哲才的考评说，鲍哲才这年也修读地理和英语。这两门都是义塾原有的科目。祎理哲在1850年的年报中没有多谈地理课，而英语课则分高低两班，高班由在校最久的六名学生组成，鲍哲才是其中之一，他们学习阅读、拼字、文法和句型；低班则由入学一年以内的五名学生组成，只学一点阅读和拼字。

至于宗教性的耶稣教要理问答和《圣经》课程，在同一年（1850）宁波布道站年报中的义塾部分说明："祈祷、阅读与讲解《圣经》和唱诗都在早晚固定举行，十四名高班学生背诵部分《圣经》新约，参加读经班和《马可福音》的考试，安息日要参加礼拜和学习教义，有五名学生已能背诵耶稣教要理问答，十七名次高班的学生

---

① BFMPC/MCR/CH, 190/3/62, 6th Annual Report of the Boys' Boarding School Ending October 1st 1850.

② ibid., 190/3/164, 7th Annual Report of the Ningpo Mission of the Pres. Church From Oct. 1849 to Oct. 1850. 在写于1852年初的一封信中，卦德明表示1851年6月自己从上海买到一部利玛窦、徐光启合译的《几何原本》抄本，即交由布道站的印刷所华花圣经书房排印，准备作为教科书。完成第一卷后，听说上海的伦敦会墨海书馆也在刻印同一书，卦德明只好停印以免重复。卦德明又说他的一名学生完全理解他讲授的《几何原本》所有内容，但其他学生显得迟钝也没兴趣（ibid., 191/3/212, J. M. Quarterman to W. Lowrie, Ningpo, 6 February 1852）。

学习《圣经》历史,最低班学生学习基本教义信条。"①

在祎理哲对鲍哲才及其他学生的考评中,都没提到他们学习中国传统字书和四书五经的事。其实从一开始中国经典就和《圣经》、要理问答一样,都是义塾的必修课程,而且从高到低每一班都要读,由布道站雇用的中国士人担任教学,例如1846年的宁波布道站年报表示:"每天下午用于阅读中国经典,和通常中国学塾中读的一样,熟悉这些经典对于获取大量的中国学问是很重要的。"②直到1854年,担任校长的传教士孟丁元(S. N. Martin)虽然对义塾过于重视中国经典不以为然,但他依旧让学生整年都念这些经典,每天(礼拜日除外)下午都是经典课。③

以上主要是1850年鲍哲才就读第四班时的情形,在此以前他读第一至第三班又如何呢?祎理哲于1851年列表报告义塾各班的课表可以作为参照:

第一班:圣经、中国经典、写字

第二班:算术、圣经、要理问答、中国经典

第三班:地理、算术、天文、圣经、要理问答、中国经典

第四班:几何、美国历史、天文、郭实猎《万国纲鉴》、圣经、要理问答、中国经典

此外,有两班各四名学生读英语。④

这份课表显示,义塾的课程由三个领域构成:基督教义、史地与科学,以及中国经典。各班学习科目的数量由少而多,程度则自

---

① BFMPC/MCR/CH, 190/3/164, 7th Annual Report of the Ningpo Mission of the Pres. Church from Oct. 1849 to Oct. 1850.

② ibid., 190/2/167, 3rd Annual Report of the Ningpo Mission, 1 October 1846.

③ ibid., 191A/4/21, S. N. Martin to W. Lowrie, Ningpo, 23 August 1854.

④ ibid., 191/3/193, Annual Report of the Ningpo Boys' Boarding School for the Year Ending October 1st 1851.

浅而深循序渐进。鲍哲才在义塾读书四或五年后于1850年毕业①，成为鸦片战争后不久就接受新旧教育内容兼备的中国人之一。

鲍哲才就读的义塾校名是值得讨论的问题。近数十年来涉及这所学校的论著几乎都说校名是"崇信义塾"或"崇信书塾"，似乎已成定论。②但是，从下文的讨论可知情况并非如此。

第一，当年宁波各传教士在书信档案中都称其为男生寄宿学校（Boys' Boarding School），从未冠有特定的校名，也不曾提过中文校名。尤其传教士于1845年与1859年两度制订全面性的布道站规则，其中包含为布道站印刷所确定中文名称为"华花圣经书房"，但不曾赋予寄宿学校中文校名。③

第二，早期关于寄宿学校的中文文献也都没有特定的校名，已知最早的如1854年至1861年就读寄宿学校的中国人牧师杨文渊在1869年病逝后，同一年的《中国教会新报》刊登了两篇相关的文章，一篇由他生前服务的上海南门外长老会清心堂具名所写的《杨先生略论》，说他"年十有三从学宁郡福音会堂…… 二十自立，经管会堂义塾"④。"福音会堂"指布道站，"义塾"即寄宿学校。另一篇是和杨文渊同龄而且是义塾同学的牧师杨灵照所撰《杨文渊先生行状》："父炳荣公闻宁波美国义塾教养有方，遂命就学，时先生年方舞勺。"⑤

---

① 《育英义塾章程》（上海：美华书馆，1894），《育英义塾名单》，叶1。
② 例如田力，《美国长老会宁波差会在浙东地区早期活动（1844—1868）》（杭州：浙江大学博士学位论文，2012），页49—69，《宁波差会男校——崇信义塾》；龚缨晏、田力，《崇信义塾：浙江大学的间接源头》，《浙江大学学报（人文社会科学版）》2012年第2期，页139；长利，《从崇信义塾到之江大学》，《教育评论》1993年第1期，页53—55等。
③ BFMPC/MCR/CH, 190/2/106, Minutes of the Annual Meeting of the Ningpo Mission, 10–13 September 1845; ibid., 192/4/239, Regulations of the Presbyterian Mission, Ningpo, 1 October 1859.
④ 《杨先生略论》，《中国教会新报》第2年第51期（1869年9月4日），叶5。
⑤ 《杨文渊先生行状》，《中国教会新报》第2年第54期（1869年9月25日），叶22—23。

第三，另一位就读义塾的鲍光熙牧师同样是宁波鲍家耷人，于1848年入义塾，就读长达十年之久。鲍光熙于1906年过世后，比他低三班的杨灵照又撰写《鲍光熙牧师行状》："九岁入美国长老会书塾。"[1]也没有提到特定的名称，更没有"崇信"之名。

第四，义塾于1867年从宁波迁往杭州后，初期也只名为"义塾"，直到1874年起才称为"育英义塾"。据1894年的《育英义塾章程》称："长老会于浙江设立义塾……始开斯塾在浙宁之江北。……一千八百六十七年秋季，葛君连（David D. Green）迁其塾于杭垣，陶君锡祈（Samuel Dodd）继之，一千八百七十四年……名之曰育英义塾。"[2]章程中对于宁波时期的学校也只称为义塾，而无特定校名。

第五，义塾迁往杭州后，五名原来宁波义塾出身的当地人牧师于1876年联名致函美国长老会，争取将学校迁回宁波，他们在信中并没有提到"崇信"之名。[3]后来宁波地方人士决定在本地重建学校，于1880年7月的《万国公报》刊登《宁波老会书院启》一文[4]，阐述重建缘起、条规及募款劝捐事宜，由出身义塾的五名宁波人牧师及一名美国传教士共同署名发布，全文一千多字，如："三十余年前，承美国牧师倡建义塾于宁波江北岸。""屈指传道浙省，大半由义塾裁成。""同治年间差会迁义塾于临安，从此我宁波无义塾者十余年。"文中对于宁波原有的学校屡次就称为"义塾"，对于计划将要

---

① 《通问报》第235期（1906年12月），叶48，《鲍光熙牧师行状》。

② 《育英义塾章程》，《序》。

③ BFMPC/MCR/CH, 199/12/316, Translation of a Memorial addressed to the Board of Foreign Missions of the PCUSA by Rev. Messrs. Loh Tongwô, Üoh Congeng, Bao Kwong-hyi, Tsiang Vông-kweng, and Yiang Ling-tseao, members of the Presbytery of Ningpo, and Alumni of the Mission Boys' Boarding School formerly located at Ningpo, China, 28 February 1876.

④ 《万国公报》第12卷第600期（1880年7月），叶443—444，《宁波老会书院启》。

重建的学校则称为"本塾",连"崇信"之名都尚未定。若是原名确为"崇信",岂有如此重要的文件,而标题与内容都没有一语提及校名之理?

第六,1881年2月,宁波重建校舍落成开学,重建初期的校友路槐于1891年时在《画图新报》上撰写《崇信书塾志》一文①,长约一千字,讲明校史源流,关于宁波旧制也只称为"义塾":"一千八百四十五年间,美国总会特委孟君创设义塾。"关于重建的新学校则称:"一千八百八十一年春正月,招徒二十余名,聘师教授,颜之曰'崇信',而书塾于是乎成。"可见"崇信"一词是1881年新学校落成开学时才有的校名。

以上这些文献都由宁波义塾、杭州育英义塾和宁波崇信书塾的学生或传教士所撰,而且先后撰于义塾建立后的五十年间,却没有一篇提及义塾有特定名称,更无"崇信"之名,若说这些都是巧合没提校名,未免过于牵强了。这些文献应该足以显示,1845年长老会宁波布道站设立的男生寄宿学校就称为"义塾",1867年迁移到杭州后又过了七年,才自1874年起冠以"育英"之名,至于"崇信书塾"则是1881年起在宁波重建或者说是新立的学校名称。

1927年,鲍明鉴牧师编纂的《基督教长老会浙省宁绍中会七十年略史》出版。鲍明鉴是前述曾就读义塾的鲍光熙牧师之子,也是另一位义塾校友郁忠恩牧师之婿。其书讲述教育一章,也说该校"于1879年提议重兴于旧址,略加修葺,1881年始告成立,因名为'崇信'"②。这种行文也明确表示"崇信"是1881年起的新校名,但

---

① 路槐,《崇信书塾志》,《画图新报》1: 12(1891),叶44—45。
② 鲍明鉴编,《基督教长老会浙省宁绍中会七十年略史》(上海:商务印书馆,1927),页4。该书同页谈到义塾最初名为"圣经书房",应该是误与印刷所之名"华花圣经书房"混淆了。

是新校是重建在旧址之上，应该就是这个旧址重建的缘故让后来的人混淆了，将"崇信"的新校名错误地嫁接到原来的"义塾"之上，却不知这是1881年起才有的校名。而且早先的义塾不但免收学费，还供应学生生活各项所需，称为"义塾"确是名副其实；后来的崇信则是向学生收费的，只能名为"书塾"而不可称为"义塾"。更重要的是先前的义塾全由美国传教士经营管理，后来的崇信已改成中国人主导。

二、印工时期

1850年鲍哲才从义塾毕业，回家一年多后，又到布道站担任一段时期的日间学校助理教师。1852年5月初传教士歌德（M. S. Coulter）表示，鲍哲才刚被雇用为布道站日校的助理教师，原来布道站办有多间日校，却因学生不多陆续关闭，只剩传教医生麦嘉缔（Divie B. McCartee）在其"惠爱医馆"所办的一间。由于学生人数多达三十五人，中国塾师不胜负荷，布道站决议麦嘉缔可以添雇助教一人，鲍哲才也因此获得平生第一份工作。[①]

不过，鲍哲才的教书生涯并不长，最多只有两年而已，因为1854年8月间主持义塾的孟丁元抄送在校生与毕业生名单回美国，其中鲍哲才的名下已经注明是在华花圣经书房工作。[②]但是，传教

---

① BFMPC/MCR/CH, 190/3/216, M. S. Coulter to W. Lowrie, Ningpo, 4 May 1852.
② ibid., 191A/4/41, 'A short notice of pupils who have finished their term of study in the school.' 这份名单是 ibid., 191A/4/21, S. N. Martin to W. Lowrie, Ningpo, 23 August 1854的附件之一。

士对于比较优秀的义塾学生，都会指导他们准备传教或教书，较差者才学习一技之长以谋生，何以对鲍哲才反其道而行，让他从老师改行当起印刷工匠呢？这是 1852 和 1853 年印刷所的中国工匠引发的风波所致。1852 年底，印刷所主任传教士歌德因病前往上海休养，接着不治而死。其间恰有葡萄牙商船到宁波贸易，印刷所三名中国工匠趁着主任不在而荒废了工作，只顾与葡萄牙人做生意。布道站随即推举刚卸下义塾校长职务的袆理哲接掌印刷所，并要求这些工匠在回印刷所或做生意之间择一而行。工匠们决定做生意而离开了印刷所，这导致印刷所的工匠从八人减为五人，两部印刷机只能开动其一，工作大受影响。袆理哲赶紧补充了一名人手，就是他以前的义塾学生鲍哲才，稍后因开印《圣经》，又增加了两名工匠。[①]

西式印刷的工匠主要是排版工与压印工两种，前者重在识字能力，后者则需要相当的体力。鲍哲才刚进印刷所初期担任压印工，不久因为又一次工匠闹事而改为排版工。1855 年 2 月间，印刷所全部八名工匠中，有五名在印刷所内聚赌，被袆理哲查获并处罚半个月工资，五人拒缴罚金并串通离职，企图瘫痪印刷所，因为剩下的三人都是压印工而无排版工；没想到袆理哲不受要挟，立即要鲍哲才改为排版工，同时补进两名新手，结果一部印刷机只停工两天，另一部则不受影响。那五名串通离职的工匠要胁不成，竟回头向袆理哲求情并表示甘愿受罚，袆理哲只同意接受两人[②]，而鲍哲才也从此在华花圣经书房中担任排版工作。

---

① BFMPC/MCR/CH, 191/3/267, R. Q. Way, 'Report of the Publishing Committee for the Year Ending September 30th 1853;' ibid., 4/44/191A, 'Annual Report of the Press for the Year Ending September 30th 1854.'

② ibid., 191A/4/55, R. Q. Way to W. Lowrie, Ningpo, 29 April 1855.

鲍哲才是基督徒，但是他在什么时候受洗入教有些疑问。不会是他就读义塾期间，否则传教士不可能在他毕业时没有为他安排工作，让他离校后在家赋闲了一年多时间。他很可能是在进入华花圣经书房工作的这一年成为基督徒的，因为在 1854 年 10 月到 1855 年 9 月的华花圣经书房年报中提到，有一名这年内进入书房的工匠受洗入教，而且生活举止确实就像个基督徒，只是年报并没有指出这名工匠的姓名。① 不过鲍哲才的姻亲晚辈、商务印书馆创办人之一、曾长期担任美华书馆账房的高凤池，在数十年后纪念鲍哲才百年诞辰的集会上说，鲍哲才青年时因信仰基督教被父亲逐出家门，他从宁波搭乘小渔船沿岸航行一个月到上海，进入美华书馆担任排版工匠。② 华花圣经书房于 1860 年 12 月迁至上海并改名为美华书馆，若照高氏说法，鲍哲才是 1860 年底前后成为基督教徒，没有随华花圣经书房迁至上海，而是被逐出家门后才自行前往投靠。

不论如何，鲍哲才于 1853 年进入印刷所以后的七八年是他人生的重要阶段，不仅信仰了基督教，更亲自体验了传教士彻底改变中文印刷方法的过程。华花圣经书房专门以西法印刷出版中文书刊，1858 年姜别利到职后更锐意发展，和鲍哲才排版工作直接有关的铸造活字、安排活字和薪酬计法等项，都经历了姜别利推行的重要改革。

在铸造中文活字方面，华花圣经书房使用的是购自巴黎铸造的活字，有别于中国传统逐字雕刻的活字。1858 年姜别利又带来柏林铸造的新活字，接着他以电镀复制伦敦传教会在香港铸造的两种活

① BFMPC/MCR/CH, 191A/4/74, 'Report of the Publishing Committee for the Year Ending September 30th 1855.'

② The China Press, 24 September 1933, second section, 'Centennial of Reverend Bao Observed Here.'

字，随后又自行创制两种活字，使得迁到上海后的美华书馆在1860年代成为唯一拥有六种西式中文活字的印刷所，可以大小不同的活字排印书刊内容，还能复制活字出售，这是传统印刷出版市场难以想象的场面。①

在安排活字方面，华花圣经书房和美华书馆的每种中文活字有4 000多至6 000多个，原来没有合理精简的排列方法，鲍哲才的检字排版工作相当费时费事而无效率。姜别利先调查中文常用字，再以每字的使用频率决定该活字在活字架上的位置，让排版工伸手可及常用活字而不需移动脚步，以加快检字排版的速度。此法至少三倍于旧有的方式，效率大增而成本大幅降低。②

在薪酬计法方面，姜别利统计1858年鲍哲才等两名排版工全年检字排版168 228个汉字，而两人当年工资合计144 000文钱，即鲍哲才每月工作量约7 000字、工资6 000文钱。姜别利认为这只比木刻雕版的成本略低而已，如此西式活字将无法取代木刻印刷；姜别利问过鲍哲才两人，他们宁愿论件计酬，每1 000字代价200文钱，即7 000字只要1 400文钱，还不到按月计薪的四分之一，当然远比木刻雕版划算，很有利于西式印刷和木刻竞争市场，于是姜别利将排版工资从固定月薪改为论件计酬。③

在以上这些活字和排版方法的创新改变中，身为排版工匠的鲍哲才使用的活字、排版方法和支薪方式都成为姜别利大加改革的对象。同时他又是最先使用新产品与新方法的人，势必会从经验中意

---

① 关于姜别利与美华书馆的中文活字，参见笔者《铸以代刻》，中华版，页353—370、472—480；台大版，页390—402、506—514。

② W. Gamble, *Two Lists of Selected Characters Containing All in the Bibles and Twenty Seven Other Books* (Shanghai: PMP, 1865), p. iv. BFMPC/MCR/CH, 199/8/14, Annual Report of the Ningpo Press for 1859—60.

③ BFMPC/MCR/CH, 199/8/18, W. Gamble to W. Lowrie, Ningpo, 11 October 1858.

识到这些革新对于中文印刷的意义和大有可为之处。所以，尽管鲍哲才接受传教士的选拔，中途改行担任另一层次的教会牧师职务，却不忘安排引导自己的孩子学习和从事印刷工作。他们最终开办了商务印书馆，成为中国近代印刷出版的领先事业和社会文化变迁的重要推手。

三、牧师时期

1860年12月，华花圣经书房迁移到上海，改名为美华书馆，先在虹口经营了一年半，于1862年6月迁入小东门外新建的馆舍。从1862年底起，鲍哲才的名字开始出现在传教士的书信中，他也有了新的身份：长老会上海教会的长老。

最先报导这件事的是传教士陆佩（John S. Roberts）。他在1862年12月25日圣诞节当天写信回美国，表示新立了一名长老，希望他在白天的检字排版工作之外，利用晚间向华人讲道，布道站为此特地在城内火神庙邻近的教堂新建一户房屋供他居住。[①]接着在1863年1月8日，传教士丁韪良（W. A. P. Martin）也报导了同一件事：

> 半个月以前，我们为我们的小教会选立了一名长老，他姓鲍，是美华书馆的排版工匠，宁波义塾的毕业生，是个好学生，也是无可挑剔（blameless）的基督徒。我们相信

---

① BFMPC/MCR/CH, 191A/5/284, J. S. Roberts to J. C. Lowrie, Shanghai, 25 December 1862.

他不仅可以将教会治理好,也会勤于讲道。[①]

传教士原来只要求鲍哲才利用晚上工余的时间传教,很快地变成希望他进一步修读神学,准备专心传教。但是这样他不可能再留在美华书馆担任排版工作,这引起了姜别利的抱怨,说自己好不容易训练有素的优秀工匠被布道站给拉走了,例如鲍哲才这位"我们最好的排版工"(our best compositor)就是如此。[②]

陆佩在1863年4月报导,鲍哲才已经由丁韪良启蒙研读神职课程。[③]不久丁韪良离开上海前往北京,由传教士范约翰(John M. W. Farnham)继续教导鲍哲才神学。在范约翰撰写的1864年上海布道站年报中,有一段内容专门谈到鲍哲才:

> 我们认为对一位牧师候选人的教学是一桩重要的工作。每天有一小时的教学,在这年中他已上过新约、圣经诠释、教会史、教牧学、神学、教会治理与讲道方法等课,他的专注与进步非常令人满意。一年来他几乎每天都在讲道,他的工作和举止在每一方面都令人感到鼓舞,从他被选拔为长老这件事便可显示教会对他的信任与尊重。[④]

经过三年的学习,鲍哲才于1866年1月初通过长老会上海中会(Presbytery)的考验认证,成为候任牧师;同年底上海中会再度集会

---

① BFMPC/MCR/CH, 191A/5/285, W. A. P. Martin to J. C. Lowrie, Shanghai, 8 January 1863.丁韪良信中称"我们的小教会",据同一年7月间姜别利报导,当时长老会上海布道站只有七名华人信徒(ibid., 199/8/50, W. Gamble to W. Lowrie, Shanghai, 15 July 1863);但1865年时,传教士惠志道(John Wherry)报导信徒已增加到十七名(ibid., 196/7/100, John Wherry, Annual Report of the Shanghai Mission, 1 October 1865)。

② ibid., 199/8/50, W. Gamble to W. Lowrie, Shanghai, 15 July 1863.

③ ibid., 191A/5/289, J. S. Roberts to J. C. Lowrie, Shanghai, 22 April 1864.

④ ibid., 196/7/56, 16th Annual Report of the Shanghai Mission, read and approved at the annual meeting, November 16, 1864.

时,鲍哲才终于获得按立为牧师[1],他也是长老会在上海的第一位中国人牧师。

在研读神学课程期间,鲍哲才的日常工作就是在城内火神庙的教堂和城外小东门美华书馆的教堂轮流讲道。每当鲍哲才到美华书馆教堂时,姜别利都会到场聆听,他虽然有如前述抱怨鲍哲才被拉去传教,却不是抱怨鲍哲才个人,而且姜别利还称赞鲍哲才讲得很好。每次听众大约三十人,主要就是书馆的工匠,他们都很安静地听这位从前的同事讲道。姜别利说1863年上海布道站除了外国传教士每礼拜天宣讲一次外,其他的就由鲍哲才包办。[2]

从1862年底鲍哲才成为长老到1866年按立为牧师的四年中,上海布道站有过五名传教士(含姜别利在内),每一位都对鲍哲才赞誉有加。除了前述的姜别利、范约翰和丁韪良以外,陆佩曾在1863年谈到,自己和丁韪良、范约翰同在城里教堂考核过一名申请洗礼的慕道友,最后由鲍哲才考问并做终结劝诫,陆佩说鲍哲才问得既庄严又诚恳。事实上当时鲍哲才刚得过严重的伤寒症,传教士们都非常担心可能会失去一名最优秀的助手。[3]1864年陆佩又提到鲍哲才继续研读神学课程和忙于日常讲道,自己乐于帮助他,也对他感到非常欣慰。[4]

另一位1864年才到上海的资浅传教士惠志道(John Wherry)在撰写的1865年布道站年报中说,上海站的讲道工作主要是由鲍哲才进行,他很勤奋地兼顾神学课程和讲道工作,他这年讲道的内

① BFMPC/MCR/CH, 197/7/247, J. M. W. Farnham to J. C. Lowrie, Shanghai, 8 January 1866; ibid., 197/7/410, J. M. W. Farnham to J. C. Lowrie, Shanghai, 15 February 1867.

② ibid., 199/8/52, W. Gamble to W. Lowrie, Shanghai, 4 August 1863; ibid., 199/8/51, W. Gamble to W. Lowrie, Shanghai, 19 August 1863.

③ ibid., 191A/5/291, J. S. Roberts to J. C. Lowrie, Shanghai, 26 May 1863.

④ ibid., 196/7/85, J. S. Roberts to J. C. Lowrie, Shanghai, 7 November 1864.

容和态度都大有改善，可望成为一名有效率的牧师。[①] 到鲍哲才获得按立，成为牧师之后，惠志道在1867年初提到，布道站举行的圣餐礼完全由鲍哲才主持，惠志道说这位好弟兄数年来都是布道站最主要的华人助手，受过良好的教育，口才流利无碍，圣经知识丰富，见解独到而富于热忱，等等。[②]

值得注意的是上海布道站这些传教士在不同的时间与场合各自赞许鲍哲才，这是不容易也不是巧合的事。惠志道在称道鲍哲才时就说，另一位也在修读神职课程的中国人，因为表现不够好而一度被降级担任分书人（colporteur）。[③]

鲍哲才成为牧师后，在1867年8月奉派前往苏州开教。[④] 自从太平天国运动失败以后，长老会上海站就注意苏州传教的可能性，但苦于人手不足未能进行。1867年，有位德国人斯米德（Charles Schmidt），原是协助清政府的常胜军成员，弃武后住在苏州，着华服、娶华女，有意在当地传教，并请求成为长老会一员。长老会只同意给予经费补助，并由上海站派遣鲍哲才到苏州会同斯米德开教。第一年（1868）每礼拜天讲道时至少有三四十人听讲，并有五名信徒入教，还开办了两间日校。[⑤] 创业开教总是比较困难的，能有这样

---

① BFMPC/MCR/CH, 196/7/100, J. Wherry, Annual Report of the Shanghai Mission, 1 October 1865.

② ibid., 196/7/402, J. Wherry to J. C. Lowrie, Shanghai, 17 January 1867.

③ ibid., 196/7/100, J. Wherry, Annual Report of the Shanghai Mission, 1 October 1865.

④ 《中国教会新报》第1年第16期（1868年12月19日），叶61，鲍华甫［即鲍哲才］，《苏州来信》。在《长老会华中教区五十周年纪念册》（*Jubilee Papers of the CCM 1844–1894*（Shanghai: APMP, 1895）页98—101，传教士费启鸿（George F. Fitch）所撰《苏州布道站史要》（*Historical Sketch of Soochow Station*）一文，开宗明义说苏州站建立于1869年1月，这是错误的，因为鲍哲才于《苏州来信》文中写得很清楚，"斯米德先生与弟自客年八月中至苏立教以来"，《苏州来信》刊于1868年，"客年"指1867年。

⑤ 《中国教会新报》第1年第16期（1868年12月19日），叶61，鲍华甫，《苏州来信》。又，斯米德撰写的1869年日校报告，有学生十一人，年龄六至十二岁，包含鲍哲才的儿子鲍咸昌在内（BFMPC/MCR/CH, 195/9/138, C. Schmidt, Report of the APM's Boys' School at Soochow for the Year Ending 30th September 1869）。

的成绩已经不易,鲍哲才自己也觉得"诸事尚可"①。可是在1868年8至11月间发生扬州教案,颇引起中国社会的骚动,苏州的传教工作也受到影响而进展不易,斯米德说他办理的学校因此受到中国人的反对与抵制②,而惠志道于1870年底报告说鲍哲才仍在苏州,但一整年再没有新入教的信徒。③

　　苏州的传教工作不易进展,鲍哲才却在写作出版方面有所收获。在1868至1869两年间,林乐知(Young J. Allen)编印的《中国教会新报》陆续刊登鲍哲才的四篇文章。第一篇是他写给林乐知的信,描述自己在苏州传教一年的情况,又提议各基督教派共同选定一日进行禁食祈祷。④这项提议似乎没能实现,但他接着撰写三篇神学文章发表,而且都因篇幅较长,只能各分为二或三期刊登。⑤很有意思的是其中一篇讨论牧师(文中称为监督)的职任,鲍哲才现身说法,认为牧师的四项职责为:宣道、管束教友、与人行事,及克己之身,并逐一申论如何恪尽职守。所谓"与人行事"指教友生病或有各种意外时,牧师应予关心、代祷并设法解决其困难;至于"克己之身"则指牧师必先正己方能正人,善治自己家庭而后善治教徒与教会。1873年鲍哲才在《中国教会新报》发表最后一文《论吾华人贫

①　《中国教会新报》第1年第16期(1868年12月19日),叶61,鲍华甫,《苏州来信》。

②　BFMPC/MCR/CH, 195/9/138, C. Schmidt, Report of the APM's Boys' School at Soochow for the Year Ending 30th September 1869.

③　ibid., 196/9/346, J. Wherry, Report of the Native Assistants of the Presbyterian Mission at Shanghai for the Year Ending September 30th 1870.

④　《中国教会新报》第1年第16期(1868年12月19日),叶61,《苏州来信》。

⑤　《中国教会新报》第1年第25期(1869年2月27日),叶105—106,《长老会教友宁波鲍先生苏州来信》;第1年第26期(1869年3月6日),叶110—111,《接续寓苏宁波教友论监督》;第1年第42期(1869年6月26日),叶190—191,《信则得救》;第1年第43期(1869年7月3日),叶195—196;第1年第44期(1869年7月10日),叶200;第2年第51期(1869年9月4日),叶3,《苏州长老会鲍教师来稿》;第2年第52期(1869年9月11日),叶9—10,《苏州长老会鲍教师来稿第二次》;第2年第53期(1869年9月18日),叶14—15,《苏州长老会鲍教师来稿第三次》。

窭之源》，认为中国国衰民弱不如西方的原因，是吸食鸦片，以及崇拜偶像焚烧香烛纸钱，两者耗费体力与财力过多。①

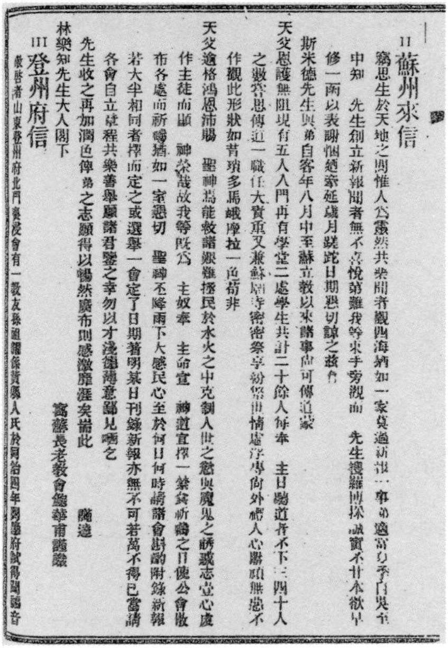

II 蘇州來信

竊思生於天地之間惟人爲靈然共樂聞者觀四海猶如一家莫過新報一事弟適寓身蘇白奥至
中知 先生創立新報聞者無不喜悅弟雖我等束手旁觀而 先生搜羅博採誠實不甘本欲早
修一函以表謝悃嗣爲延歲月蹉跎日期懇切諒之爲荷
斯米德先生與弟自客年八月中至蘇立教以來諸事尚可傳道蒙
天父恩護無阻現有五人入門再有學堂二處學生共計二十餘人每奉 主日聽道者不下三四十人
之數答恩傳道一職任大責重又兼蘇屬寺廟祭享紛繁世情虛浮專尚外禮人心難頑無患不
作觀此形狀如昔項多馬娥摩拉一色苟非
天父逾格鴻恩沛賜 聖神爲能救諸艱難拯民於水火之中克制人世之慾與魔鬼之誘惑志堂心虔
作主徒而顯 神榮哉故我等既爲 主奴奉 主命宣 神道宜擇一禁食祈禱之日使公會徹
布各處而祈禱猶如一室懇切 聖神不降雨下大感民心至於何日何時請諸會斟酌附錄新報
若大半相同者擇而定之或選舉一會定了日期著明某日刊錄新報亦無不可若萬不得已當請
各會自立章程共樂善舉願諸君鑒之幸勿以才淺德薄意鄙見哂乞
先生收之再加潤色俾弟之志願得以暢然廣布則感激靡涯矣耑此 順達
林樂知先生大人閣下 寓蘇長老教會鮑華甫謹識

III 登州府信

敬啓者山東登州府北門裏浸會有一教友孫祖耀係黃縣人氏於同治四年到登府試得幽論音

图 7-1 鲍哲才自苏州致林乐知函
[《中国教会新报》第1年第16期
(1868年12月9日)]

在苏州传教五年后，鲍哲才于1872年下半年回到上海。②传教士陆佩在1875年5月12日写信回美国报告工作近况，以及在同年底填写的工作表格中，都提到自己的助手鲍哲才父子的大致情形：鲍哲才平日在小东门外的教堂附近挨家拜访，和住户谈论道理并分送传教书刊，礼拜日鲍哲才和陆佩轮流主持上午九点半开始的教堂崇拜仪式，听众包括美华书馆的工匠和传教士的佣工，偶尔也会有路过的人进来参加。礼拜日下午陆佩主持圣经班，经常有十二至十四名信徒出席，鲍哲才和陆佩又轮流主持星期三晚上的祈祷聚会，参加的是同一批信徒。星期一、二、四、五的晚上七点半至九点，教堂举办面向一般民众的讲道，此外鲍哲才还负责教导一名分书人基督教知识。陆佩在一次圣餐礼中为鲍哲才的儿子施洗，陆佩没有写出名字，只说年纪大约十九岁，

① 《中国教会新报》第5年第237期(1873年5月7日)，叶258—259，《论吾华人贫窭之源》。

② BFMPC/MCR/CH, 217/2/28, G. F. Fitch, ‘1871–2 Report of Shanghai Station.’

应该就是长子鲍咸恩;陆佩形容鲍咸恩是一名纯真、忠诚、谦虚等性格俱备的青年基督徒,在火神庙附近教堂由陆佩办的日间学校担任老师,每天上课六小时,学生二十至二十五人,男女都有,读传统经典和基督教书籍,陆佩每两星期到学校检查一次功课,并教学生唱诗。[1]

鲍哲才已是牧师,这是中国人在长老会中的最高职位,薪水却不高,在上述陆佩填写的工作表格中是每月9块墨西哥银元。而同一年传教士范约翰谈论华人助手的待遇,表示另一名中国人牧师黄文兰的薪水是每月10元,范约翰说:"这样的薪水只比陷于饥饿稍稍好些。(The salaries given are but little better than starvation prices.)"[2]此种待遇一直没怎么调整,1888年上海布道站的报告中,鲍哲才的年薪是120元,平均每月10元而已,而黄文兰年薪则是稍高的126元;这和美国传教士有天壤之别,同一年范约翰年薪1 200元,是鲍哲才的十倍,另外还能报销医药费125元和中文老师薪水120元[3],鲍哲才当牧师的待遇和传教士的中文老师是相同的。

在长老会以外,鲍哲才也参与各宗派的共同活动,尤其是1878年成立的"中国圣教书会"(Chinese Religious Tract Society),这是仿照英美类似团体而成立的组织,以出版及流通基督教传教书刊为宗旨。1878年11月底,中外各宗派传教士在上海举行成立筹备会,鲍哲才出席并当选为纪录秘书(中外各一名)[4],此后又当选为董事会成员之一。1880年5月2日,中国圣教书会在上海举行第二届年

① BFMPC/MCR/CH, 198/12/77, J. S. Roberts to Executive Committee, Shanghai, 12 May 1875; ibid., 199/12/193, Reports of Shanghai Mission [for 1875].
② ibid, 198/12/46, J. M. W. Farnham to F. F. Ellinwood, Shanghai, 27 February 1875.
③ ibid., 233/69/57, 'Estimates for Shanghai Station, 1 August 1887–1 August 1888;' ibid., 215/47, CCM Reports, 'Summary Report of Shanghai Mission Station, Nov. 5, 1888.'
④ The North-China Herald, 5 December 1878, p. 546, 'The Chinese Tract Society.'

会,分成中英文两组会议,鲍哲才应邀在先揭幕的中文组发表演讲,说明中国圣教书会出版品的性质特征,同时呼吁全国各地教会界共同组成书会的地区分会,也请求各地牧师鼓励其教徒踊跃担任义务的分书人,尤其是女性基督徒更宜挨家挨户分书,协助传播基督教福音。①

　　1882年鲍哲才开始主持长老会上海中会的第二教会。在此以前,鲍哲才担任过南门外的第一教会牧师,但更有意义的是第二教会就位于他工作过的美华书馆。1875年美华先是从小东门外迁移到租界内的北京路,在书馆的后栋辟有教堂,供书馆的基督徒职工礼拜使用,但每逢圣餐礼时必须前往南门的第一教会参加。从小东门往返南门的距离还好,迁到北京路后,到南门往返就相当费时不便,因此在1881年底代理美华主任的传教士费启鸿(George F. Fitch)决定组织新的教会。提经1882年上海中会秋季会议通过后,第二教会在美华的教堂成立,以鲍哲才为主持牧师,信徒十七人、长老三人。②

　　这样的安排对鲍哲才和教会双方可说是最适当不过。出身排版工匠的他无疑最能了解教友的身心,解决他们的困难与增进他们的灵修,而当时将满五十岁盛年的鲍哲才,也可以实践他自己撰文讨论过的牧师四项职责:宣道、管束教友、与人行事及克己之身。只是鲍哲才主持第二教会期间,传教士的书信中不常提及他和教会的相关信息,只能从以下的几则内容了解一些梗概。

　　① 　*The North-China Herald*, 11 May 1880, p. 410, 'The Chinese Religious Tract Society.' *The Chinese Recorder*, 11: 3 (May–June 1880), pp. 214–220, J. M. W. Farnham, 'The Chinese Religious Tract Society.'

　　② 　BFMPC/MCR/CH, 204/17/155, George F. Fitch to F. F. Ellinwood, Shanghai, 16 November 1882; ibid., 205/17/238, W. S. Holt, 'Report of the APMP, Shanghai, China, for 1882.' *The Chinese Recorder*, 13: 5 (September–October 1882), pp. 393–394, 'Missionary News — Shanghai.'

在1882年的美华书馆年报中，传教士侯尔德（William S. Holt）谈到第二教会初期的情形：有教友十七人及长老三人，都是书馆的职工与眷属，每礼拜日上午举行崇拜仪式，下午为主日学，周间则有祈祷聚会；由于教堂位于书馆之内，鲍哲才为了让更多人接触福音，每天都在书馆前的北京路旁向行人讲道，冬天在下午举行，暑热天则换成晚上。[1]

1883年，侯尔德又在一封信中提到，鲍哲才来谈关于教会的一些事务，并征询是否应为一名慕道、体面但有妻妾的王姓中医施洗的问题。事实上十九世纪基督教传入中国后，传教士就经常会面临同时有妻妾的人希望受洗入教的问题。对于鲍哲才遇到的这个案例，侯尔德觉得有妻妾并未违反中国社会的法律，中医既然慕道，即是耶稣基督已经接受了他，因此教会是否有权力拒绝不无疑问，侯尔德认为应该可以接受，并希望其妾也能随之信教而得救。可惜的是侯尔德这封有三页的信佚失了第二页，无法确知鲍哲才和侯尔德讨论的详情与结果。[2]

美华书馆的主任在1885年易人，侯尔德因为健康问题离职返美，由范约翰继任。范约翰在1886年8月的一封信中谈到鲍哲才，介绍他的出身来历，以及他在最近一个礼拜日缅怀早年受宁波传教士兰显理（Henry V. Rankin）关注的往事。范约翰说鲍哲才是第一位在苏州传教建立教会的人，也曾多年帮助自己。值得注意的是范约翰表示，参加鲍哲才主持的第二教会礼拜人数经常达到一百人，其中受洗的信徒二十四人。[3]参加礼拜人数之多和受洗教友增加，

① BFMPC/MCR/CH, 205/17/238, W. S. Holt, 'Report of the APMP, Shanghai, China, for 1882.'
② ibid., 204/17/66, W. S. Holt to F. F. Ellinwood, Shanghai, 29 May 1883.
③ ibid., 206/20/36, J. M. W. Farnham to F. F. Ellinwood, Shanghai, 10 August 1886.

都显示鲍哲才主持教会是积极而成功的。

不料，事情却急转直下。原来范约翰个性独特，一向和其他传教士不能和睦相处，人缘很差。他担任美华书馆主任后，处事待人都专擅而有偏差，以致长老会华中区的传教士联名向外国传教部要求撤换他，但他抗命拒不交出美华书馆，双方争吵得不可开交，甚至还演变至他和自己所属的长老会对簿公堂的地步。此事成为美华书馆历史上最大的内讧风暴，从1886到1888年持续将近三年。①

范约翰和美华书馆华人职工的关系也不好，并导致鲍哲才离职。传教士史密斯（John N. B. Smith）在1887年2月报导，范约翰和工匠发生冲突，态度非常粗暴，对工匠动辄不理性地斥责，甚至让华人基督徒对他感到害怕（fear）。鲍哲才也向史密斯诉苦，说自己受到范约翰的不公平对待，只能离开第二教会。虽然史密斯说鲍哲才自己也有过失，但又说毫无疑问鲍哲才的过失是害怕受到范约翰的干扰所致，史密斯又表示自己手下有三名按立过的华人牧师，都因范约翰而不愿到美华接替鲍哲才的职位。史密斯并没有明言鲍哲才究竟有什么过失，加以当时传教士们正和范约翰发生非常激烈的争执，史密斯表示自己不想再节外生枝，所以无意介入鲍哲才的问题。②在范约翰引起的连续混乱中，鲍哲才不得不离开了美华。

鲍哲才卸任第二教会牧师的确切时间不详，范约翰、史密斯等传教士都没有记载，应该就在上述史密斯报导范约翰和华人关系恶劣的1887年2月或稍前。鲍哲才对于范约翰的喜怒无常必然非常

---

① 关于范约翰引起的种种风波，详见本书《范约翰主演的美华书馆乱局》一篇。
② BFMPC/MCR/CH, 207/22/11, J. N. B. Smith to J. Gillespie, Shanghai, 23 February 1887.

失望难过,有如前述1886年8月范约翰才在信中赞扬他牧会积极成功,不久却让他感到害怕而出差错,谁知早年教育鲍哲才成为牧师的范约翰,竟是导致他失去牧职的同一人。范约翰引起的美华书馆风暴到1888年总算平息,由费启鸿接任书馆主任,但是鲍哲才留下的牧师职缺又拖延了一年。1889年12月费启鸿才报导,第二教会终于有了新牧师史子彬。①

从美华书馆的教会离职后,鲍哲才住在上海周浦乡间,等于是退休了,不过他仍每年陪同传教士薛思培(J. A. Silsby)在附近地区巡回传道,也访视布道站在当地所办的日间学校。②1891年他还在《画图新报》上撰写一篇《教化论》短文,简要叙述长老会在上海的发展经过③,但同年底,他因病入医院治疗一个半月才出院。④1895年1月27日,鲍哲才辞世,年六十二岁。⑤

鲍哲才过世两年后,商务印书馆于1897年创立,在八名共同创办人中,有他的两个儿子鲍咸恩和鲍咸昌,还有两个女婿张桂华和夏瑞芳,另一名创办人郁厚坤则是鲍咸昌妻弟,鲍咸昌也是另一名创办人高凤池的儿女亲家。因此在商务印书馆的八名创办人中,多达六人是鲍哲才的子婿姻亲,他们也都是基督教信徒。其中鲍氏兄弟、夏瑞芳和高凤池四人是长老会上海清心书院的同学,而鲍咸昌和高凤池两人是美华书馆的职工。这六人的生活直接或间接受到鲍哲才的熏陶影响,并在彼此连带的关系上共同创办商务印书馆,成为近现代中国印刷出版业的巨擘。鲍哲才过世十余年后,他的

---

① BFMPC/MCR/CH, 207/23/106, G. F. Fitch to J. Gillespie, Shanghai, 7 December 1889.

② *Annual Reports of the CCM of PCUSA, for the Year 1888–89* (Shanghai: APMP, 1889), p. 18; ibid., *for the Year 1889–90*, p. 11; ibid., *for the Year 1890–91*, p. 16.

③ 《画图新报》11:12(1891),叶89—90,鲍哲才,《教化论》。

④ *Annual Station Reports of the CCM ... for the Year 1890–91*, p. 16.

⑤ ibid., *for the Year 1894–95*, p. 11.

子婿家人为纪念父亲,于1909年共同捐献一万元为清心书院建造一栋"思鲍堂"作为礼堂和教堂,并于翌年五十周年校庆时落成启用。[①]1933年,这些后人又齐聚思鲍堂,共同缅怀鲍哲才的百年诞辰,并种下两棵常青的枞树作为纪念。[②]

结　语

鲍哲才自1850年从宁波布道站义塾毕业后,工作上经历印刷出版与教会神职两个时期,他先在华花圣经书房和美华书馆担任排版工匠约九年,接着成为教会的长老与牧师约二十四年,比工匠时期长得多。但他于1862年转入教会工作后,仍和印刷出版有密切的关系:在研读神学课程时以及从苏州回到上海后,经常为美华的工匠讲道;1870年代末他积极参与的圣教书会,宗旨就在出版流通基督教书册;而1880年代他主持的第二教会更是位于美华书馆之内,其会众主要就是美华的工匠与家属。在这种种因素下,鲍哲才的下一代会进入印刷出版界是很自然的结果,尽管商务印书馆是在他过世两年后才告成立,但其种子早已深植在鲍哲才先前开辟耕耘的沃土中,只等时机成熟即萌芽破土而出!

---

① BFMPC/MCR/CH, *for the Year 1909–10*, p. 27; ibid., *for the Year 1910–11*, p. 27. *The Chinese Recorder*, vol. 42, no. 2 (February 1911), p. 126, 'Bao Memorial Hall, South Gate, Shanghai.'

② *The China Press*, 24 September 1933, second section, 'Centennial of Reverend Bao Observed Here.'

8

狄考文兄弟与美华书馆

绪　言

　　1869年10月姜别利辞去美华书馆主任的职务时,西式中文活字技术基本上已完成建置,美华也奠定了在中文活字印刷上的领先地位。在姜别利离职后,美华需要一位能善用这些技术的继任者带领美华的馆务进一步发展。由谁来接任或者说谁有能力接任呢?

　　姜别利离职时,就近将美华书馆交给长老会外国传教部的上海传教士惠志道(John Wherry),但是惠志道承担主任职务仅一年稍多,就于1870年11月调往华北而卸职,算是过渡性质的美华主任。惠志道的继任者是山东登州的传教士狄考文(Calvin W. Mateer),他又引介在美的亲弟狄昌(John L. Mateer)[①]来华接替自己的主任一职。兄弟两人从1870年11月算起,到1876年4月为止,合计主持美华五年半。其中狄考文在职仅一年(含他人代理的三个多月),比惠志道还短,但狄考文相当投入,并未将美华视为只是暂时性工作,而年轻且毫无经验的狄昌又多依赖他的指导与撑持,一些重要决策还是出自狄考文的主意,连晚至1875年美华自小东门外迁至北京路新址的行动,也要他从山东到上海主持其事。因此有

----

　　① 关于狄昌的中文姓名,历来有马约翰、马蒂尔、狄约翰等不同译名。但美国驻华使馆所藏一份1897年8月17日美部会(ABCFM)北京布道站回复美国驻天津领事李德(Sheridan P. Read)的公函,附有该布道站传教士中英文姓名与年龄的名单,包含John L. Matter,附其中文姓名为狄昌,年龄49岁,而且这份公函正由狄昌具名书写,这肯定是他的中文姓名(June 17, 1896 – Dec. 13, 1899, MS Despatches from U.S. Consuls in Tientsin, China, 1868–1906: Despatches from U.S. Consuls in Tientsin, China, 1868–1906, Volume 6. National Archives. Nineteenth Century Collections Online)。

必要合并讨论两人任职的原因、资格与经过，及一些重要的馆务行事，例如迁移至北京路、技术的改变、职工的管理，以及美华在他们任内的产品等，才能比较深入完整地了解1870年代两人管理下的美华。

一、入主美华

（一）入主的曲折经过

狄考文承担美华书馆主任一职，是长老会外国传教部全体传教士推举的结果。1870年10月下旬，这些传教士在上海举行长老会中国大会（Synod of China）的成立会议，议题之一是美华书馆，分美华的新制度与主任人选两部分讨论，全体一致通过要点如下的建议：

1. 美华书馆的新制度

（1）美华由外国传教部在华传教士组成协会控制。

（2）美华完全依商业原则经营，经费完全自给自足和自用。

（3）美华的组织包含编辑委员会（四人）、经营委员会（三人）、一名主任（由平信徒担任）、一名驻馆传教士。

（4）编辑委员与经营委员由在华传教士组成协会任命。

（5）主任由外国传教部的理事会任命，一旦出缺，改由经营委员会任命并经在华传教士协会批准。

（6）驻馆传教士由华中区任命并经理事会批准，担任经营委员会的主席，并主持美华职工的信仰与礼拜事宜。

（7）所有出版品必须先经编辑委员会审查通过。[1]

这些建议如果经纽约的理事会批准，将是美华全新的制度：权力由理事会移转到在华传教士组成的协会，美华的性质也由传教印刷所变成传教士控制经营的商业印刷所，这些都和既有的制度与经营完全不同。

2. 美华书馆的新主任

依照上述建议，未来的第一位主任虽然由纽约的外国传教部理事会任命，但出缺后即改由在华传教士任命；主任推动馆务必须接受编辑和经营两个委员会以及驻馆传教士的控制监督。

在这些建议以外，中国大会急需推举惠志道的接替人选，以便送请理事会任命。传教士们热烈讨论人选，先是一致推举素有科学才能的狄考文，遭到婉拒后改推宁波的蒲德立（John Butler），又被谢绝，继而再回到狄考文，最后决议由蒲德立暂时代理三个月，让狄考文回山东安排好事务后再到上海接管美华，但他也只同意一年为期，希望期满时交给理事会派来的新主任。[2]

看起来是狄考文推却不了参加会议的传教弟兄热情推举，才不得不暂时接下美华书馆，其实他早已另有所图。他对姜别利的印象恶劣，1866年时曾写一封千余字的长信给外国传教部秘书，严厉批评姜别利的工作态度，例如山东传教士已明白告知姜别利不要某种《圣经》版本，姜别利却依然寄给他们；狄考文说姜别利身为印工，本应是在印刷方面服务传教士的仆人（servant），却有如主

---

[1] BFMPC/MCR/CH, 196/9/372, 'To the BFM of the PCUSA.' "所有出版品"指的是以长老会外国传教部经费印的出版品，并非指美华所有出版品。

[2] ibid., 196/9/371, C. W. Mateer to J. C. Lowrie, Shanghai, 11 November 1870. 曾有研究者再三提及，由范约翰担任主席的"美华书馆管理委员会"一直在觅人主持美华书馆。这是错误的说法，根本没有所谓的"美华书馆管理委员会"与范约翰担任主席的事。

教（bishop）一般指点传教士该用什么版本的《圣经》才对。① 尽管如此，狄考文仍不能不承认姜别利经营美华的成效。1869年10月姜别利辞去美华职务后往华北一游，访问过狄考文所在的山东登州布道站，其间狄考文写信给秘书论及姜别利，说姜别利虽然经常冒犯传教士，却将美华办得很成功，遥遥领先中国其他印刷出版机构，强烈建议秘书积极有效地继续支持美华。②

姜别利离开登州，狄考文随即写信给在美国的弟弟狄昌，要他向外国传教部毛遂自荐来华担任美华主任，同时狄考文内举不避亲，又写信向秘书推荐弟弟；不料狄昌自荐失利，秘书向狄考文解释，一者外国传教部经费入不敷出，再者有理事认为应找专业印工才是，并打算接洽一位曾是印工的新进牧师来华接掌美华。③ 狄考文为弟弟的失利感到不满，回信给秘书大发牢骚：

图8-1　狄考文像
〔 D. W. Fisher, *Calvin Wilson Mateer* (Philadelphia: The Westminster Press, 1911, frontispiece.)〕

想找一名牧师兼印工不是好主意，一人兼两职将会两边都做不好，而且美华书馆主任的工作结合印工和会计两者为一，还包括编辑在内，哪里去找一名有这些本领的牧师？……美华书馆需要的是一名上好的生意

① BFMPC/MCR/CH, 197/7/358, C. W. Mateer to J. C. Lowrie, Tungchow, 24 October 1866.
② ibid., 195/9/149, C. W. Mateer to J. C. Lowrie, Tungchow, 29 October 1869.
③ ibid., 235/80/75, J. C. Lowrie to C. W. Mateer, New York, 19 March 1870.

人（businessman），知道如何管理工匠，也有天生的机械才能。①

这些言语实在没有逻辑可言，如果一兼二职做不好，而美华书馆主任又包含印工、会计和编辑三种职责，则世间岂非没人担得起这个职位？如果认定曾经是印工的牧师不行，那么兼有机械才能的生意人又怎行？如果牧师兼印工的美华主任算是一兼二职，难道有机械才能的生意人当美华主任就不是？更重要的是生于1848年的狄昌自荐时还不满22岁，到狄考文为他发这些牢骚时也刚满22岁，想读大学或神学院都未实现，狄考文如何证明他就是富于管理能力和机械才能的上好生意人？

随后几个月间，秘书所提那位牧师兼印工的可能人选没有下文，而惠志道的病情却一直不好，这为狄考文兄弟重新带来希望。1870年10月初狄考文写信告诉秘书，惠志道的健康即将崩溃，美华书馆必须有人接手。"整个长老会中国传教事业没有比这更紧急的事"，如果就此让美华沉沦下去，将是长老会的奇耻大辱（a burning shame）。狄考文紧接着又说，狄昌已准备上大学，身体也已康复，不知他是否仍愿来华。②

狄考文写这封信的同一个月下旬就是前述中国大会的会期。讨论美华书馆的议题时，狄考文非常积极活跃，要将美华的权力从理事会转移到在华传教士手上等决议事项，就出自他的手笔。在决议文之末还有三项附带决议：一、要求尽快派来一名平信徒主任；二、与会者都认为主任的商业资格与机械才能重于专业印刷知能；

---

① BFMPC/MCR/CH, 195/9/287, C. W. Mateer to J. C. Lowrie, Tungchow, 25 May 1870.

② ibid., 196/9/350, C. W. Mateer to J. C. Lowrie, Tungchow, 3 October 1870.

三、惠志道离职后，势必要有一名传教士暂接美华，为免荒废其传教本职，请尽早派来主任。[①]第一、三两项同样是要求尽早派来主任，而第二项所言商业与机械才能重于印刷技术，则完全呼应几个月前狄考文为弟弟谋职不遂而发的牢骚，这显然是他说服了与会传教士们接受同样的观点，将他的个人看法化为更有力的集体意见。

不仅如此，狄考文在伴随着决议事项所写的信中，又极力强调同样的观念，试图也说服秘书和理事会：

> 我已经检查过美华书馆，也比以往更相信印刷专业技术不是主任的第一条件，爱好机械的天分才是，这可以让他顺利面对任何问题，他可以上任以后再学所有该学的印刷。……当前美华书馆特别需要的是有效地推动既有的基础，再看情况做些改善。如果你们不派印工来，就派懂得如何做生意的人来，最重要的是个完全可靠的基督徒。[②]

这完全是为印刷外行的狄昌量身打造的说辞，所以狄考文紧接着又希望秘书能和狄昌联系，或许狄昌会因长兄在华而来。印刷从十九世纪初期随着工业革命的脚步开始近代化，新式而复杂的机器设备层出不穷，甚至是日新月异，到1870年代时早已是高度专业性的工作，美华书馆又是中国甚至东亚首屈一指的大型印刷机构，狄考文却为了弟弟而宣称，负责经营这机构的人到职以后才从头学习印刷技术即可胜任。

---

① BFMPC/MCR/CH, 196/9/372, C. W. Mateer to J. C. Lowrie, Shanghai, 11 November 1870, enclosure, 'To the BFM of the PCUSA.'

② ibid., 196/9/371, C. W. Mateer to J. C. Lowrie, Shanghai, 11 November 1870.

无论如何,狄考文为弟弟的大力铺排终于发挥了效果。他的信和中国大会的决议事项寄达纽约后,外国传教部的理事会很快决定任命狄昌为美华书馆主任,秘书在答复中国大会与会者的公函中坦言:"你们所说的印刷专业技术不重要对我们的影响很大。"①

(二)入主的不良后果

1871年8月3日,年仅23岁单身未婚的狄昌抵达上海,几个月后他承认自己"对印刷各部门完全一无所知"②。可是他非常幸运,长兄狄考文不仅为他谋得这份工作,还在他到上海后亲自带领教导他。狄考文先于同年3月20日自山东到上海,从已代理三个多月的蒲德立手中接下美华书馆③,8月初狄昌抵达上海,狄考文直到11月中才离沪返回山东,由当时还在上海的惠志道接手指点狄昌,直到12月底;第二年(1872)的3月中到9月初,狄考文又到上海指导馆务将近半年。也就是说,狄昌在华的第一年,独自一人管理美华的时间只有两个多月(1871年12月底至1872年3月中),其他九个半月都有狄考文或惠志道陪伴,指导他学习如何当美华的主任,这是一般传教士来华初期不可能有的特别待遇。狄昌却还要抱怨,其他传教士第一年都专心学语文,不必做别的事,只有他得马上投入自己几乎完全不懂的工作。④他应该不知道狄考文曾经向秘书夸称,像他这样"上好的生意人"是足以应付任何问题的。

语文和工作不熟悉,总会随着时间改善,而狄昌面临的另一个

---

① BFMPC/MCR/CH, 235/80/122, J. C. Lowrie to Brethren of Ningpo, Shanghai and Peking Missions, New York, 18 January 1871.

② ibid., 194/10/128, John L. Mateer to J. C. Lowrie, Shanghai, 8 August 1871. *Annual Report of the Presbyterian Mission at Shanghai, for the Year Ending September 30, 1872* (Shanghai: 1872), p. 9.

③ ibid., 194/10/95, C. W. Mateer to J. C. Lowrie, Shanghai, 11 May 1871.

④ ibid., 194/10/156, John L. Mateer to J. C. Lowrie, Shanghai, 11 October 1871.

难题却在他任内始终存在，就是他和长老会华中区传教士之间紧张不和谐的关系。^①这个问题的产生，始于中国大会成立会议通过建立美华书馆新制度的建议。狄考文主笔的这项建议案的主要内容，是由在华传教士取代纽约的理事会控制美华，却遭到理事会否决。1871年7月10日理事会通过八项决议，最主要的是前三项：

1. 美华书馆由理事会控制。

2. 美华仍为传教性质，代印作为补充。

3. 主任由理事会任命，专责美华事务，并向理事会报告；其他方面主任与华中区的传教士同等相待；华中区任命两名成员组成稽查委员会，稽查美华的财务报告与业务报告。^②

这三项内容显示理事会毫无放弃控制美华书馆的意思，也不想改变美华的传教性质，主任由理事会任命，也对理事会负责。这些原则看起来很明确，实际执行却出现一些疑难问题。1871年11月华中区推派传教士雷音百（Joseph A. Leyenberger）致函秘书，表示问题严重，需要更明确的界定，因为狄考文和狄昌兄弟根据上述第1、3两项决议扬言：第一，华中区和美华没有关联性，有的只是任命稽查委员而已，此外既无横向联系，更不必谈上下控制的关系；第二，美华主任有权出席华中区会议，参与所有讨论并投票，但华中区传教士却无权过问美华的事务。^③除雷音百的公函外，还有传教士为此写信向秘书表达忧虑，认为难以预料未来会有什么后果。^④

半年多以后雷音百仍未收到答复，他又写信给另一位秘书，再

① 从1870年起，长老会的上海、宁波与杭州三个布道站（station）合组成宁波传教区（mission），1876年起改称华中传教区（CCM），本文统称为"华中区"。
② BFMPC/MCR/CH, 194/10/192, a printed circular entitled 'The Mission Press at Shanghai, China, of the BFM of the Presbyterian Church.'
③ ibid., 194/10/172, J. A. Leyenberger to F. F. Ellinwood, Ningpo, 9 November 1871.
④ ibid., 194/10/244, Samuel Dodd to F. F. Ellinwood, Hangchow, 29 April 1872.

度说明由于狄考文兄弟的上述扬言，这个重要问题亟须澄清。[①] 又经过半年多，秘书终于就此回信，内容却让雷音百和华中区传教士既失望又吃惊。原来是两位秘书对此问题的看法竟然相左，还说此问题不仅涉及美华书馆和华中区，同时要考虑美华也面对广州、山东和北京等传教区，最后更表示除非在华的传教士有"更强烈而一致"的意见，否则这个问题的答复不会有任何改变。[②] 也就是说，意见不一的秘书不想管这件事，让传教士自己看着办。

还有一个人也急着要秘书确定这件事，那就是狄昌。虽然狄考文屡次从山东南下上海，每次停留数月至半年，毕竟不可能一直守在狄昌身旁为他撑腰出主意。而狄昌说自己每次出席华中区会议时，总是有人质疑他或美华书馆和华中区的关系，甚至还有人表示根本不想见到会议上出现美华的报告，[③] 因此狄昌屡次请求秘书明确界定此种关系[④]，当然他也没有获得秘书的回应。不仅有传教士不想见到会议中出现狄昌的身影，会议推举的稽查委员对他的账目也严格以待。原本这类稽查总是流于形式，很容易过关，但稽查1873年美华财务的两名传教士陆佩（John S. Roberts）和费启鸿（George F. Fitch），在报告中洋洋洒洒列举狄昌处理美华财务的各种错误与不当。例如他几乎可以不受限制地掌握大量现金，也将美华和他私人的财务混淆一起，因此稽查委员建议将账目送请专业会计师进一步查账等；狄昌则不满稽查委员的严苛挑剔，认为那是光谈理论而不切实际，他也反对花75银元请会计师查账，认为只是浪费金钱，又说自己的工

　　① BFMPC/MCR/CH, 194/10/262, J. A. Leyenberger to J. C. Lowrie, Ningpo, 6 June 1872.
　　② ibid., 234/74/5, F. F. Ellinwood to J. A. Leyenberger, New York, 12 February 1872.
　　③ ibid., 198/12/63, J. L. Mateer to F. F. Ellinwood, Shanghai, 12 April 1875.
　　④ ibid., 198/12/111, J. L. Mateer to F. F. Ellinwood, Shanghai, 26 August 1875; ibid., 198/12/125, 14 September 1875; ibid., 199/12/221, 10 February 1876.

作性质特殊又繁重，只有两个小错误，已经尽力小心而为，他还趁机要求从美国雇来一名好友为自己分劳。①

　　稽查委员指出狄昌经常握有大量公款现金的事，后来有其他传教士进一步指控。1876年4月底狄昌离职返美，秘书要范约翰（John M. W. Farnham）和陆佩两名传教士清查美华书馆的一笔账目回报②，同时范约翰又单独写信告诉秘书，查账发觉狄昌处理财务的方式非常有问题，由于狄昌兼办长老会在华所有布道站的司库（Treasurer）职务，纽约的财务部门将各布道站的经费以汇票多张全部寄给他备用，并要求他只可在确实需要动用公款时再兑现。狄昌却没有照办，经常随意兑现，所以他的手上总有大笔现金，远多于实际的需要，而且他又不将汇票的账目提交给稽查委员，因此他很有可能私自以这些现金借人生息或投资牟利，其他传教士根本无从知悉。③

　　秘书没有进一步追查狄昌的账目疑点，但狄考文和狄昌坚持有权参与别人事务，却不让别人过问美华事务的态度，加上经管的账目又令人怀疑，都导致狄昌在华中区的人缘不好，这是不争的事实。1873年时连远在广州站的传教士丕思业（Charles F. Preston）也告诉秘书，有传教弟兄强烈抱怨，像狄昌如此毫无经验的人竟然能主持美华书馆，长老会不如干脆放弃美华。④1876年4月底狄昌请病假离华之际，范约翰写信给秘书说，狄昌的麻烦在于脑袋，请秘

　　① BFMPC/MCR/CH, 198/12/58, J. S. Roberts and G. F. Fitch to the Executive Committee, Shanghai, 30 March 1875; ibid., 201/13/6, J. L. Mateer to F. F. Ellinwood, Shanghai, 15 March 1875; ibid., 198/12/59, J. L. Mateer to F. F. Ellinwood, Shanghai, 30 March 1875; ibid., 198/12/63, 12 April 1875.

　　② 秘书要求清查的是美华代印卫三畏（Samuel W. Williams）《汉英韵府》字典的账目，因为卫三畏要求费用给予折扣，秘书需要知道相关信息。

　　③ BFMPC/MCR/CH, 199/12/272, J. M. W. Farnham to F. F. Ellinwood, Shanghai, 30 May 1876; ibid., 199/12/331, 11 October 1876.

　　④ ibid., 197/11/47, C. F. Preston to F. F. Ellinwood, Canton, 9 June 1873.

书派个脑袋比较清楚而强壮的人来上海，范约翰又转述蒲德立的批评，说狄昌最好还是留在美国吧。[①]一个月后，范约翰在另一封信中又说：“我只能总结说，狄昌有任何差错，狄考文都脱不了干系。”[②]

狄昌并非一无是处，他对美华书馆的发展有如下文所述的一些贡献，尤其是1875年将美华从小东门外迁到租界内的北京路，彻底改善了美华的外部环境。但是，狄考文为狄昌谋求这项工作实在人不配位，而且从一开始就充满私心与算计，过于牵强高攀的结果，导致美华书馆有得有失。

二、迁馆北京路

美华书馆八十八年的历史中，在上海北京路18号馆址的四十五年（1875—1920）占了一半稍多的时间。这里是近代中国印刷出版事业很有代表性的基地，也是新式印刷出版人才与技术的摇篮，以及数千种传教与一般知识书刊的泉源，因此美华迁至北京路18号的原因、过程及其馆舍值得探究。

（一）迁馆的原因

1860年底书馆从宁波迁到上海，先在虹口暂居了一年半，随即

---

① BFMPC/MCR/CH, 199/12/260, J. M. W. Farnham to F. F. Ellinwood, Shanghai, 28 April 1876. 狄昌回美国是病假，并非如有人说的辞职。他身体康复后仍想来华复职，但他对美华书馆的组织和人事很有意见，和秘书及理事会的看法差异很大，直到1877年4月11日才自行辞职（ibid., 201/13/101, J. L. Mateer to the BFM, Montclair, N. J., 11 April 1877; ibid., 232/65/87, F. F. Ellinwood to Ningpo Mission, New York, 28 April 1877）。

② ibid., 199/12/272, J. M. W. Farnham to F. F. Ellinwood, Shanghai, 30 May 1876.

在1862年迁至小东门外新建的馆舍，历经十三年后，于1875年又迁至北京路。但是小东门外的馆舍既然是1862年新建，何以才过十来年便已不敷或不宜使用而需要迁移？这是由两个始料未及的因素造成的：美华的快速发展与周围环境的恶化。

1. 美华快速发展

美华书馆从宁波迁到上海的目的是求发展，到上海以后的情况却比预料好得多，正赶上印刷出版市场大为增长的局面。第二次鸦片战争后签订的条约与太平天国运动平息，很有利于基督教传教事业的扩张，亟须大量的传教书刊作为辅助；而上海的商业快速繁荣，以及引介传播西学的需求，使得无关传教的中英文印刷出版也显著增长。同时，本是美华在市场上最强劲竞争对手的伦敦会墨海书馆，进入1860年代后急遽中落，在1866年歇业关门。[1]于是美华书馆迅速崛起，成为中文、英文甚至日文印刷出版的巨擘。

从在小东门外的第一年（1862）起，到迁往北京路前一年（1874）止，十三年间美华书馆在人数、产量和技术上都快速成长：职工人数在1863年时仅有24人，五年后的1868年已达到60多人，到1872年时又增至75人，其中少数携家带眷者住在馆外，大部分的职工都就近住在书馆搭建的宿舍中。产量方面，1862年将近840万页，六年后的1868年增至2 500多万页，到迁移北京路的前一年（1874），又大幅度增至4 300多万页。[2]技术方面，这十三年间中文活字从两种增加为六种，同时新增日文活字六种，及英文、满文活

---

[1] 关于墨海书馆的关门，参见笔者，《铸以代刻》，中华版，页205—209；台大版，页222—227。

[2] *Annual Report of the PMP, at Shanghai, for the Year Ending December 31, 1874*, p. 24. 这年美华书馆奉命改变年度时间起讫，从每年10月至翌年9月，改为每年1月至12月，因此这年4 300多万页包含15个月（1873年10月至1874年12月）的数量，若按比例计算，1874年的12个月产量是3 100多万页。

字,又多了三台手动印刷机,至于印刷方法则在原有的活字排版外,又新增电镀铜版与铅版两种。不论是人数、产量或技术的增加,都连带着需要更多的居住、原料、作业与仓储的空间,因此1870年代初相继管理美华的蒲德立、狄考文、狄昌等人,都曾表示空间严重不足。例如1873年9月1日狄昌写信告诉外国传教部秘书伊林伍(F. F. Ellinwood):"我们现在真是够局促的。"[①]

2. 周围环境恶化

长老会在1860年底和1861年初购入小东门外两块地,合成面积约3.57亩(约0.59英亩)的一片长方形地,地上建有居中的美华书馆与两侧的教堂和传教士住宅。这片房地位于陆家石桥以东的十六铺桥塂,朝北面临小东门大街,背靠连接黄浦江与水关桥的河浜,以东面临黄浦江畔的街道,西接华人房地。

当1860年太平军攻打上海时,在这一带防卫的法国人以便于防守为由,放火烧毁大批民房。兵燹之后重建,人口稠密与市面繁荣更甚于从前,在美华书馆周围出现了许多声色嫖赌的场所。1871年2月,极力主张迁馆的蒲德立报导,美华已被各样不良行当的店铺三面包围,附近一带是声名狼藉的区域,住在书馆宿舍的员工下班后的休闲活动大受影响与限制。[②]就在这篇报导稍前的1870年12月,蒲德立在另一封信中提到一名工匠吞鸦片自杀的不幸事件。这名信教的工匠出身教会学校,技术和表现都十分良好,却受到外界引诱步入歧途,在传教士要进行调查的当天,留言表示悔恨而自裁身亡。[③]

---

① BFMPC/MCR/CH, 198/12/5, John L. Mateer to F. F. Ellinwood, Shanghai, 1 September 1873.

② ibid., 194/10/38, John Butler to F. F. Ellinwood, Shanghai, 10 February 1871.

③ ibid., 196/9/392, J. Butler to F. F. Ellinwood, Shanghai, 10 December 1870.

（二）馆址买卖波折

外国传教部理事会接受了上海传教士的迁馆要求，于1871年7月10日通过关于美华书馆的几点决议。第六点是授权出售小东门美华现址，以所得购买新址建馆，但必须经过美华编辑委员会的同意。[①] 编辑委员会是同一天由理事会通过新成立的单位，由长老会在华的三个传教区各一人组成。凡以外国传教部经费所印书刊必须经编辑委员会审查通过才能印行。最早的三名编辑委员是哈巴安德（Andrew P. Happer）、麦嘉缔（Divie B. McCartee）与倪维思（John L. Nevius）。[②]

理事会的决议非常明确，迁建新馆看来是水到渠成之举，事实上却没这么简单。它牵涉到新旧馆址买卖的连带关系和理事会政策的改变等问题，过程一波三折，拖延了四年多才完成迁馆。

理事会的决议到达上海时，狄昌方才上任不久，他的当务之急是学习中文以便于带领职工，其次是掌握美华现况以期顺利经营，实在无暇分心顾及迁馆，因此他表示一时只能伺机购买新址建地，其他留待以后再说，而理事会也同意了他的要求。[③]

到任半年多以后，狄昌比较能掌握语文与美华书馆的经营，决定展开迁馆工作。1872年5月间，他和当时在上海的长兄狄考文、麦嘉缔和费启鸿等传教士商量，也写信征询另两位编辑委员哈巴安德与倪维思的意见后，在同年6月初决定以3 000两银（约4 020银元）买下14亩6分的土地。该地位于英租界广西路与湖北路交会处，约为小东门外土地的七倍大，足够美华的需要还有余。

① BFMPC/MCR/CH, 194/10/192, a printed circular entitled 'The Mission Press at Shanghai, China, of the BFM of the Presbyterian Church.'
② ibid., 194/10/44, A. P. Happer to F. F. Ellinwood, Canton, no day February 1871.
③ ibid., 194/10/176, J. L. Mateer to F. F. Ellinwood, Shanghai, 10 November 1871.

狄昌写信告诉秘书伊林伍，这片地不在商业的好地段，好地段买不起，即使买得起的也不够大，而买下的这片地至少还令人满意，空间非常宽广充裕。①

1872年11月底，狄昌费几个星期工夫和建筑师讨论后，将完成的新馆设计图样寄给伊林伍。除了两层楼的工作空间，还有主任寓所、职工宿舍、供外地作者校对用的客房等，估计工程费约是12 000两银。②

一切看似顺利，没想到却从此停顿下来，主要的问题在新旧馆址买卖间的连带关系。理事会当初同意迁馆的决议是以出售美华现址所得购买新址建馆，也就是先卖后买，但在执行上这是两个案子，买卖的对象不同，不见得能尽如理事会先卖后买之意。现实情况是购买新馆址进行顺利，但出售小东门外现址却迟迟没有结果。理事会一度同意先拨款建筑新馆，等到现址售出后再补回款项，不久又收回此议，仍坚持先卖后买；即使狄昌请求以美华上缴理事会的盈余先垫付建筑费，待现址出售后归垫，这只是账目上的权宜措施，实际不会有所损失，却未获准。③

狄昌无计可施，只好搁置已完成设计的建馆计划，甚至也从市场上撤回小东门外原址的出售案。因为传教士共同决定的原址底价是20 000银元，若能如数售出，则新馆址的地价4 020银元、建筑费约15 600银元，两者共19 620银元，加上搬迁费，合计约等同小东门现址底价，也符合理事会决议的买卖相抵原则。问题是小东门外原址由于周围环境不好，加上靠黄浦江畔还有法租界巡捕房向美华租地设立的岗哨，地价行情不如预期，有意的买家出价最高者只

———————————

① BFMPC/MCR/CH, 194/10/265, J. L. Mateer to F. F. Ellinwood, Shanghai, 10 June 1872.

② ibid., 195/10/338, J. L. Mateer to F. F. Ellinwood, Shanghai, 25 November 1872.

③ ibid., 195/10/327, J. L. Mateer to F. F. Ellinwood, Shanghai, 9 November 1872.

有17 000银元,距离20 000银元的底价还差3 000银元。狄昌认为理事会连先卖后买的程序都不肯变通,更不可能同意以低于底价3 000银元的价格脱手,只能撤销现址出售案。[①]

从1872年11月狄昌将设计图送往美国以后,美华书馆迁建新馆的计划延宕了两年半之久,到1875年6月,似乎无解的案子却云开见月而豁然开朗。在一周内不但小东门外原址终于脱手,也卖掉了三年前买进的广西路与湖北路交会处土地,再以这两处得款购入北京路18号的房地作为新馆之用。先是这年6月5日,狄昌将三年前买进的地让售给傅兰雅(John Fryer)、徐寿等人筹办的格致书院,得款6 122.42银元,扣除原价4 020银元及填土整地的400银元,获益约1 700银元。接着在几天后,狄昌购入北京路18号的房地,价钱18 039.96银元。最后是6月12日,一名英国人付款20 260.55银元买走了小东门外的美华原址。[②]

交易完成后,狄昌写信向伊林伍报告经过,表示这三笔买卖谈判的时间非常紧凑而且环环相扣,来不及事先征求编辑委员的意见,也和理事会坚持先卖后买的程序相反,但他和上海其他传教士都觉得购买北京路房地是正确的选择,而且事不宜迟,他也愿意对后果负责,因而当机立断在一周内完成交易手续。

(三) 整修与迁馆

美华书馆北京路新址的土地面积为3亩1厘4毫4丝(0.497英亩)[③],比小东门外原址少了半亩多,但原址除美华外,还有教堂与传

---

① BFMPC/MCR/CH, 195/10/330, J. L. Matter to F. F. Ellinwood, Shanghai, 11 December 1872.

② ibid., 198/12/91, J. L. Matter to F. F. Ellinwood, Shanghai, 14 June 1875; *Annual Report of the PMP, at Shanghai, for the Year Ending December 31, 1875*, p. 6. 狄昌信中所述各项金额与美华年报所记不知何故有些出入,本文以完成迁入后的1875年年报所记为准。

③ 蔡育天编,《上海道契》(上海:上海古籍出版社,2005),英册第111号117分地。

图8-2　美华书馆北京路馆舍
（G. McIntosh, *A Mission Press Sexagenary.*
Shanghai: APMP, 1904, p. 8.）

教士住宅，而北京路的地专供美华之用，反显得较为宽广，并且接近租界的中心，周遭环境远比原址令人愉快，狄昌觉得"高尚许多"（vastly more respectable）①。

北京路新址原是德国人广源洋行的房地，因经营不善倒闭，于1874年6月间由狄昌买入。他在给伊林伍的信中表示，决定购买的一个重要因素是地上有现成的楼房可用，不需大兴土木新建，楼房为相通的主楼与侧楼形成的反L型三层建筑，主楼面宽66英尺、进深45英尺；侧楼面宽18英尺、进深75英尺；楼房木材来自挪威，地砖来自德国，建筑型式混杂英国与欧陆风格，宽大而繁复，狄昌说像个豪门大宅，建筑费约70 000两银，大约建于1863年。②主楼后方

① BFMPC/MCR/CH, 198/12/139, J. L. Matter to F. F. Ellinwood, Shanghai, 27 October 1875.

② ibid., 198/12/91, J. L. Matter to F. F. Ellinwood, Shanghai, 14 June 1875. 美华1875年年报未分别列出主楼与侧楼的面宽，只说两者合计89英尺（页7），但这比狄昌信上所说两者合计多出5英尺。

另有一大间平房,面宽72英尺、进深43英尺。

为期适合美华书馆印刷作业之用,这些楼房必须改装修缮,后方的平房也要加建二楼。狄昌找了两家外国人公司估价,都要4 000银元左右,另一家中国人公司却只要略多于半价而已。狄昌和中国人公司订约后,每天约六十名工匠现场施工,他也冒着七八月暑热每天从小东门外前往监工,整个装修工程持续两个半月。他写信给伊林伍说,除了一个房间外,其他的都动工整修过了。

另一方面,狄考文虽然早已非美华书馆主任,仍然为美华新旧两馆的迁移而从山东南下上海,他的传记还强调主要负责这次迁移行动的是他而非狄昌。[①]1875年9月间,在小东门外原址的印刷工作直到搬家前三天才停止,狄考文兄弟带领书馆的七十多名职工,费了整整八天的工夫,将图书、活字和机器等整理打包与装运,从书馆后方的河浜上船,经黄浦江转入苏州河,再上岸运往约140米外的北京路新馆安顿下来。狄昌在完成搬家后写信给伊林伍,得意地表示这次搬迁行动只花费80银元而已,而整体迁馆包含三笔土地买卖、新馆装修和搬家在内各项收支结算后,还有5 142.98银元的结余。[②]新馆的空间安排,一楼主要是负荷较重的印刷机器以及铸字房,二楼作为中文活字、排版及办公室,三楼则是中文装订与宿舍,英文活字与排版则位于后栋平房添盖的二楼。

迁入新馆将近两个月后,狄昌收到伊林伍寄来的信件,通知他理事会决议同意三笔土地的买卖。狄昌的回信除了对此表示欣喜,又说:

---

① Daniel W. Fisher, *Calvin Wilson Mateer: Forty-Five Years a Missionary in Shantung, China* (Philadelphia: The Westminster Press, 1911), p. 157.

② BFMPC/MCR/CH, 198/12/139, J. L. Matter to F. F. Ellinwood, Shanghai, 27 October 1875. 据美华书馆1875年年报所记,这次搬迁费用应为123.69银元(页16)。

如果理事们能到现场来看，我确信每个人对这些改变的方方面面都会感到高兴。这些改变和装修的计划及其执行，完全是我个人的作为，令人满意的是我找不到在所有安排中哪一点做得不够好，也没有人能指出任何一点缺失。[①]

　　狄昌强调计划和执行完全出自他一人而不提狄考文[②]，当时狄昌当主任已经四年多，迁移计划与执行本来就是他的分内事，却还要强调完全是自己所为，而且自认没有任何缺失。这么说既是邀功，也是刻意要显示自己不必再依赖长兄。尽管如此，他在此信中表现出对新馆空间与设施极为满意，确实也获得了其他传教士的赞同，到北京路参观过新馆的传教士都觉得这是明智的决定。其中一位路过上海前往南京的传教士惠汀（Albert Whiting）见过新馆后，于1875年9月14日写信给伊林伍说："有这样的建筑协助我们在中国的工作，让我引以为傲。"[③]一个月后，常驻上海的传教士陆佩更向伊林伍描绘新馆的美好远景：

　　　美华书馆已经迁入的新址是如此宽敞与令人满意，特别是经过精心设计的内部装修呈现的效果，不仅打造成东方最大也最好的这种机构，也会是我们传教士因公务或休憩而来到或路经上海时聚会的中心。[④]

　　从1875年起，美华书馆在北京路18号展开新的面貌，经过将

---

　　① 　BFMPC/MCR/CH, 198/12/145, J. L. Matter to F. F. Ellinwood, Shanghai, 13 November 1875.

　　② 　狄昌自己的说法不一，在1875年的美华年报中，他感谢狄考文对迁移行动的大力帮忙（*Annual Report of the PMP, at Shanghai for the Year Ending December 31, 1875*, p. 6）。

　　③ 　BFMPC/MCR/CH, 198/12/124, A. Whiting to F. F. Ellinwood, Shanghai, 14 September 1875.

　　④ 　ibid., 198/12/135, J. S. Robert to F. F. Ellinwood, Shanghai, 18 October 1875.

近三十年后，才又进一步扩充馆舍地产，于1903年在北四川路上购地兴建规模更大的印刷厂房与职工宿舍，但美华的管理与销售仍在北京路进行，直到1920年才出售这处已经使用了四十五年的房地。《字林西报》(*The North-China Daily News*)报道美华出售北京路房地的消息，就直接以"北京路18号"作为标题，认为这是全世界对传教感兴趣的人都知道的一个地址，也是多年来全球传教相关人士访问上海期间的必到之地。[①]美华从小东门外迁至北京路以后，得以拥有堂皇而适用的空间和大为改善的外在环境，有助于提升美华在中国内外的形象，这是狄考文兄弟的功劳。

三、技术的创新

狄考文颇有科学天分，学生时期最喜欢应用科学、机械和数学[②]，他也认定狄昌具备机械和生意能力，所以在他向秘书推荐狄昌的书信中，大力主张机械和生意能力是美华书馆主任最重要的两个条件，因此美华应该很适合兄弟两人发挥长才，延续美华于1860年代在中文印刷技术与经营上的领先地位。

（一）创新使用铅版

这是狄考文兄弟对美华书馆技术上的主要贡献。十九世纪活字印刷大为便利通行，一般印刷所对于有重印可能的书，通常会将

---

① *The North-China Daily News*, 19 May 1920, p. 9, '18 Peking Road.'
② D. W. Fisher, *Calvin Wilson Mateer*, p. 28.

活字版制成铅版或电镀铜版，可以很快上机重印，节省再度检字、排版、校对的时间和成本，也避免活字经过频繁印刷使用后，笔画钝化或受损。

美华书馆在姜别利任内已订购铅版与电镀铜版的原料和机具，预备在各号活字铸造完成后制成铅版或电镀铜版[1]，结果两者中他选择先着手的是技术难度和制造成本都较高，但精确度也较高而使用较为长久、长期使用平均成本较低的电镀铜版，并获得成功[2]，至于铅版姜别利则未及尝试便离职了。等到狄考文入主美华，虽然他颇有科学才能，却难以掌握电镀铜版的技术，而中国工匠不久前才从姜别利学会此道，技术也不尽熟练稳定，于是狄考文决定尝试铅版。

铅版的原料有黏土与纸板两种，以湿软的黏土或纸板覆盖于排好的活字版上，压成阴文模版，再以铅等合金熔液浇于阴文模版上，冷却后取下即得阳文铅版。狄考文采用纸板。1871年6月他报导已试验以纸板浇制成铅版，制程简单而成本便宜，不需使用多少机械之力，他希望不久就能让美华书馆实用于印刷；在美华1871年的年报中，狄考文也宣布成功制成铅版，表明这是以低成本大量生产书刊的重要方法。[3]至于以黏土制铅版，狄考文曾计划以姜别利订购而未用的原料和设备进行尝试，可是机具中的锅炉却在从美国寄来时破损，因此没能着手。[4]

1871年10月，狄考文又有关于铅版的进一步报导：

1. 他将铅版与电镀铜版进行比较：成本方面，在美国两者成本

---

① BFMPC/MCR/CH, 199/8/63, W. Gamble to W. Lorwie, Shanghai, 25 January 1866.

② 关于姜别利的电镀铜版，参见笔者，《铸以代刻》，中华版，页477—480；台大版，页512—514。

③ BFMPC/MCR/CH, 194/10/197, C. W. Mateer, Report of the Superintendent of the PMP for the Year Ending 30 September 1871.

④ ibid., 194/10/106, C. W. Mateer to J. C. Lowrie, Shanghai 12 June 1871.

大约相同,但在中国则电镀铜版比铅版昂贵得多,狄考文说自己在美华电镀铜版的效果还勉强可以,成本却相当高昂,而铅版成本还不到电镀铜版的一半;技术方面,电镀铜版的制程复杂,又需使用不同的化学原料,必须技术纯熟而且小心而为才行,至于铅版则制程简单,不易出错也不会浪费,因此狄考文相信铅版比电镀铜版优越得多,是印刷低成本中文《圣经》的利器。

2. 他已经教导一名男孩学会以纸板制铅版的技术,每天可浇制三片活字版,每片活字版各重复浇制成三片铅版,共九片铅版。

3. 来华才两个月的狄昌已经修复了铅版用的锅炉,正在试验以黏土制铅版的方法,相信将会成功。①

没有印刷经验的狄昌何以能修复锅炉?原来他先前于6月底在旧金山候船来华的一周中,有机会在当地学习铅版技术,所以抵达上海后很快派上用场,先修复锅炉,再改以黏土为原料取代狄考文的纸板,成功制成铅版,并教导一名中国工匠学会以黏土制铅版的技术,狄昌表示铅版简单易行又不必用化学原料,肯定比电镀铜版优越,尤其适合“无知”的中国人操作。②

狄昌接管美华书馆后,不再使用纸板,而是专以黏土制造铅版,1872年完成760片。③以后倚重铅版的程度继续加深,连本来以电镀铜版印制的卫三畏字典《汉英韵府》(*A Syllabic Dictionary of the Chinese Language*)也中途自1873年4月起改以铅版取代,电镀铜版则只在制造活字字模时才用。④第二年狄昌又宣布美华的中文产品全部都以铅版印刷。⑤

---

① BFMPC/MCR/CH, 194/10/155, C. W. Mateer to J. C. Lowrie, Shanghai 11 October 1871.
② *Annual Report of the PMP, at Shanghai, for the Year Ending September 30, 1872*, p. 6.
③ ibid., p. 6. 在同一份年报的第12页,说是完成770片。
④ ibid., *for 1873*, p. 9.
⑤ ibid., *for 1874*, p. 11.

（二）增补改善活字

1867年姜别利完成美华书馆六种中文活字的建置，用于印刷与复制出售。但是狄昌总是说美华有四种或五种活字，若是四种指的是二至五号字，若是五种则指一至五号字。他始终不提最小的六号字，也不曾说明原因。有可能是六号字通常只用于排印《圣经》的章次、节次或注释，也只有500多字，狄昌由此认为其用途和字数不足以和一至五号字相提并论。可是，既然已有500多个六号字存在，而且事实上美华也在使用当中，最明显的是狄昌自己于1873年编印的《铅字拼法集全》一书，就大量使用六号字作为旁注，却绝口不提有这号字的存在，令人不解。

一号字的情形更令人迷惑。早在1867年姜别利编印的英文《美华书馆中文、满文与日文活字字样》中，首先即列出Double Pica（即一号字）的70个字样及其价格，而自1868年12月起在《中国教会新报》各期连续刊登的美华出售活字广告中，领头的也是一号字的53个字样及其价格。[1]可是在1872年的美华书馆年报中，狄昌竟然宣称美华即将制造一号字的字模，接着加上一句："当前我们最大的活字是二号字。"[2]1873年下半年一号字模开工制造时，他又说这号活字比美华书馆曾经用过的活字都大。[3]再到1874年的年报中，他宣布已经完成4 036个一号字的字模。[4]这些说法和行动显示狄昌完全不知道姜别利制造一号字模的往事，也没见过1867年的《美

---

① 关于这些中英文活字广告，参见笔者，《铸以代刻》，中华版，页476—477、522—525；台大版，页510—512、562—563。

② *Annual Report of the PMP, at Shanghai, for the Year Ending September 30, 1872*, p. 6.

③ ibid., *for 1873*, p. 7.

④ ibid., *for 1874*, p. 11.

华书馆中文、满文与日文活字字样》，以及1868年起在《中国教会新报》刊登了8个月的美华出售活字广告，也没有人提醒他这些事。关于一号字的这些迷惑，有待更多的史料出现才能廓清。

狄昌用力最多的是三号字（原来的巴黎活字）。他也说明这号字从姜别利时期就开始改善，历经惠志道和狄考文接力已经完成，"但是所有的改善很不幸全告失败"[1]。狄昌说失败的主要原因是电镀用的电解槽有问题，以致活字表面都有瑕疵，同时木刻的活字原型品质也好坏不一，于是他决定三号字全部重新整顿，1872年新制三号字模2 649个、整修旧有4 184个，合计6 833个，也是这年美华书馆铸字部门的主要工作。[2]到1874年狄昌又报导，完成木刻三号活字原型2 150个，将电镀成字模，并说考虑到三号字不必急于完成，负责这项工作的工匠从五人减少成三人。[3]结果和一号字相同，狄昌再也没有提过三号字有无继续制造以及何时完成。

除了三号字，狄昌增补了二号和四号字的部分字模，也新造三套日文字模，其木刻活字原型还是在日本江户刻成运到上海电镀的，又新造一套五号英文活字，他说比起美国制造的活字只是二流水平而已；为了印刷狄考文妻子狄就烈（Julia B. Mateer）的《西国乐法启蒙》，美华书馆也打造一套音乐活字。[4]狄昌回美将近一年后，于1877年在一篇关于美华的报告中表示，美华的活字有中文五种、日文六种、英文三种、满文一种，以及音乐活字两种，合计十七种活字、超过40 000个字模，每个字模以50分计算，价值共20 000元。[5]

---

[1]　*Annual Report of the PMP, at Shanghai, for the Year Ending September 30, 1872*, p. 4.

[2]　ibid., pp. 4, 10.

[3]　ibid., *for 1874*, p. 11.

[4]　ibid., *for 1872*, p. 5.

[5]　BFMPC/MCR/CH, 201/13/90, J. L. Mateer to W. G. Booth, Montclair, N. J., 19 March 1877, enclosure, 'Shanghai Press.'

（三）增加印刷机具

美华书馆在姜别利任内有过一部动力印刷机，实际是以牛只拉动，但短期使用后就被他打包运回美国。1872年时，美华有新旧共八部手动印机。[①]1873年8月，狄昌以低于原价一半的750元购买一部英国制的动力印刷机。它是用过几个月的二手货，买入后仍以牛只或苦力拉动，狄昌说这部印机运转的成本等于三部手动印机，产量却相当于五部手动印机。[②]此后大约十年，这部印机一直是美华生产的主力，到1885年时，美华主任范约翰说它的印刷品质不佳，已经有好一段时间不用。[③]

技术的提升必然对经验不足的狄昌形成很大挑战。当初狄考文为他谋职，不惜贬抑印刷的专业性，提出狄昌到职后再学印刷即可的主张，但美华已是中国最先进的西式中文印刷机构，需要的是前来领导的管理者而非学习者。1872年狄昌耗费两周工夫好不容易修复一部铸字机器后，承认自己根本不知道是怎么修复的[④]，这还算是他老实却心虚的表现。他接着又向秘书一再要求，回美国学习一年的印刷与铸字技术再来[⑤]，未获同意后又连续要求自美派来专业印工或铸字师傅增援[⑥]。这些都显示狄昌已认清印刷并非如兄长说的那般轻易可为，他必然会庆幸自己至少在旧金山候船时学会了

---

① *Annual Report of the PMP, at Shanghai, for the Year Ending September 30, 1872*, p. 6.

② ibid., *for 1873*, p. 4.

③ BFMPC/MCR/CH, 216/52/194, F. M. W. Farnham, Annual Report of the Superintendent of the SMP [for 1885].

④ ibid., 195/10/330, J. L. Mateer to F. F. Ellinwood, Shanghai, 11 December 1872.

⑤ ibid., 195/10/330, J. L. Mateer to F. F. Ellinwood, Shanghai, 11 December 1872; ibid., 197/11/52, 11 June 1873.

⑥ ibid., 198/12/59, J. L. Mateer to F. F. Ellinwood, Shanghai, 30 March 1875; ibid., 198/12/74, J. L. Mateer to J. C. Lowrie, Ningpo, 8 May 1875; 198/12/78, J. L. Mateer to F. F. Ellinwood, Ningpo, 12 May 1875.

铅版技术,否则更难应付美华的局面。

四、人员的管理

在狄昌任内的1872年时,美华书馆有职工七十五人[①],比姜别利时期略多五至十人。这七十五人包含一两名英文部门的外国人,和几名担任买办与校对的中国人,也包含十来名论件计酬而非按月支薪的外包装订工,主要为妇女,工作地点在美华之外。

美华书馆的工匠分别在印刷和铸字两部门工作。印刷部门又分成英文排版、中文排版与印刷实作三个工作室;铸字部门则分成字模、活字、铅版与电镀铜版等三个工作室,印刷部门的工匠人数约是铸字部门的三倍。[②]

姜别利时期,他亲自教导训练每个新进的中国工匠,双方关系有如师徒,他不曾提过工匠的技术或纪律有问题。惠志道也称道工匠几乎无一例外都遵守纪律而且勤奋,也没有人重病或死亡,整个美华稳定前进而令人满意,即使惠志道生病而委托中国领班照料也是如此。[③]只有在蒲德立代理主任的1870年发生过一件不幸的命案,即前文所述一名年轻信教的工匠交友不慎而行为不检,在蒲德立进行调查时,悔恨之下吞食鸦片自杀。

狄考文很少提到工匠,狄昌则经常谈论,只是他笔下的工匠几

---

① *Annual Report of the PMP, at Shanghai, for the Year Ending September 30, 1872*, p. 8.

② BFMPC/MCR/CH, 201/13/90, J. L. Mateer to W. G. Booth, Montclair, N. J., 19 March 1877, enclosure: 'Shanghai Press.'

③ ibid., 196/9/330, J. Wherry to J. C. Lowrie, Shanghai, 11 August 1870; ibid., 196/9/348, J. Wherry, Report of the PMP at Shanghai for the Year Ending 30 September 1870.

乎总是负面的形象，纪律与技术都出现严重的问题。1872至1874年间接连有不少工匠染上鸦片而影响工作，连领班也如此。一位铸字领班已有超过十二年的工作经验，却因吸食鸦片，工作经常出差错，无法操作甚至弄坏铸字机，进行电镀铜版也得屡次重铸，耽误时间也浪费物料，结果被狄昌解雇。①另一位吸食鸦片者是中文排版的领班，狄昌将他降级为普通工匠，三周以后无法工作，不久即病故。②普通工匠则至少有七人吸食鸦片，包含两名基督徒，都被解雇或自行离职。③美华书馆由痛恨鸦片的基督教团体经营，但在七十五人左右的职工当中，已知染上鸦片者竟达十一人，连领班也不例外，情况相当严重。

1872年8、9月间，张姓买办的办公室遭窃贼潜入，打开保险箱后偷走公款382银元。狄昌将此事归咎于买办，认为他在美华服务多年，虽诚实正直，却过于粗心大意以致被窃，因此责令他赔偿部分被偷的公款。狄昌甚至写信告诉秘书："几乎所有美华的工匠只要有机可乘便偷。"④1874年初，张姓买办在服务八年后辞职，由助手屠先生继任。狄昌既惋惜信教的张先生离职，又担心非基督徒的屠先生是否可靠，最后仍因没有其他人可以选择，还是任用屠先生为买办。⑤

1874年还发生过一次罢工事件。有十名中文排版工匠要求提高工资，还特意选在工作繁忙时节进行罢工，狄昌没有理会。几天

① BFMPC/MCR/CH, 195/10/330, J. L. Mateer to F. F. Ellinwood, Shanghai, 11 December 1872; ibid., 1 September 1873. *Annual Report of the PMP, at Shanghai, for the Year Ending 30 September 1873*, p. 3.
② *Annual Report of the PMP, at Shanghai, for the Year Ending 31 December 1874*, pp. 4–5.
③ ibid., *for 1873*, pp. 3–4.
④ BFMPC/MCR/CH, 194/10/303, J. L. Mateer to F. F. Ellinwood, Shanghai, 20 September 1872. *Annual Report of the PMP, at Shanghai, for the Year Ending 30 September 1872*, p. 8.
⑤ *Annual Report of the PMP, at Shanghai, for the Year Ending 30 September 1872*, p. 4.

后那些工匠便自行回来上工,还遭到减薪,带头罢工的四名工匠也被解雇。狄昌说自己上任以来,美华工匠使出一连串挑战他当家权威的行动,这是最新的一次企图。[1]狄昌的意思是自己能掌握全局,赢得工匠的挑战。可是姜别利时期完全没有此种现象,惠志道还赞许工匠遵守纪律且勤奋,狄考文也没提过工匠有什么问题。到狄昌任内就发生剧烈转变,工匠从吸食鸦片到罢工等问题层出不穷,这不会只是工匠单方面的纪律问题,应该是年轻没有经验又鄙视中国人的狄昌管理方式大有问题。

狄昌罕见的比较正面看待工匠的一件事,是废除工匠因犯错而罚扣工资的措施。这项措施不知始于何时,但狄昌认为无补于事,在1874年时予以取消。他说取消后几个月工匠偷窃行为减少,愉快的气氛和服从的意愿都提升,工匠与主任间的关系大为融洽,"罚扣工资伤害中国人的自尊正和美国人相同"[2]。

经过整顿和相继换人后,狄昌在1874年的年报中表示,手下的买办和领班都是年轻人,还特地逐一列举买办37岁、印刷领班28岁、铸字领班24岁、中文排版领班24岁、买办助手26岁,狄昌自己则是26岁。他得意地在美华书馆年报中表示,这虽是巧合,但他相信"年轻人易于管理年轻人"[3]。这句话应该正是狄昌自己内心的想法,年轻而没有多少技术和经验的自己管理同样的工匠,会比管理资深熟练的工匠轻松自在得多。

在狄考文兄弟任内,美华书馆除他们以外还有两名专职的外国人——戈登(Alexander Gordon)与郝乐吉(R. W. Halket),狄昌对待这两人的态度和方式截然不同。戈登是专业印工,1870年由惠志

[1] *Annual Report of the PMP, at Shanghai, for the Year Ending 30 September 1874*, p. 5.
[2] ibid., p. 6.
[3] ibid., p. 5.

道雇用担任领班（foreman），以弥补惠志道自己不懂印刷技术的缺口。① 到狄昌管理美华后，发觉有家眷的戈登每月支领100元工资，等于年薪1 200元，高于自己所领的单身传教士800元年薪，心里很不愉快，从而对戈登产生芥蒂，多方排斥他；1875年初戈登只好辞职，改在费启鸿手下巡回各地售卖《圣经》；狄昌对美华因戈登辞职得以省下大笔工资感到庆幸，也在写给秘书的信中多方面批评戈登，企图破坏他的新工作。② 等到狄昌自己于1876年离职，戈登又回到美华协助新主任侯尔德（W. S. Holt），直到1883年3月辞职回澳大利亚。③

至于有会计专长的郝乐吉，1872年时为狄昌所雇，主要工作是记账，也协助英文校对和文书工作。④ 令人不解的是其他传教士怀疑狄昌的账目不清，建议送请专业会计师查账，狄昌表示反对的理由是得花费75元，他自己却以每月100元工资雇用郝乐吉记账，也不像对戈登那样计较郝乐吉的工资比自己多，而且即使有人写信向秘书检举郝乐吉以往有不良事迹，秘书也要求解雇，狄昌仍大力为郝乐吉辩护，直到郝乐吉自己谋得每月150元待遇更好的工作离职而去。⑤ 狄昌对戈登与郝乐吉两名外国职工的态度与方式，显得他心胸狭窄，主观待人而无一致性。

---

① BFMPC/MCR/CH, 201/13/21, A. Gordon to F. F. Ellinwood, Shanghai, 1 August 1876.

② ibid., 198/12/30, J. L. Mateer to F. F. Ellinwood, Shanghai, 1 February 1875; ibid., 201/13/6, 15 March 1875; ibid., 198/12/51, G. F. Fitch to F. F. Ellinwood, Shanghai, 12 March 1875.

③ ibid., 204/17/38, W. S. Holt to F. F. Ellinwood, Shanghai, 11 April 1883.

④ ibid., 198/12/158, J. L. Mateer to F. F. Ellinwood, Shanghai, 18 December 1875.

⑤ ibid., 198/12/163, J. L. Mateer to F. F. Ellinwood, Shanghai, 30 December 1875; ibid., 199/12/221, 10 February 1876; ibid., 199/12/222, 14 February 1876; ibid., 199/12/272, J. M. W. Farnham to F. F. Ellinwood, Shanghai, 30 May 1876.

五、美华生产的特征

狄考文兄弟任内的五年半中，美华书馆的印刷与活字生产有五个明显的特征，这些特征彼此互相联动，有些还延续到狄考文兄弟卸任后很长的时间，分述如下：

（一）产量增加

美华书馆1869至1876年的印刷产量如下表：

表8-1　美华书馆1869—1876年印刷产量表

年　　度	页　　数
1869	15 160 150
1870	7 796 310
1871	14 469 863
1872	18 053 136
1873	18 119 312
1874	43 648 431
1875	29 278 868
1876	47 160 274

资料来源：美华书馆及长老会外国传教部年报

上表显示，这八年中美华书馆以页数计的年度产量，少者不足780万页，多者4 700余万页，不但相去悬殊，而且有突然大幅增减的情形。1869年是姜别利任内最后一年,可作为与以后各年比较的正常标准。1870年惠志道任内,由于身体健康不佳,又鉴于1868与1870年相继发生扬州教案与天津教案,在华传教士减少购买传教书刊,惠志道因此刻意降低美华产量,只维持开工让工匠有事做的状态,所以年产量低到几乎只有1869年的半数。①

1871年狄考文负责美华后,产量即恢复到正常的约1 447万页,只比姜别利最后一年(1869)的1 516万页略少60万页。自1872年开始使用铅版后,年产量明显增加,超越姜别利时期近300万页。1874年美华产量竟一举激增至4 300多万页,达到前一年的2.4倍,这种惊人的增长有三个缘故:一、使用前文述及的动力印刷机;二、英国圣经公会(British and Foreign Bible Society)这年给予美华三种版本的《圣经》订单,合计多达1 826万余页②;三、这年起外国传教会的会计年度改变算法而多出三个月的产量。③1875年不再有多出的三个月,产量回到2 900多万页。1876年英国圣经公会又给予两种版本的《新约》订单,多达1 418万余页,使得美华产量再度跃升至4 700多万页④,但狄昌已在这年4月离职返美。

(二) 赚钱的新任务

美华书馆是传教印刷出版机构,不以谋利为目的。姜别利时期

---

① BFMPC/MCR/CH, 196/5/348, J. Wherry, Report of the PMP at Shanghai for the Year Ending 30 September 1870.

② *Annual Report of the PMP, at Shanghai, for the Year Ending December 31, 1874*, p. 9.

③ 从原来每年10月至翌年9月改为每年1月至12月,因此1874年算法就是从1873年10月至1874年12月这十五个月,多出三个月的产量。

④ BFMPC/MCR/CH, 216/53/379, W. S. Holt, Report of the PMP for the Year Ending December 31, 1876.

有不少为人代印的收入，惠志道任内经费自给自足还有盈余①，这些都不是刻意追求利润所致，而是第二次鸦片战争后中国扩大开放，美华代印书刊增加，加上美华活字销售中国内外的结果。

1870年10月传教士在中国大会中通过建议案，要求美华改由在华传教士控制，并依商业原则经营，经费自给自足和自用。可是这些都遭到驳回，美华仍由理事会控制，也继续保持传教性质，代印只作为补充。秘书将理事会这些决定通知传教士时，还郑重宣称美华不为赚钱而办，设立初衷完全是为传教。②两个月后，秘书在写给狄考文的另一封信中又重申同样的原则，在华传教士也积极赞同回应。③

不料一年多以后情况转变，义正辞严的原则竟屈服在现实的经费困境之下。1873年1月初秘书在写给华中区的公函中表示，外国传教部的募款遭遇困难，1872年前七个月所得比1871年同期少一万元，有人原定捐赠的大笔遗产也延期，传教工作不仅无法扩大，还得紧缩。④半个月后秘书又写信告诉狄昌，传教部的负债多达8万至10万元。⑤又半年后的1873年7月秘书进一步告诉狄昌，传教部"可怕地"（fearfully）陷入欠债困境中，必须全力撙节以求渡过难关，希望狄昌经营的美华书馆尽量赚钱上缴传教部，还期待初出茅庐的狄昌能借赚钱一展身手，让人刮目相看。⑥毫无疑问，秘书已经

---

① BFMPC/MCR/CH, 196/9/378, J. Wherry to J. C. Lowrie, Shanghai, 12 November 1870.

② ibid., 235/80/147, J. C. Lowrie to Ningpo Mission, New York, 20 July 1871.

③ ibid., 235/80/161, J. C. Lowrie to C. W. Mateer, New York, 21 September 1871; ibid., 194/10/167, G. F. Fitch and D. N. Lyon to the BFM, Shanghai, 6 November 1871; ibid., 194/10/176, J. L. Mateer to F. F. Ellinwood, Shanghai, 10 November 1871; ibid., 195/10/329a, J. L. Matter to F. F. Ellinwood, Shanghai, 11 November 1872.

④ ibid., 234/74/57, F. F. Ellinwood to Ningpo Mission, New York, 4 January 1873.

⑤ ibid., 234/74/61, F. F. Ellinwood to J. L. Mateer, New York, 20 January 1873.

⑥ ibid., 234/74/71, F. F. Ellinwood to J. L. Mateer, New York, 23 July 1873.

放弃了先前强调美华不在谋利的基本原则，改为要求在不妨碍传教的情况下尽量赚钱，就传教部而言，美华的新价值在于赚钱，这也是美华主任的新任务。

宣示新原则以外，秘书又指点狄昌赚钱的具体做法。美华书馆为英美圣经公会、小册会及各传教会所印的传教书刊，向来只以近于成本的低廉价格算账，在工资和原料等直接生产成本以外，再加少许分摊资本的利息、损耗和主任薪水等金额。①为了解决外国传教部的财务困难，秘书要求新计价方式应包含所有每样扯得上关系的成本，如厂房建筑的利息、折旧损耗、出售圣经的人力、运费、工资、主任薪水等。②于是1875年狄昌对所有的传教书刊，一律在直接生产成本之上加33%计价，美华的利润随之增加不少，1875年这些新增的利润有1 385.72元，占这年美华盈余（2 070.40元）的三分之二还多③，正是这年美华盈余的主要原因。秘书对这样的利润似乎觉得还是不够，1876年狄昌离职后，传教士侯尔德继任，秘书又向他重申计价要包含所有相关的成本，于是侯尔德将外加的33%进一步提升为40%④，美华的利润也随之水涨船高。

从狄昌开始，讲求利润成为每位美华主任的重大责任。1882年间代理美华主任的费启鸿在写给秘书的信中直言：

> 您去年……给我的信中，谈论美华书馆的崇高工作（the grand work）等事。过去也许如此，但现在已经不同，

---

① BFMPC/MCR/CH, 235/80/94, J. C. Lowrie to Ningpo Mission, New York, 19 July 1870.

② ibid., 232/65/7, F. F. Ellinwood to J. L. Mateer, New York, 16 June 1875.

③ ibid., 199/12/179, Analysis — PMP Books for the Year Ending 31 December 1875. 这1 385.72元包含圣经公会的593.48元、小册会的690.32元，以及长老会本身的101.92元，其中圣经公会和小册会都以加33%计，但长老会改以更高的42.68%计。

④ ibid., 202/13/241, W. S. Holt to F. F. Ellinwood, Shanghai, 4 December 1877.

至少从出版优良又低廉的传教书册以大量供应需要而言，已非如此。但愿您有机会看到我来美华以后收到的信件中，那些关于美华已经堕落成一个赚钱的大事业（a great money making concern）的抱怨。对此我也只能回答，很遗憾真是这样。①

原来郑重宣布排斥赚钱的崇高工作，变成追求赚钱的大事业，对比之下有非常明显的落差，费启鸿的坦率说词也显得相当讽刺。但现实逼人，秘书和传教部再也无法奢谈高尚，宁可先求存在再谈其他，而美华书馆的主任当然也只能尽量配合。1885年在职的主任范约翰还将美华比喻成会生金蛋的鹅。②

追求利润很容易导致品质低落，美华书馆正是如此。1876年6月，也就是狄昌离职一个多月后，广州的哈巴安德指责美华的书装订不牢靠，封面和封底用纸也低劣易裂，不如其他传教印刷所的产品，读者没有兴趣看。③哈巴安德指责的必然是狄昌任内的产品。哈巴安德后来又表示，有些传教团体宁可不找美华书馆代印，而另觅价钱更便宜的中国人印刷所。④狄昌的继任者侯尔德也承认确有其事。⑤1883年初，中国大会决议美华印刷品质恶化是公认的事实，亟应采取对策改善。⑥1885年初，山东的传教士郭显德（Hunter Corbett）转述倪维思的批评：当时美华的产品远比不上十几年前的

① BFMPC/MCR/CH, 204/16/125, G. F. Fitch to F. F. Ellinwood, Shanghai, 11 April 1882.

② ibid., 205/19/113, J. M. W. Farnham to F. F. Ellinwood, Shanghai, 15 May 1885.

③ ibid., 199/12/280, A. P. Happer to F. F. Ellinwood, Canton, 14 June 1876.

④ ibid., 204/16/36, A. P. Happer to F. F. Ellinwood, Canton, 1 December 1881.

⑤ ibid., 204/16/103, W. S. Holt to F. F. Ellinwood, Webster, 20 February 1882.

⑥ ibid., 204/16/207, 'The Missionaries of the Presbyterian Church in China, make the following request of the Board of Missions in relation to the Mission Press at Shanghai,' dated 12 February 1882.

品质，简直惨不忍"读"。[①]1886年，美国圣经公会代表古烈（Luther H. Gulick）以美华产品太差，请多位中国人和传教士分别评论，并以此作为和美华争论的依据。[②]

美华书馆产品的品质低落不是一天造成的。早自1870年狄考文为完全外行的狄昌谋求美华主任一职起，就已经种下不利的因素，又有理事会和秘书自1873年起视美华为赚钱的事业，美华主任为此忙于追求利润，无心顾及品质，助长了问题的严重性。

（三）非传教书刊增加

美华书馆印非传教书刊一向按市面行情计价，高出传教书刊许多，但为免影响本业，美华一直无意多印非传教书刊。直到1872年11月狄昌仍然声称，美华不主动招徕这类书刊的生意，也不印纯粹世俗性的印件（pure secular work）[③]，他指的是至少总得在作者、内容或用途上和传教有些关系，美华才会承印。但由于急需赚钱上缴，这样的原则难以持续。1873年7月秘书将理事会的看法转告狄昌，要他尽管承印高品质而内容无可疑的非传教书刊，只要不妨碍传教的前提即可，秘书紧接着告诉狄昌，他承担的责任重大。[④]从积极性的必须和传教有些关系才印，到消极性的不妨碍传教即可，承印非传教书刊的条件显然已经放宽，美华所印的这类书刊随之增加。据美华各年的年报所载[⑤]，1872年有19种、1873年27种、1874年38种、1875年24种，四年间合计108种，比姜别利时期（1861—

---

① BFMPC/MCR/CH, 205/19/7, H. Corbett to F. F. Ellinwood, Chefoo, 15 January 1885.
② ibid., 206/20/42, J. M. W. Farnham to J. Gillespie, Shanghai, 22 September 1886.
③ ibid., 195/10/338, J. L. Mateer to F. F. Ellinwood, Shanghai, 25 November 1872.
④ ibid., 234/74/71, F. F. Ellinwood to J. L. Mateer, New York, 23 July 1873.
⑤ 1871年狄考文撰写的年报很简略，也没有附印刷书单。

1869）九年间所印的66种还多出42种①，至于惠志道主持的一年（1870）则只印有10种。②

　　这108种非传教书刊的内容包罗广泛，关于中国各方面的书最多，其中又以语言文字类占大部分，也多以外国读者为对象。最著名的当是卫三畏的字典《汉英韵府》，篇幅多达1 336页，不仅内容广受重视，印制的难度也是这几年美华所有产品之最。从1871年11月开工印出第一页校稿，到1874年8月完成该书1 000部装订出版，费时两年八个月，先以电镀铜版印制，中途改以铅版印制。③不仅美华为此书大费周章，当时任职美国驻北京使馆秘书兼翻译的卫三畏也自付薪水请人代理职务，他则南下上海，住在美华的客房中就近亲自校对。④此外，美华所印的字典还有日本传教医生平文（James C. Hepburn）的《和英语林集成》修订版（1872）、法国驻福州领事李梅（Gabriel Lemaire）与福州船政局监督日意格（Prosper Giquel）合编的《汉法语汇便览》（*Dictionnaire de poche Francais-Chinois*）（1874）、传教士卢公明（Justus Doolittle）的《英华萃林韵府》（*A Vocabulary and Hand-Book of the Chinese Language*）（1873）的一部分⑤，以及一种不知书名的德日语字典（1873）⑥。

---

①　笔者，《铸以代刻》，中华版，页490—495；台大版，页526—530。
②　BFMPC/MCR/CH, 196/9/237, 'Shanghai Press Report, 1870.'
③　ibid., 198/12/5, J. L. Mateer to F. F. Ellinwood, Shanghai, 1 September 1873.
④　卫三畏请人代理使馆职务与校对工作情形，详见他这段时间陆续写给家人与朋友的信件内容，收在顾钧、宫泽真一编，《美国耶鲁大学图书馆藏卫三畏未刊往来书信集》，第10—13册内。
⑤　该书原在福州印刷，到1872年卢公明迁往上海时，还有220页尚未排印，由美华代为善后完成，参见*Annual Report of the PMP, at Shanghai, for the Year Ending September 30, 1873*, p. 14; Justus Doolittle,《英华萃林韵府》(*A Vocabulary and Hand-Book of the Chinese Language*) (Foochow: Rozario, Marcal, and Company, 1872), 'Preface to the Second Volume.'
⑥　*Annual Report of the PMP, at Shanghai, for the Year Ending September 30, 1873*, pp. 9, 13.

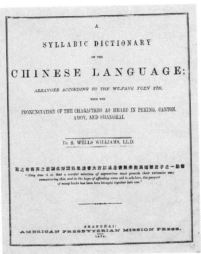

图8-3　美华书馆以电镀铜版及铅版所印卫三畏《汉英韵府》(1874)
(香港浸会大学图书馆藏本)

西学图书七种,大部分是传教士编写的教科书,其传播范围却超出学校之外,成为许多中国人新知识的来源,包含狄考文妻子狄就烈的《西国乐法启蒙》(1872)、狄考文的《笔算数学》(1875)、广州传教士那夏礼(Henry V. Noyes)的《心算启蒙》(1871)、宁波传教士雷音百的《初学地理问答》(1873)、山东传教士高第丕(Tarleton P. Crawford)的《古国鉴略》(1873)、宁波传教士祎理哲(Richard Q. Way)的《地球说略》第五版(1871),以及伟烈亚力(Alexander Wylie)的《谈天》第二版(1874)。

这几年间美华书馆印有英文一种、中文六种期刊。英文期刊为1874年初起接办的《教务杂志》(The Chinese Recorder),六种中文期刊为:1868年创刊起即在美华印的《中国教会新报》与1874年自前者改名的《万国公报》,以及以儿童少年为对象的《圣书新报》

（1871）、《福音新报》（1874）、《小孩月报》（1875），和不知刊名的另一种（1875）。[1]

最能凸显美华书馆汲汲于赚钱而放宽代印范围的产品，莫过于1874年所印的一种商业广告小册：美国止痛药水（Perry Davis and Sons' Pain-Killer）的说明书，篇幅12页，印量多达10万部，由这种药水的上海代理商委托美华代印。狄昌得意地说，这项印费300元，等于每分钱可印三又三分之一部，相当便宜，却仍有不少的利润，可见美华的印价多么低廉。[2]美华书馆是传教印刷所，一向谢绝纯商业性的印件[3]，以维持传教印刷所的形象，也避免遭人质疑美华和商业印刷所争利之嫌，而狄昌不但承印止痛药水说明书，还在公开印行的美华年报中高谈阔论此事，这是美华书馆历史上仅有的一次特例。

（四）官话产品增加

狄考文兄弟任内，美华书馆的官话产品有明显的增加，在传教书刊方面更是如此。这是由于第二次鸦片战争以后华北地区开放传教，急需适合当地民众使用的官话书刊，最重要的是北京各教派传教士共同翻译北京官话《圣经》之举。《新约》全部译成前，美华于1870年先就译成的各书陆续印单行本，全部译成后于1872年制成铅版印刷[4]，《旧约》同样先印单行本，到1874年全部译成，由美华

---

① *Annual Report of the PMP, at Shanghai, for the Year Ending September 30, 1875*, p. 18.

② ibid., *for 1874*, pp. 8, 24.

③ 惠志道任内的1870年美华年报记有一笔代印1 500份的广告单张，但他没有说明这是否属纯商业性的广告（BFMPC/MCR/CH, 195/9/237, 'Shanghai Press Report, 1870'）。

④ BFMPC/MCR/CH, 195/10/338, J. L. Mateer to F. F. Ellinwood, Shanghai, 25 November 1872.

于同年以铅版印行。①

狄考文兄弟任内，美华书馆除了印北京官话《圣经》，也继续印原来的委办本《圣经》和上海、宁波与广东方言的《圣经》。这种情形引起一个很有意思的现象：1840年代以来的委办本有使用"上帝"或"神"的译名争议，英、美双方传教界争执得不可开交，而美华所属的美国长老会和美国圣经公会一样，都主张"神"的译名，印的也是"神"的版本；英国圣经公会则主张"上帝"的译名，但因伦敦会的墨海书馆和香港英华书院先后结束，英国圣经公会自1873年起委托美华代印"上帝"的版本，加上新译的北京官话译本不用"神"或"上帝"，而是使用"天主"一词，结果"神""上帝"和"天主"三种《圣经》版本，竟于1870年代在美华共聚一堂。这显示二十多年来各不相让的译名纷扰虽然仍未消失，但至少已不再是严重的问题。

1871至1875年美华所印的小册中，华北传教士以官话所撰的产品也明显增多。狄考文本人是其中之一，这几年中美华至少印刷了他的《真神十诫》《孩子受洗论》《耶稣为谁》《求救祷告文》《创世记问答》《辟邪实录》等六种，如果再算上他和妻子的非传教书，则为数更多。这种情形很容易让人联想到是他和美华近水楼台的关系所致，不过也不尽然，第二次鸦片战争以后华北地区开放传教，急需大量传教书刊，华北传教士的官话作品数量增加也是自然的现象。

（五）活字销售的变化

1867年姜别利大体完成六种活字的铸造后，似乎美华可以从此独占中文活字市场。接任的惠志道于1870年3月报导，日本人

---

① Jost Oliver Zetzsche, *The Bible in China* (Sankt Augustin: Monumenta Serica Institute, 1999), pp. 145–153.

给了一大笔中文活字订单，美华的铸字部门正忙着工作。[①]同一年底，代理狄考文主任职务的蒲德立也报导，经常有活字订单来自中国各埠与日本，偶尔也有来自伦敦、纽约和旧金山的订单。[②]狄考文上任后又于1872年4月报导，中文和日文活字的需求量非常大，美华的铸字部门非常忙碌。[③]狄昌在接掌美华后的1872年年报中，较为具体地描述这年几笔较大的活字生意：一、日本人订购一套五号字，价值1 000元；二、英国人购买一些活字（狄昌没指出金额）；三、北京总理衙门订购一套二号字，超过1 000元；四、上海江南制造局也订购一套五号字，预付400元。狄昌说中国官府的订单显示他们逐渐舍弃缓慢无效率的木刻，改用西方科学文明的产物。[④]

在狄考文兄弟任内，美华书馆的活字看似生意兴隆，却只是最初两三年的现象而已，从1873至1875的三年间，美华再没有任何大笔的活字订单。另一方面，中国人动作很快，1875年的《申报》上已经有人接连刊登广告，出售自铸的大小五种西式中文活字[⑤]，这意味着美华虽然还是中文活字的主要供应者，却不再能独占市场，而且此后的《申报》陆续还有不同人刊登类似的广告，进一步显示竞争者增加了。不只最主要的中国市场面临瓜分，日本市场更为之断绝，上述1872年日本人订购的五号活字，是美华最后一笔来自日本的活字订单，1869年姜别利离开美华，应日本人之聘前往传授铸字技术，从1873年起日本人再也不必仰赖美华的中文活字。

---

① BFMPC/MCR/CH, 195/9/252, J. Wherry to J. C. Lowrie, Shanghai, 12 March 1870.

② ibid., 196/9/392, J. Butler to J. C. Lowrie, Shanghai, 10 December 1870.

③ ibid., 194/10/240, C. W. Mateer to F. F. Ellinwood, Shanghai, 11 April 1872.

④ *Annual Report of the PMP, at Shanghai, for the Year Ending September 30, 1872*, p. 7.

⑤ 《申报》1875年8月11日第6版广告。

结　语

　　1870年代的初中期由狄考文和狄昌主持美华书馆的五年半，是美华相当重要的一段时期，内有姜别利先前奠下的技术利基，外逢中国社会追求西艺西学的自强运动环境，若使美华主任能得其人，将是馆务发展的大好时机。具备技术与经营才能的狄考文应是合适的人选，但他心系山东，志不在美华，却又私心作祟，谋求将已是中国规模最大、技术领先的美华，勉强交到欠缺技术与经验的亲弟狄昌手上。

　　狄昌在狄考文撑持下完成迁馆北京路的大事，也在印刷技术上有新的建树。但是他对外与华中区传教士的关系恶劣，传教士间甚至有不如关闭美华的呼声，同时对内管理中国工匠的风格傲慢自大，以致工匠纪律涣散，问题丛生；再加上1873年起理事会和秘书股切期望美华赚钱上缴，狄昌及其继任者必须尽力谋利，以纾解母会的财务困境，却以牺牲美华产品的品质为代价，造成自狄昌在职后期起，至少十年品质持续低落的不良现象。

　　综合这些情况而言，狄考文兄弟未能掌握内外的双重有利条件，从事健全的发展建设，以致美华馆务有得有失，甚至得不偿失。

9

范约翰主演的美华书馆乱局

绪　言

从1844年创立到1931年结束的将近八十八年间，美华书馆共有正式和代理主持馆务的十四名主任。其中十人本是传教士、三名为印刷业者出身、一名没有任何专业背景。他们任职时间长短不一，有人长达二十六年多，也有短至三个月者，不论长短，他们基本上都致力办好美华。只有一人自诩为历来"唯一"妥善经营美华的主任，但他的许多作为都在掣肘馆务和不利馆誉，他总是和美华职工、其他长老会传教士、重要客户，甚至美华所属的长老会外国传教部对立并带来纷争与困扰。这位主任就是从1885年1月至1888年6月在职三年半的传教士范约翰（John M. W. Farnham）。

1860年代末，美华书馆完成独家西式中文印刷技术的建置，1870年代中期起又拥有良好的新馆舍空间和地理位置，同时中国社会也加速对于西学的需求，西式中文印刷的前景相当良好。尽管拥有这些技术与空间的优势条件，以及中国社会显示的有利良机，美华却没能在接下来的1880年代大举进展，开创经营的新局面，反而陷入范约翰的自大与偏执导致的馆务顿挫危机。在美华的档案中，有大量关于这段美华历史上难堪且严重危机的文献，本文利用这些档案探求前人从未论述过的这段混乱局面的原因、经过与结果。

一、争吵与霸凌

范约翰是著名的上海传教士，1829年出生于美国缅因州（Maine）约克郡（York）的理巴南（Lebanon）地方，先后毕业于协和学院（Union College）与普林斯顿神学院（Princeton Theological Seminary）[1]，按立为牧师后不久成为美国长老会外国传教部的传教士，于1860年来华并一直在上海传教，以办理清心书院、《小孩月报》、《画图新报》等事业闻名。

从1865年起，外国传教部上海布道站的三名传教士不睦，先有范约翰和姜别利争吵不休，继有范约翰持续霸凌才到上海不久的惠志道（John Wherry）。范、姜争吵的结果，姜别利一怒于1869年辞职而去，美华书馆损失了在印刷技术上最有贡献的一名主任。[2]在范、姜争吵期间，资浅的惠志

图9-1　范约翰像
[*The Chinese Recorder*, vol. 48, no. 5 (May 1917), p. 323.]

---

① BFMPC/MVF/John M. W. Farnham, J. M. W. Farnham, 'Biographical Record.'
② 范、姜争吵的经过，见笔者，《铸以代刻》，中华版，页449—452；台大版，页481—484。

道相当为难，由于姜别利对他很友善，范约翰即认为他偏袒姜别利，因此颇为不满，以各种方式排挤他，试图让他离开上海。

范约翰首先想到的计策，是从外国传教部下手。1869年3月范约翰写信给传教部秘书娄约翰（John C. Lowrie），批评惠志道个性不合传教，能力也不足以带领中国助手，因此除了希望将姜别利召回美国，也期待将惠志道调往山东；范约翰还说自己一个人加上中国助手，已足够承担上海布道站的所有工作。[①] 过了两个月，范约翰又为惠志道想到一个"好"去处，并再度写信给秘书，建议让惠志道到江南制造局的翻译馆为中国人译书；范约翰说惠志道是学者型的人，学习中国语文很有进展，但缺乏行政管理能力，不是"实干的人"（practical man），而江南制造局正需要人，惠志道非常适合，待遇还多达传教士的三倍，又有影响力，自己已经向中国官员推荐惠志道。[②] 官员果真找惠志道谈过此事，惠志道也写信向娄约翰分析说，中国人设翻译馆是进步的表征，传教士入馆译书有机会接触有影响力的官员，对自己的中国语文能力也大有益处，每月200或266元的薪水还可用来支应另外两名传教士需要的费用；但是惠志道认为译书毕竟不如传教，他自己并不想要那份工作，除非传教部要他接受。[③]

娄约翰对以上这些事都没有回应，范约翰对惠志道的态度却日渐恶劣。办理学校修缮等工程及费用，按规定应先提报布道站会议讨论议决，范约翰却置之不理而径自进行。惠志道身为布道站秘书，基于职责询问他这件事，却遭到范约翰倨傲地反驳，双方以书面

① BFMPC/MCR/CH, 196/9/32, J. M. W. Farnham to J. C. Lowrie, Shanghai, 16 March 1869.

② ibid., 195/9/79, J. M. W. Farnham to J. C. Lowrie, Shanghai, 17 May 1869.

③ ibid., 195/9/83, J. Wherry to J. C. Lowrie, Shanghai, 18 May 1869.

形式来回辩论多次仍无结果。①

　　1869 年 8 月 19 日惠志道写信给娄约翰，表明自己努力尝试友善相待，范约翰却一再使出霸凌的人身攻击，例如当面数落惠志道只是姜别利的工具，只会打小报告；在担任长老会上海中会的会议主席时，当着中外出席者的面以不实言语对着惠志道咆哮；借来惠志道掌管的布道站会议记录后不归还等。惠志道对于范约翰的再三侮辱向来镇定回应，以免自己被撩起冲动的情绪后容易节外生枝，但他写 8 月 19 日这封信时觉得实在难以忍受，便向娄约翰要求调离上海。②

　　一个多月后的 10 月 1 日，姜别利离职并将美华书馆移交给惠志道。范约翰在此之际向娄约翰批评美华的不是，也对如何经营美华大发议论③，主要有两项：第一，他认为美华不应再代人印刷，尽管代印的收入很好，却大多数是性质不良（bad characters）的印件，有损美华的声誉，但并未举出究竟美华代人印过什么性质不良而有损声誉的印件。其次，他认为美华所在的小东门外环境不良，有如《圣经》中的罪恶之城"所多玛"（Sodom），美华应该迁往他处。太平天国运动之后的小东门外确已发展成藏污纳垢的畸形繁荣地带，这也是稍后所有传教士都认为美华应该迁移的重要理由，问题是迁往何处为宜？范约翰主张迁往自己所在的上海南门，这却是没有一位传教士会附和认同的主意，只能说是范约翰便于自己就近插手美华的自私之见。

---

① BFMPC/MCR/CH, 195/9/57, Copy Letters between J. Wherry and J. M. W. Farnham, in April 1869; ibid., 195/9/82, J. Wherry to J. C. Lowrie, Shanghai, 18 May 1869; ibid., 195/9/83, J. Wherry to J. Lowrie, Shanghai, 18 May 1869. 惠志道同一天写两封信说明与范约翰之间的争执。

② ibid., 195/9/115, J. Wherry to J. C. Lowrie, Shanghai, 19 August 1869.

③ ibid., 195/9/137, J. M. W. Farnham, 'Annual Report of the Presbyterian Mission at Shanghai, for the Year Ending September 30, 1869.'

惠志道根本无意接下美华书馆的重担,他说自己来华是为了更高层次的直接讲道,而非机械方面的印刷出版,何况他来华后身体一直不太好。[①]但既然意外接下美华,他也调整好面对艰巨工作的心态,同样重要的是他了解到范约翰不会轻易放过自己和美华,为免范约翰一再掣肘和攻击,他也决定了新的策略:从原来消极温和的镇定以对,改以积极强硬的态度面对范约翰。于是接过美华后,惠志道没有理会范约翰,两个半月以后范约翰自己忍不住,在1869年12月中写信给惠志道,却只得到一句"信已收到"的回复。又过了一个多月,范约翰再度写信,表示要和惠志道谈论美华的事,又不得要领。范约翰只好移樽就教去见惠志道,并于事后写信给娄约翰说:

> 我们对每件事的意见相同,唯一不同的是惠志道要独自管理美华书馆,还说这完全不干我的事。虽然我不同意他要将美华经营得有如商业机构一般,也就随他去了。[②]

几年来范约翰霸凌惠志道已是家常便饭,但从范约翰这段描述可知,一旦个性温和的惠志道不再忍让,坚定表达将独自管理美华书馆,完全拒绝范约翰的插手干预,范约翰也无计可施。很有意思的是就在范约翰描述上述见面场景的同一天,惠志道也在写给娄约翰的信中表示,两人对于经营美华的观点差别太大,不可能同时并行,因此下定决心自己承担所有责任,只对纽约的外国传教部负责,若是让范约翰介入美华的管理,"根本什么事都做不了"[③]。

----

① BFMPC/MCR/CH, 195/9/53, J. Wherry to J. C. Lowrie, Shanghai, 19 April 1869; ibid., 195/9/83, 18 May 1869.

② ibid., 195/9/215, J. M. W. Farnham to J. C. Lowrie, Shanghai, 11 February 1870.

③ ibid., 195/9/238, J. Wherry to J. C. Lowrie, Shanghai, 11 February 1870.

可见范约翰所谓"我们对每件事的意见相同"，只是自讨没趣之余的饰词而已。接下来范约翰的确没有再对惠志道有当面霸凌的举动，只在给秘书的信中重弹美华应该停止代印和迁往南门的老调，顺便贬损惠志道，说他只会研读中国语文，其他作为都不值得一提。①

不幸的是美华书馆的工作对惠志道的身体是过于沉重的负担，他上任五个月后便发生肝脏和脾脏充血，接着又有痢疾的困扰，连他自己都承认，与其说美华是在他的管理之下，还不如说是在中国领班的管理之下。②因此他继续请求秘书派人接办美华，并希望调往气候更适合自己的华北，也随后于1870年底交卸美华主任一职，前后共承担馆务仅一年两个月。

惠志道卸职时，上海布道站只有他和范约翰两名传教士，由范约翰接任本是顺理成章的事。但在惠志道卸职稍前，到上海参加长老会中国大会（Synod of China）的所有传教士，推举的接班人是山东的狄考文而非范约翰。即使狄考文必须先回山东一趟再南下接事，众人推举短暂代理三个月的人也非范约翰，而是从宁波来的蒲德立（John Butler）。③此后到1884年为止的十四年间，美华书馆的主任几度易人，由狄考文、狄昌、侯尔德、费启鸿（George F. Fitch）先后接任或代理，就是没有范约翰的机会。

在当时所有长老会的传教士中，对印刷出版最内行的其实就是范约翰。他会活字、石印、蚀刻、锌版等技术，1874年前后开设自己的一家印刷所，拥有滚筒和手动印刷机，并亲自教导清心书院的男

①　BFMPC/MCR/CH, 196/9/342, J. M. W. Farnham to J. C. Lowrie, Shanghai, 12 September 1870.

②　ibid., 195/9/252, J. Wherry to J. C. Lowrie, Shanghai, 12 March 1870; ibid., 196/9/330, J. Wherry to J. C. Lowrie, Shanghai, 11 August 1870.

③　ibid., 196/9/371, Calvin W. Mateer to J. C. Lowrie, Shanghai, 11 November 1870.

生印刷技术。[①]尽管范约翰有印刷方面的优越条件，而且人就在上海，却总是没有机会入主美华，原因有二：

第一，范约翰与同一布道站的传教弟兄相处不善。他和姜别利的争吵、对惠志道的霸凌总是当众而为，1870年代又和另一位传教士陆佩吵得不可开交。1878年华中区的传教士年会结束后，费启鸿写信告诉秘书：

> 昨天的会议是基督教的耻辱和华中区的污点。我真不想再提此事，但总得处理一下才是。我们最好是不要再和范约翰先生有什么关联了，请理事会让他自主行动，也自行对理事会负责；和他一起共事而不会有困难是不可能的，我们的年会本应是彼此打气和团聚的时刻，结果只让我们感到难过和羞耻。您可以想到，最严重的是范约翰与陆佩之间的麻烦，却不只如此而已，其他的我就不提了。[②]

范约翰和同事无法和睦相处是每位传教弟兄和纽约的秘书都知道的事。直到1886年时费启鸿仍如此评论范约翰："他有一种不幸的本领，就是会和他接触较多的几乎每个人都吵架。"[③]

第二，美华书馆主任不仅为印刷出版常和中国各地的传教士来往，还有一项特殊的任务：兼职长老会中国各布道站的司库，并为各站采购和收寄物资。因此他们和各地传教弟兄的联系非常频繁。若由性格如范约翰的人出任，很可能会出现许多争吵难堪的场面，

---

① BFMPC/MCR/CH, 204/17/96, J. M. W. Farnham to F. F. Ellinwood, Kennebunk Beach, Maine, 14 July 1883.

② ibid., 200/14/26, G. F. Fitch to F. F. Ellinwood, Soochow, 19 March 1878.

③ ibid., 206/20/43, G. F. Fitch to John Gillespie, Ningpo, 29 October 1886.

所以尽管他对美华主任一职很感兴趣，至少曾两度向秘书毛遂自荐[1]，却都没有得到回应，传教士们也不推举他。

二、自大与偏执

范约翰的机会终于在1884年来临。美华书馆主任侯尔德因健康恶化，再也无法支持下去而辞职，他基于自己从1876年起主持美华的经验，建议应由专业印工继任才能应付印刷技术上的需求。[2]理事会和秘书则决定仍由传教士担任，问题是由哪位传教士接掌美华为宜。当时范约翰第二度向秘书自荐未成，秘书希望由华中区的年轻传教士出任，并安排1881年到上海的史密斯（John N. B. Smith）承担馆务[3]，史密斯也已同意，却又变卦而四度坚拒接受，并退回理事会的任命函。[4]

接着由华中区会议推举人选，当时范约翰刚从美国休假期满回到上海，他原来的传教与学校工作已由史密斯接办得很顺利，范约翰手头一时没有工作，于是有人为避免美华的差使落到自己身上而有意推举范约翰。因为传教士不远千里来华，通常都志在直接面对

---

① BFMPC/MCR/CH, 201/13/69, J. M W. Farnham to F. F. Ellinwood, Shanghai, 17 February 1877; ibid., 204/17/96, J. M. W. Farnham to F. F. Ellinwood, Kennebunk Beach, Maine, 14 July 1883.

② ibid., 204/17/28, W. S. Holt to Dr. Jessup, Shanghai, 19 March, 1883; ibid., 204/17/27, 19 March 1883. 这两封信写于同一天。

③ ibid., 233/67/48, F. F. Ellinwood to W. S. Holt, New York, 15 August 1883.

④ ibid., 233/67/61, F. F. Ellinwood to the Ningpo Mission, New York, 27 Nov. 1883; ibid., 233/68/14, 29 Oct. 1884; ibid., 204/17/94, J. N. B. Smith to F. F. Ellinwood, Shanghai, 10 Jul. 1883; ibid., 205/18/392, 17 Sept. 1884; ibid., 205/18/393, J. N. B. Smith to the BFM, Shanghai, 17 Sept. 1884.

民众宣讲基督教福音，而不愿承担像美华这类间接而且自己不内行的任务，惠志道和侯尔德都是在勉为其难之下才接手美华的工作。在推举主任的会议中，尽管资深的传教士都对范约翰难以和人共事的个性相当疑虑，却也有传教士认为范约翰年纪渐长，应该多少会改变自己的脾气，出掌美华不无可能成功。曾代理过美华主任的费启鸿更说："我若反对范约翰，便等于为我自己助选。"[1]结果范约翰就在这种情况下被选为美华主任，他终于如愿以偿。但是对美华、华中区传教士、秘书和外国传教部而言，这项新人事任命却开启了此后三年多严重纷扰的乱局。

（一）以权力制造对立

1884年的最后一天，范约翰从南门举家乔迁至租界内美华书馆三楼的宿舍，1885年元旦就任新职。他在写给秘书的信中，洋溢着兴奋之情："我所愿望的果然成真了。"[2]范约翰的欢欣是有道理的，他等待这一刻已久，1860年代中期起他与姜别利交恶，对美华的事没有置喙的空间；然后又被惠志道完全排除在美华的大门之外；接着狄考文和狄昌兄弟拒绝范约翰在内的所有传教士过问馆务；再到侯尔德任内成立的顾问与编辑两个委员会，华中区传教士中最资深、最年长、最懂印刷，而且人就在上海的范约翰又不在其中。以上合计约二十年时间，范约翰虽然不时在写给秘书等人的信中，或在华中区和中国大会的会议上，发表对美华的意见或牢骚，却难得收到正面具体的回应，他也只能无可奈何。如今他终于掌管美华，自然雀跃不已，甚至主动表示要将自己的印刷所并入美华。[3]纽

---

① BFMPC/MCR/CH, 206/20/43, G. F. Fitch to J. Gillespie, Ningpo, 29 October 1886.
② ibid., 205/19/103, J. M. W. Farnham to F. F. Ellinwood, Shanghai, 7 January 1885.
③ ibid.

约的秘书了解范约翰的性格,也在他上任不久劝勉他,要与其他传教士和衷共济,彼此体谅和容忍,并团结与激励中国职工。[1]

五十五岁上任的范约翰没有因年龄增长而改变好斗的性格,他依然随时准备好迎战自己心目中的对手,第一位是刚刚离职的前任侯尔德。范约翰上任三个多月后写信告诉秘书,自己非常忙碌,正在努力整顿侯尔德造成的所有混乱:侯尔德只管办公室内的业务,其他一切都交到中国人手上;滚筒印刷机已经多年不合用,而自己轻易地就修好了它;印刷间拥挤不堪又脏乱;装订间堆满几个月和几年前早该完成的工作;仓库里的书散落在地板上,封面积满灰尘,有些内容必须重印;铸字间的工作几乎停摆,三部铸字机停用已久;工匠对参加礼拜没有兴趣,自己上任后的第一个礼拜天,只有二三名工匠参加等。[2]

范约翰描述的美华书馆简直就是一幅破败停工的乱象,可是仅仅一个月又五天后,他在写给秘书的另一封信中,既抗议据说有传教士建议关闭美华,又列举美华过去四年的贡献,如缴给长老会外国传教部的盈余多达 24 000 元,而且是逐年增加,1881 年 3 000 元,1882 和 1883 年各是 5 000 元,1884 年 2 月先缴 5 000 元,同年 12 月再缴 6 000 元,此外美华还有 6 500 多元现金在手上,也就是侯尔德任内单只 1884 年美华就上缴盈余 17 500 多元;范约翰还特别强调,关闭美华书馆,就等于杀了一只生金蛋的鹅。[3]前后只隔一个月稍多的两封信,范约翰笔下的美华书馆却是两种完全不同的景象:从衰败乱象的破落户摇身变成会生金蛋的鹅。范约翰在上述大谈盈余

<hr>

① BFMPC/MCR/CH, 233/68/68, F. F. Ellinwood to J. M. W. Farnham, New York, 22 June 1885.

② ibid., 205/19/110, J. M. W. Farnham to F. F. Ellinwood, Shanghai, 8 April 1885.

③ ibid., 205/19/113, J. M. W. Farnham to F. F. Ellinwood, Shanghai, 15 May 1885.

上缴的信中,根本不提1884年时抱病辛苦养育这只金鹅的侯尔德。

范约翰对中国职工的印象不好。在上任一年后的1885年美华书馆年报中,他宣称中文校对人员与印刷工匠的工作精神散漫,他必须亲自小心监督;铸字工匠造出的同一号活字竟然会大小不一,以致排版无法紧密等。[①]不但印象差,范约翰对职工的态度也无理而粗暴,时常不公平也不留余地叱责职工,还因而激起工匠的反抗,传教士史密斯曾报导,传言范约翰殴打工匠,其实是工匠威胁要揍他,甚至还将他撵出印刷间。[②]范约翰对于追随自己多年的中国牧师也任意褒贬,例如美华附设教会(即长老会上海中会的第二教会)的牧师鲍哲才,早年由范约翰教导神学,成为牧师后在苏州和上海两地工作,自1882年起担任美华附设教会的牧师,范约翰上任后两度赞扬鲍哲才的服务热忱,并且向秘书说鲍哲才是自己多年的得力助手。[③]不料范约翰很快就翻脸改变态度,鲍哲才无法忍受只好离职,并向史密斯诉苦,说是范约翰对待自己不公不义;当时史密斯手下还有三名中国牧师可用,他们却都不愿意继任美华书馆教会的牧师;史密斯说一名传教士竟然会让中国教徒感到害怕与之共事,真是令人惊讶又难过。[④]

不仅对内粗暴,范约翰对外也盛气凌人。1886年他将作为附设教会的房间出租给上海的基督教青年会(Young Men's Christian Association),每月租金9元;双方协议附设教会只在礼拜日及每天早上开工前礼拜时使用房间,其他时日都由青年会使用,作为阅览

---

① BFMPC/MCR/CH, 216/52/194, J. M. W. Farnham, Annual Report of the Superintendent of the SMP [for 1885].

② ibid., 207/22/11, J. N. B. Smith to J. Gillespie, Shanghai, 23 February 1887.

③ ibid., 216/52/194, J. M. W. Farnham, Annual Report of the Superintendent of the SMP [for 1885]; ibid., 206/20/36, J. M. W. Farnham to F. F. Ellinwood, Shanghai, 10 August 1886.

④ ibid., 207/22/11, J. N. B. Smith to J. Gillespie, Shanghai, 23 February 1887.

室或演讲厅。协议签订后青年会出资装修房间，粉刷、布置并装设煤气等，范约翰却否认"其他时日都由青年会使用"的约定，另外答应两个团体也可使用，其中之一由他的妻子担任主席，他还沾沾自喜青年会花钱大修，改善该房间"供我们使用"[1]。

又一个范约翰自以为是的显著例子，是他和美国圣经公会驻华代表古烈（Luther H. Gulick）的关系。美国圣经公会与英国圣经公会一向是美华书馆最重要的两个客户。从1881年9月起，古烈和代理美华主任的费启鸿订约，租用美华两个房间作为办公室及书库[2]，数年间双方不论印刷或租赁都各取所需而合作愉快，侯尔德与古烈还成为好朋友。[3]范约翰上任后的第二年（1886）就和古烈发生了不愉快的争执，原来是古烈委托美华印制的《圣经》品质过于粗糙，他请中国人以红笔圈出有瑕疵的文字为证，范约翰却不承认其事，反归咎于古烈的华人助理接受中国印刷业者的贿赂而吹毛求疵，意图抢走美华的生意；古烈再请六名传教士品评，结论依旧为不佳，参与评价者包含长老会的史密斯和费启鸿两人，史密斯表示古烈不接受这些书无可厚非，费启鸿则说自己不会建议美国圣经公会分发印刷品质如此低劣的书。[4]不但品质不好，范约翰还收取高于市场行情的印刷费用，也不同意古烈所提减价的要求，而且双方交涉时范约翰态度反复，前一刻有说有笑，随后就翻脸，并当面指责古烈冒失无礼、无知等。[5]古烈忍无可忍，决定和范约翰、美华断绝来往，从

①　BFMPC/MCR/CH, 216/52/no number, J. M. W. Farnham, Annual Report of the PMP at Shanghai, for the Year Ending 31 December 1886; ibid., 207/22/11, J. N. B. Smith to J. Gillespie, Shanghai, 23 February 1887.

②　ibid., 204/16/54, G. F. Fitch, 'APMP Report for 1881,' Shanghai, 31 January 1882.

③　ibid., 205/19/107, W. S. Holt to F. F. Ellinwood, Owatonna, Minnesota, 17 February 1885. 侯尔德写这封信时已生病去职返美。

④　ibid., 206/20/42, J. M. W. Farnham to J. Gillespie, Shanghai, 22 September 1886.

⑤　ABS/RG 27/3/1886, L. H. Gulick to E. W. Gilman, Shanghai, 23 December 1886.

美华撤走办公室和书库,另觅华人和日本人的印刷所承印美国圣经公会的《圣经》。①古烈认为范约翰办事拖延、脾气暴躁、言行不可靠,十足是个办事反复无常的人(crank),"让他掌理美华书馆这样的机构是最大的错误之一"②。

更糟的是古烈断绝和美华书馆的关系不是单一事件,英国圣经公会的驻华代表戴尔(Samuel Dyer, Jr.)先前已停止下订单给美华。③在1880年代前期,英美两国圣经公会的订单合占美华书馆每年印量的三分之二至四分之三,失去这两家客户对美华的产能与收入影响之大简直无法想象。况且古烈和戴尔两人的工作都是面向所有教派在华传教士,只要他们向各传教士谈论范约翰的性格和美华的品质问题,就非常不利于美华的形象与声誉,所以费启鸿写信向秘书报告:"美华的未来充满了不小的困难,目前的问题在于是否已到了关闭美华的时刻。"④

从范约翰上任以后,费启鸿已屡次以书信或当面就范约翰引起的各种困扰和他沟通,范约翰不但不接受,甚至回答认为自己是历来"唯一"妥善经营美华书馆的人。⑤到英美两圣经公会接连"断交",费启鸿觉得美华损失的金钱固然巨大,长老会难以弥补的声誉损害更为严重。长老会的其他传教士也都认为,范约翰和美华的问题不能再因循拖延,必须要有个了断才行。不料范约翰的自我与偏执竟愈演愈烈,演成有如俗话所谓"请神容易送神难"一般的情节。

---

① ABS/RG 27/3/1886, L. H. Gulick to E. W. Gilman, Shanghai, 23 June 1886; ibid., 14 July 1886.

② ibid., L. H. Gulick to E. W. Gilman, Shanghai, 23 June 1886.

③ BFMPC/MCR/CH, 206/20/35, G. F. Fitch to J. Gillespie, Shanghai, 3 August 1886.

④ ibid.

⑤ ibid., 206/20/43, G. F. Fitch to J. Gillespie, Shanghai, 29 October 1886.

（二）抗争与告状

早在1877年侯尔德接掌美华书馆不久，为了集思广益，经由理事会同意成立了顾问委员会（Advisory Committee），请华中区三位传教士担任顾问，提供意见给美华主任参考。[①]1886年10月20日，华中区年会在上海开完后，接着由顾问委员会邀请范约翰以外的八名传教士开会讨论美华的问题。所以不在年会中讨论，一是范约翰主张华中区没有干涉他和美华的权力，二是范约翰在场的任何讨论只会徒增来自他的干扰。[②]这次会议的结论，是由顾问委员会将美华的经营现状呈报理事会，请理事会郑重考虑尽早关闭美华。[③]

关闭美华书馆当然是件大事，理事会因此将华中区的建议印成通函，转发给所有在华传教士参考并提供意见。范约翰收到后逐一加以驳斥，也印成通函分发，他在函中还说理事会果真关闭美华的话，就要索回自己上任后捐给美华的印刷机具，价值3 000元。[④]随后他又写两封很长的信为自己辩护，同时强烈质疑和批判华中区的其他传教士。[⑤]

1887年6月6日，理事会终于一致达成七项决议，要点如下：

一、美华书馆主任易人，以谋华中区和谐与美华的最大利益；

二、范约翰调回南门，并取回先前所捐的印刷机具；

① BFMPC/MCR/CH, 202/13/173, W. S. Holt to F. F. Ellinwood, Shanghai, 16 July 1877.

② ibid., 206/20/47, J. N. B. Smith to J. Gillespie, Shanghai, 22 October 1886.

③ ibid., 206/20/49, J. N. B. Smith, 'Report of a Meeting of Members of the Ningpo Mission Called by the Advisory Committee to Hear Their Report on the Management of the Press.'

④ ibid., 206/22/4, J. M. W. Farnham to the members of the Presbyterian Missions in China, Shanghai, 29 January 1887.

⑤ ibid., 206/22/3, J. M. W. Farnham to J. Gillespie, Shanghai, 3 February 1887; ibid., 206/22/67, J. M. W. Farnham to Five Members of the Ningpo Mission, Shanghai, 24 May 1887.

三、华中区自行调配人力以因应范约翰回南门；

四、由华北区提名该区或他区传教士一人为美华书馆新主任人选；

五、必要时在主任之下雇用专业印工一人负责美华印刷实务；

六、华中区依旧设置顾问委员会与主任合作；

七、美华继续改善产品的品质并增加产品来源。[1]

理事会为顾及范约翰的感受和颜面，在第一项决议中特别说明，易人不是针对他的基督徒人格或办事能力，而是为期华中区的和谐与美华的利益，秘书也专门为此写信向他解释。[2]至于第四项决议，由华北区（含山东与北京）提名新主任人选，则是因为华中区所有传教士都已涉入此次纷争，不宜再推举人选以免节外生枝，同时理事会认为授权由在华的传教士提名，应当会更了解人选的状况及美华的需要。

1887年8月中，华北区提名费启鸿继任美华书馆主任，并以电报通知理事会。[3]狄考文也从山东登州写信告诉秘书这个消息，表示自己是范约翰的好友，但是当初华中区推举范约翰为美华主任是很大的错误，范约翰庸人自扰，根本不是当美华主任的料，他那无法控制的脾气和好斗性格，只会在传教士当中引发纠纷，他在美华的作为也将使美华走向与传教无关的世俗化，因此希望理事会不要再改变换掉范约翰的决议。[4]

理事会的确没有改变决心，在1887年9月任命费启鸿为美华书馆主任，自1888年1月1日起生效。[5]三年前（1884）费启鸿担心若

---

① BFMPC/MCR/CH, 233/69/51, J. Gillespie to the CCM, New York, 7 June 1887.

② ibid., 233/69/50, J. Gillespie to J. M. W. Farnham, New York, 7 June 1887.

③ ibid., 233/69/59, J. Gillespie to G. F. Fitch, New York, 16 August 1887.

④ ibid., 206/21/100, C. W. Mateer to F. F. Ellinwood, Tungchow, 1 September 1887.

⑤ ibid., 233/69/63, J. Gillespie to G. F. Fitch, New York, 22 September 1887.

不推选范约翰，自己很可能就得承担美华的重责大任，结果迂回曲折绕一大圈，同样的重担依旧落在他的肩上，而美华却已经受创严重，成为不幸的受害者。纷扰却还没了结，因为理事会任命费启鸿的同时，也要求范约翰移交。尽管秘书一再写信，也有传教士劝解，范约翰就是悍然拒绝照办，还扬言只有警察的武力才可能将他赶出美华，又要求长老会上海中会于1888年2月举行特别会议，审理他控诉费启鸿诽谤自己的案件，结果出席会议的中外人员没有人附和他的控诉。他又扬言向中国大会上诉①，以致费启鸿的任命生效后，竟迁延长达半年之久无法接管美华。

1888年接近年中时，本案朝两方面进行：一是范约翰向外国传教部的上层机构长老会美国总会告状申诉；二是理事会指示费启鸿向上海美国总领事馆提请法律裁判。这年5月长老会美国总会在费城召开年会，范约翰申诉的案件排在同月28日外国传教委员会（Standing Committee on Foreign Mission）的议程中。他事先已提交印刷的申诉状（A Missionary's Complaint and Appeal）②，又从上海前往亲自与会，外国传教部则由两名秘书出席说明，委员会讨论后认为：

1. 长老会外国传教部的章程已规定有权掌握该会海外传教事务，本案涉及的人事调动正是此种权力的体现，因此范约翰必须尽速依照理事会要求办理移交；理事会要求范约翰回到南门是本于善意而非屈辱他的安排；为他自己以及华中区的利益着想，他应该遵命进行移交。

2. 范约翰在总会开议前数周，通过各教会广泛散发其申诉状，

<hr />

① ABS/RG 27/4/1888, L. H. Gulick to E. W. Gilman, Shanghai, 15 March 1888.
② 位于费城的长老会历史学会（Presbyterian Historical Society）在范约翰的个人档案（Missionary Vertical File, LG 360-96-15, John Marshal Willoughby Farnham）内存有这件申诉状。

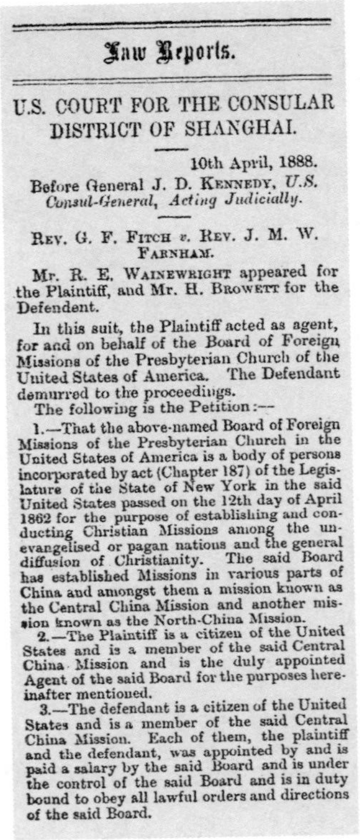

Law Reports.

U.S. COURT FOR THE CONSULAR
DISTRICT OF SHANGHAI.

10th April, 1888.

Before General J. D. KENNEDY, *U.S.
Consul-General, Acting Judicially.*

REV. G. F. FITCH *v.* REV. J. M. W.
FARNHAM.

Mr. R. E. WAINEWRIGHT appeared for
the Plaintiff, and Mr. H. BROWETT for the
Defendant.

In this suit, the Plaintiff acted as agent,
for and on behalf of the Board of Foreign
Missions of the Presbyterian Church of the
United States of America. The Defendant
demurred to the proceedings.

The following is the Petition :—

1.—That the above-named Board of Foreign
Missions of the Presbyterian Church in the
United States of America is a body of persons
incorporated by act (Chapter 187) of the Legis-
lature of the State of New York in the said
United States passed on the 12th day of April
1862 for the purpose of establishing and con-
ducting Christian Missions among the un-
evangelised or pagan nations and the general
diffusion of Christianity. The said Board
has established Missions in various parts of
China and amongst them a mission known as
the Central China Mission and another mis-
sion known as the North-China Mission.

2.—The Plaintiff is a citizen of the United
States and is a member of the said Central
China Mission and is the duly appointed
Agent of the said Board for the purposes here-
inafter mentioned.

3.—The defendant is a citizen of the United
States and is a member of the said Central
China Mission. Each of them, the plaintiff
and the defendant, was appointed by and is
paid a salary by the said Board and is under
the control of the said Board and is in duty
bound to obey all lawful orders and directions
of the said Board.

图9-2 《北华捷报》报道费
启鸿起诉范约翰部分内容
（*The North-China Herald*, 13
April 1888, p. 428.）

但其内容都是他单方面的主张，极易造成读者的偏见，导致对外国传教部产生误会，从而使原本热诚支持海外传教工作的公众转为消极冷淡。范约翰此种不利海外传教的行为实不可取。

委员会的结论完全拒绝范约翰的申诉，并要他返回华中区继续为传教而努力。[1]范约翰大张旗鼓进行告状，结果一败涂地，不仅美国总会公开出版的会议记录详载审议经过与结果，教会界媒体也有报道[2]，外国传教部又特地将总会的会议记录分别寄给在华传教士，秘书说是要让大家都了解这桩令人"惊愕"（perplexing）的事件。[3]

至于费启鸿向上海美国总领事请求裁判的案件，比上述的申诉更早进行审理，在范约翰前往美国申诉前已经开庭审理两次。[4]总领事甘乃迪

---

① *Minutes of the General Assembly of the PCUSA*, new series, vol. 11, A.D. 1888 (Philadelphia: Printed at MacCalla & Company, 1888), pp. 129–131.

② 已知至少有《纽约传道人报》（*New York Evangelist*）于1888年6月14日报道此事，以《范约翰案件》（The Farnham Case）为题，几乎全文转载美国总会的会议记录（p. 2）。此外，费启鸿说他住在旧金山的岳父来信，称5月30日的当地报纸报道了本案（BFMPC/MCR/CH, 207/22/150, G. F. Fitch to J. Gillespie, Shanghai, 6 July 1888）。

③ BFMPC/MCR/CH, 233/69/103, J. Gillespie to CCM, New York, 5 June 1888.

④ *The North-China Herald*, 4 April 1888, p. 428, 'US Court for the Consular District of Shanghai;' ibid., 20 April, 1888, p. 454.

（John D. Kennedy）于1888年7月2日暂定美华书馆先移交给费启鸿，等范约翰自美回来后再行审理。[1]事实上范约翰在美国告状失利后，主动前往外国传教部办公室签署文件，声明他放弃对美华的任何主张；但数日后他又反悔，试图索回这项文件，秘书没有让他得逞[2]，这也再度证实他办事反复无常的性格。范约翰回到上海后，在接受甘乃迪面谈时还扬言要纠缠下去，甘乃迪转告费启鸿此事，并劝他不如撤诉。费启鸿也愿意息事宁人[3]，当时他已经在事实上接管美华，外国传教部秘书手中也有范约翰签署放弃权利的文件，总会又已拒绝范约翰的告状，若继续诉讼下去固然胜券在握，但范约翰困兽犹斗，将使长老会内讧的丑闻持续成为公众的笑柄，还不如撤回官司，可以从根本上消弭范约翰再度兴风作浪的麻烦。

从1887年6月起理事会就决议美华书馆主任易人，由于范约翰的偏执，坚持要进行一场跨洋越洲的申诉，于是许多直接和间接相关的人——从在华传教士、外国传教部、美国总会到美国驻上海总领事——都得费力耗时陪着他演出，拖延长达一年半时间，直到1888年12月费启鸿撤诉，整起事件才算尘埃落定，范约翰也终于离开了美华书馆。

结　语

范约翰早年和姜别利争吵与霸凌惠志道，还只是从外部干扰美

---

①　*The North-China Herald*, 7 July 1888, p. 21, 'US Court for the Consular District of Shanghai.'

②　BFMPC/MCR/CH, 233/69/104, J. Gillespie to G. F. Fitch, New York, 6 June 1888.

③　ibid., 207/23/32, G. F. Fitch to J. Gillespie, Shanghai, 20 December 1888.

华书馆的经营发展，等到他从1885年初开始入主美华，权力在握便恣意而为，在他的自我、偏执与好斗性格不断放大的阴影下，美华不幸经历三年多的动荡危机。范约翰先与职工陷入对立紧张的局面，导致印刷品质低落遭人诟病；他没有务实改善技术与品质以免于批评，只顾和重要客户与同会的传教士吵架争执；等到英美圣经公会不再和他来往，造成美华产量大减，他为维持美华有盈余上缴的传统与自己的颜面，开始大量承接性质不合传教印刷所的低俗印件作为弥补；又不断撰写长篇大论争辩与告状而无心于实际馆务，以致长老会内外都认为让他掌理美华真是严重的错误，甚至要求干脆关闭美华以省麻烦。美华拥有1860年代建置完成的独特中文活字技术，也在1870年代拥有优越的地理位置和空间，却在1880年代陷入人谋不臧的状况，几乎被范约翰一人主演的乱局拖垮，直到1890年代才又趁着甲午战后及戊戌维新兴起的西风而起，只是当时离以商务印书馆为代表的本土印刷出版业崛起也不远了。连同早年从外部干扰美华算起，由范约翰主演的乱局是美华先后十四名主任中仅见的不幸场面，这场乱局不但阻碍美华向前发展，还拖累美华的馆务与声誉，无疑是美华八十八年历史中最黯淡和难堪的一段时期。

10

盛极而衰：美华书馆的后半生
1888—1931

绪　言

　　美华书馆曾长期执中文印刷出版业的牛耳，对近代中国思想与知识的传播有过重要的贡献，因此成为近代印刷出版史研究领域常见的课题，相关的论著为数不少。不过关于美华的研究有个特殊的现象，就是集中在姜别利主持馆务的时期（1858—1869），主要讨论他在中文印刷技术上的贡献，至于美华在他以前和以后的时期，则少有人关注，尤其是他离职以后的美华更少见专门的研究。姜别利时期的美华活字印刷固然独步一时，但那十一年仅是美华存在的八分之一时间。姜别利离职后的美华继续存在超过一甲子，其中将近四十年位居中国规模最大的印刷出版机构，也是重要的中文铅活字供应者，并在十九、二十世纪之交的约十年间达到其出版上的巅峰时期，可与1860年代活字生产的盛况相辉映，此后即由盛转衰以至关闭，只是这些都还少有专门深入的探讨。

　　缺少关于姜别利以后美华书馆的专门研究，连带引起一个问题，就是其他主题的论著涉及这段时期的美华时，因缺乏专门研究美华的成果可以参考利用，论述易于陷入错误。例如美华关闭的时间和原因就是常见的一个错误，以相当有名的《谷腾堡在上海》（*Gutenberg in Shanghai*）一书为例，其作者不止一次宣称：1923年美华被商务印书馆并购一事，象征着谷腾堡发明并由传教士带来的西方印刷术彻底中国化。[①]这是《谷腾堡在上海》第一章非常重要

---

　　① 　Christopher A. Reed, *Gutenberg in Shanghai: Chinese Print Capitalism,*（转下页）

的立论，也是开展其书以下各章内容的基础。但这是完全错误的，美华并非结束于1923年，而是八年后的1931年。《谷腾堡在上海》讨论的是约六十年（1876—1937）间的事，而作为西方印刷术中国化象征的年份却和史实相差八年，这是个严重的问题。何况美华根本不是被商务印书馆并购而消失的，没有发生的事当然不能作为西方印刷术中国化如此大局的象征。更糟的是不只《谷腾堡在上海》这么说，数十年来许多专书、论文和网络文章也持同样的说法，似乎已成为定论。可是这些说法或者如《谷腾堡在上海》一样没有交代出处，或者所举的出处是另一个同样错误的前说。[①]

美华书馆的没落和商务印书馆的崛起，确是本土与外国在华印刷出版业兴衰交替的象征，非常值得研究。不过，关于美华没落的缘故，美华所属的美国长老会外国传教部出版的相关图书都表示，中国与日本印刷出版业者的快速发展与低廉成本，以及1920年代中国的工潮，是迫使美华结束的原因。[②]有些学者也接受这种外在因素造成美华关闭的说法。但这种说法其实是外国传教部基于本身立场的自我辩护，若仔细检视美华的档案内容即可知道，外在因素再重要也只是原因之一，美华内部的问题与外国传教部在华体制的改变，同样是美华没落和结束不可忽略的另两个原因。正是外在因素、内部问题与传教体制的改变三者交互为用，最终导致美华步

（接上页）*1876–1937* (Honolulu: University of Hawaii Press, 2004), pp. 86, 87. 芮哲非著、张志强等译，《谷腾堡在上海：中国印刷资本业的发展（1876—1937）》（北京：商务印书馆，2014），页108，109。

① 笔者所知最早提出美华于1923年卖给商务印书馆一说，为1980年代朱联保所撰《近现代上海出版业印象记》（上海：学林出版社，1993），页294，《美华书馆》。

② Gilbert McIntosh, *Septuagenary of the PMP* (Shanghai: APMP, 1914), pp. 15–17. Arthur J. Brown, *One Hundred Years: A History of the Foreign Missionary Work of the PCUSA* (New York: Fleming H. Revell Company, 1936), pp. 374–375. G. Thompson Brown, *Earthen Vessels and Transcendent Power: American Presbyterians in China, 1837–1952* (New York: Orbis Books, 1997), p. 261.

向没落的不归路。

本文主要依据美华书馆已经或尚未出版的档案，探讨美华在十九、二十世纪之交达于极盛，又随即从巅峰中落、衰退以至出售而结束的原因、经过与结果，论述从1888年费启鸿接掌美华起，至1931年底美华结束为止，前后近四十四年间的兴衰起伏。这段时期正是美华八十八年历史的后半，希望本文的论述有助于了解美华的没落与本土印刷出版业兴起的一面。

一、迈向鼎盛

1899年，美华书馆主任费启鸿在上海租界外的北四川路购置13亩多土地，大小为北京路美华原址的四倍稍多。1903年6月，美华在新购地上兴建的印刷厂大厦落成启用，同时还建立工匠家庭宿舍五排及教堂，当时附近还是一片郊野，美华新建的厂房独踞其间，整体构成相当堂皇壮观的景象，而北京路的旧馆继续作为行政管理

图10-1 1903年启用的北四川路印刷厂大厦及教堂（左）
（G. McIntosh, *Septuagenary of the Presbyterian Mission Press.* Shanghai:
American Presbyterian Mission Press, 1914, frontispiece.）

中心与销售部门。这时的美华拥有新旧两馆房地,印刷出版大有发展,可说是其历史上的巅峰时刻,也是费启鸿主持美华十五年来的巨大成就。

费启鸿于1845年出生在美国俄亥俄州(Ohio)亚芳(Avon),先后毕业于俄州的西方储备学院(Western Reserve College)与连恩神学院(Lane Theological Seminary),担任一年牧师后成为长老会外国传教部的传教士,于1870年11月初抵达中国[①],先后在上海、苏州与宁波等地传教,其间曾自1881年11月起代理美华书馆主任一年。1887年9月,由于传教士范约翰经营下的美华混乱不堪,外国传教部任命费启鸿取代范约翰,却因范约翰抗拒,到1888年7月费启鸿才得接掌美华。[②]费启鸿在职二十六年,任期比美华历届主任都长得多,直到1913年底才卸任。

费启鸿时期美华书馆的产量统计显示,第一年(1889年6月底止)的产量是2 382万多页,随后虽然偶有起伏,整体是一路向上增加,只有1901年时受义和团运动与八国联军侵华的影响,从1900年6月底为止的6 562万余页,大幅度跌落至1901年的3 622万余页,几乎减少了3 000万页(45%),但此后迅速回升,1902年的产量倍增达到7 215万余页,还超过

图10-2　费启鸿像
(G. McIntosh, *Septuagenary of the Presbyterian Mission Press*, frontispiece.)

---

①　BFMPC/MVF/George Field Fitch, G. F. Fitch, 'Biographical Record;' ibid., 'Personal Sketch of G. F. Fitch.'

②　BFMPC/MCR/CH, 207/22/146, G. F. Fitch to J. Gillespie, Shanghai, 21 June 1888.

战乱前的产量。此后继续增长，而在1907年第一次越过1亿页，但接下来数年产量高低不稳定，也显示美华开始由盛而衰，其现象与原因留待下节分析缕述。

表10-1　费启鸿时期美华书馆的产量统计

年　度	产量（页）	年　度	产量（页）
1889	23 820 863	1902	72 150 634
1890	37 750 624	1903	76 280 594
1891	41 677 300	1904	81 122 718
1892	42 418 457	1905	97 938 284
1893	43 032 400	1906	81 284 288
1894	36 702 967	1907	105 160 160
1895	49 041 438	1908	113 802 475
1896	46 300 925	1909	75 838 582
1897	50 550 953	1910	77 671 284
1898	45 691 943	1911	89 017 463
1899	67 625 660	1912	72 192 359
1900	65 620 817	1913	135 574 054
1901	36 224 361		

资料来源：1. 美华书馆年报；2. 美国长老会外国传教部年报

　　在职工方面，1889年美华书馆雇有将近80人[1]，经过十五年的经营，到印刷厂大厦启用这年（1903），职工增加至177人，另有外包

---

　　① 　BFMPC/MCR/CH, 214/46/–, 'Annual Report of the APMP, June 30th, 1889.'

的装订工60人,合计237人,将近1889年的3倍①;第二年(1904)职工又增至190人,外包装订工80人,合计270人。②费启鸿在1896年时表示,职工忙碌到多数日子都加班至晚上八点钟,他经常得婉拒上门的生意,尽管美华添购了好几部印刷机器,却总是有做不完的印件。③六年后(1902)费启鸿又报导,美华的生意是过去从没有的兴旺,接受的订单足够忙碌很长一段时间,只能谢绝应接不暇的印件。以往一部书的标准印量是2 000部,现在有许多书都印到10 000部。④

在产品的内容方面,美华书馆是传教印刷出版机构,产品自然都是基督教性质,以往虽印过一些非传教性产品,如艾约瑟《重学》、丁韪良《格物入门》、狄考文《笔算数学》等书,但在美华产品整体中所占的比例很小。费启鸿接掌后情况改变,美华从专门性质的传教印刷出版机构,发展成包罗广泛的综合性印刷出版机构,承印许多非传教性产品,著名的如广学会(The Society for the Diffusion of Christian and General Knowledge among the Chinese)出版的《泰西新史揽要》《中东战纪本末》《经学不厌精》等等。美华历年年报中的产品类别统计清楚地显示十九、二十世纪之交美华从专门到综合化的发展演变:较早的1889至1894这六年,产品类别的统计是中英文混合计算的,非传教性产品归入"杂类"(Miscellaneous)中,而杂类只占美华全部产品数量(都以页计)很小的比例,如1889年占13%,《圣经》等类传教产品则高达79.4%。可是从1895年起,非传教性产品增加,在统计中脱离杂类而单独列

① *Annual Station Reports of the CCM of PCUSA, for the Year 1902–1903* (Shanghai: APMP, 1903), pp. 70–74, 'APMP, Shanghai, Report for Year Ending June 30th, 1903.'

② ibid., for the Year 1903–1904, pp. 86–90, '*Report of the APMP.*'

③ BFMPC/MCR/CH, 210/34/pt. 2/58, G. F. Fitch to R. E. Speer, Shanghai, 26 June 1896.

④ ibid., 247/57/23, G. F. Fitch to R. E. Speer, Shanghai, 7 April 1902.

为"中文教育类"（Educational Works in Chinese），占这年美华全部产品的10%，1898年时所占比例提高至20.1%。从1900年起，中文与英文分开统计类别数量，而以中文占绝大多数，其中非传教性产品占中文产量的比例为14.3%（1900）、15.9%（1901）；1902年美华的非传教性产品激增，数量几乎是前一年的七倍，比例则占这年全部中文产品达48.4%；1903年非传教性产品略降，占全部中文产品的35.8%，此后三年又回高峰，分别占49.4%（1904）、50.3%（1905）和49.6%（1906），都约占当年中文产量的一半。二十世纪最初几年正是美华馆务攀登至巅峰的时期，也充分展现其综合性印刷出版机构的形象。

美华书馆的财务是显示其经营成果的又一项指标。1890年代美华的财务状况良好，利润递增：1890年的净利只有486.5元，到1895年已增加至4 822.57元，几乎是五年前的十倍纯益。[①]这年美华毗邻的房地产出售，开价15 500银两，费启鸿希望能够买下，并表示美华有能力自筹款项，不必外国传教部支援[②]，但没有获准。1896年美华的净利又提升至8 600元，费启鸿也说这是历来最大的年度盈余[③]；两年后（1898）利润再度跃升至14 971元，大幅度增加了6 371元[④]；1899年的净利维持在14 800元[⑤]；1900年时因为支付新购北四川路土地价款，净利才减为11 228元[⑥]。1902年时费启鸿表

① BFMPC/MCR/CH, 24/61/30, G. McIntosh to R. E. Speer, Shanghai, 26 May 1906.
② ibid., 210/34/pt. 1/40, G. F. Fitch and G. McIntosh to R. E. Speer, Shanghai, 28 June 1895.
③ ibid., 212/39/22, G. F. Fitch to R. E. Speer, Shanghai, 31 March 1899.
④ Robert E. Speer, *Report on the China Missions of the Presbyterian BFM* (New York: The BFM of the PCUSA, 1897), p. 66. BFMPC/MCR/CH, 209/29/25, G. F. Fitch to R. E. Speer, Shanghai, 27 May 1899, enclosure, 'Press Balance Sheet.'
⑤ BFMPC/MCR/CH, 246/55/3, G. F. Fitch to R. E. Speer, Shanghai, 17 March 1900.
⑥ ibid., 247/61/30, G. McIntosh to R. E. Speer, Shanghai, 26 May 1906.

示，美华的财务正处于最佳状况，过去三年在支付20 000元购买北四川路土地和新建一幢房屋的费用后，还有9 000元存款在银行中。①到1905年时，美华的净利为11 374元。②

以上所述产量、职工人数、业务量、产品类别和财务状况等各方面的数据，都展现出美华书馆在1890年代有突飞猛进的发展。到1903年北四川路印刷厂新厦启用时，其经营规模之大与财务状况之良好达到历年未曾有的巅峰状态。在此两年前（1901），外国传教部的秘书布朗（Arthur J. Brown）来华视察，他说自己仔细检查过美华的业务，也和圣经公会及其他传教会代表谈论过美华的服务，足以认定美华在中国确实已尽全力，也产生了巨大的影响，是全世界最重要的一家传教印刷所。③

美华书馆得以缔造攀登顶峰的成就，是时代环境和内部管理两个因素相互为用促成的。

（一）时代环境

十九、二十世纪之交前后约十年的中国社会，很有利于美华书馆的经营。由于1894年中日甲午战争与1900年八国联军侵华战争两次战争失败的刺激，人民求新求变之心急切，追求西学与讲究时务的风气大为流行，美华和同业的印刷出版品成为许多人了解时局和寻求补救之道的捷径，传播新知与消息更快的报刊也应时纷纷出现。

西学与时务风气的形成，同文书会（Book and Tract Society of

---

① BFMPC/MCR/CH, 247/57/67, G. F. Fitch to R. E. Speer, Shanghai, 2 October 1902.

② ibid., 247/61/30, G. McIntosh to R. E. Speer, Shanghai, 26 May 1906.

③ A. J. Brown, *Report of a Visitation of the China Missions, May 22–September 19, 1901* (New York: BFM of the PCUSA, 1902), p. 144.

China）及其后继的广学会有重要的推引作用。同文书会由传教士韦廉臣（Alexander Williamson）创立，以在华出版中文基督教与一般书刊进行传教为目的，他撰有《中国士人与如何接触他们》（*The Literati of China and How to Meet Them*）一书①，认为图书是接触中国士人的有效工具，主张在科举考试场合大量赠书给应考人，再通过他们改变全中国。韦廉臣努力实践此种想法，1888年在北京、南京、沈阳、杭州和济南五地的乡试期间赠书②，此后每逢乡试，同文书会及后继的广学会都如此照做，还打算推广到全国250个设有科举考试贡院的地方。到1891年时，赠书活动推及十二个省份③，1893年乡试送六万部书给十个沿海省份的应考士人。④1894年乡试，广学会又送书两万部及《万国公报》三千部。⑤1897年乡试，广学会在四川、山西、陕西等十一个省份赠送十二万多部书。⑥科举考试期间赠书的基督教团体还有各地的圣教书会，但他们送的都是传教书，而同文书会或广学会则主要为西学与时务书，比较受欢迎，影响力也不同。

　　考试期间赠书以外，广学会出版品平时的销售量也节节上升。以金额衡量，1891年广学会出版品销售收入为561元，1893年为817元，随后开始大幅度增长，1894年为2 286元，1895年为2 119元，1896年跃升至5 899元，1897年再度大幅增长至12 146元，1898年达到18 457元之多，将近1891年的三十三倍，相当惊人，

---

① Alexander Williamson, *The Literati of China and How to Meet Them.* Glasgow: Aird & Dogbill, n. d.

② *1ˢᵗ Annual Report of the SDCGKC, for Year Ending October 31, 1888* (Shanghai: Printed at the Society's Office, 1888), p. 7.

③ *4ᵗʰ Annual Report of the SDCGKC for 1891*, pp. 10–14, 18.

④ *6ᵗʰ Annual Report of the SDCGKC for 1893*, p. 7.

⑤ *7ᵗʰ Annual Report of the SDCGKC for 1894*, p. 12.

⑥ *10ᵗʰ Annual Report of the SDCGKC for 1897*, pp. 15–16.

难怪广学会的年报声称其出版品是"中国最有影响力的思潮引领者"①。可以说,广学会显著的声势和影响力,来自双管齐下的大量赠送与定价销售模式,又有《万国公报》为其宣传鼓吹,再加上张之洞等中国高级官员屡次捐银助阵等。

除了广学会,1890年代前期出版西学与时务相关书籍的机构团体,还有江南制造局、益智书会、同文馆等。出书日益增多,不免令汲汲于求新求变的中国读者眼花缭乱,于是梁启超仿照张之洞为传统学术而编的《书目答问》,于1896年编印《西学书目表》,作为购买及阅读西学时务图书的指南,他强调:"国家欲自强,以多译西书为本;学子欲自立,以多读西书为功。"②梁启超这种西书可以强国立身的主张以及仿照《书目答问》的形式,将西学提升到至少与传统学术平等的地位,结果《西学书目表》问世后大受欢迎,还出现盗印版③,随后陆续有人编印类似的《东西学书录》等参考工具,助长了西学与时务图书的传播。

在举国滔滔一片西学时务热潮中,相当令人惊讶的是光绪皇帝也赶上这阵热潮。除学习英文外,他又于1897年准备了一份多达140种西书的清单,派遣太监向美国圣经公会在北京的书店要求代为订购,结果圣经公会代表在上海搜罗到129种送进宫内,其中大部分(89种)是广学会的出版品,另外30种由其他机构团体出版,太监另向圣经公会书店加购文理本和官话本的《圣经》各一部。④

---

① *10ᵗʰ Annual Report of the SDCGKC for 1897*, p. 14; *11ᵗʰ Annual Report of the SDCGKC for 1898*, p. 16.

② 梁启超,《西学书目表序例》,收在张静庐辑注,《中国近代出版史料(初编)》(北京:中华书局,1957),页57—61。

③ 潘光哲,《晚清士人的西学阅读史(1833—1898)》(台北:"中央研究院"近代史研究所,2014),页329。

④ *82ⁿᵈ Annual Report of the ABS* (1898), p. 144; *83ʳᵈ Annual Report of the ABS* (1899), pp. 103–104. *11ᵗʰ Annual Report of SDCGKC for 1898*, pp. 15, 32–35.

美华书馆本来就是广学会出版品最主要的印刷生产者，也代为销售，费启鸿身为美华主任，对中国人讲求西学时务的风气感受深刻，常论及这种转变。1895年他以美华所印的广学会《万国公报》为例，表示读者对中日战争结果的重视与追求可靠信息的欲望，促使《万国公报》的销售大增，而且账面上的销售数量还不能显示真正的读者人数，因为一名读者看完后转交下一名读者，一家看完转交下一个家庭，一本《万国公报》往往有许多人先后阅读。[1]

在1896年的美华年报中，费启鸿又谈论中国社会风气的转变，有个从反对基督教强烈的湖南前来上海访问的人，也向美华订购多达120部《万国公报》，此外这年美华代印代销的科学和教科书都大幅度增加，包含代销中国教育会（Educational Association of China）的出版品达到2 052元，代销广学会的出版品多达2 899元。[2]费启鸿形容这种现象："中国即使尚未真正觉醒，但已有许多人开始眨眼了，他们的眼界会很快地越来越开。"[3]

1897年初，费启鸿又说：

中国的前景整体看来是明亮的，尤其从教育的观点看来如此。在一个像中国如此广大而保守的国家，改革和进步只能是缓慢的，但是有足够的迹象显示，官员们正在向前进，他们的目光越来越投向他们信赖的一些有治事能力

① *Annual Station Reports of the CCM of PCUSA, for the Year 1894–1895*, pp. 51–53, 'Annual Report of the APMP, Shanghai, for Year Ending June 30th, 1895.'

② ibid., *for 1895–1896*, pp. 52–55, 'Annual Report of the APMP, Shanghai, for Year Ending June 30th, 1896.'

③ BFMPC/MCR/CH, 210/34/pt. 2/63, G. F. Fitch to Benjamin Labaree, Shanghai, 31 July 1896.

的传教士。同时，对于科学和教科书的需求大量增加，一些传教士最好的著作如算学、国际法、中日战史、十九世纪史等，都被中国人随意盗印或翻印，大赚其利，从前这些书即使免费送也不见得有人要。①

在1898年的美华书馆年报中，费启鸿谈到中国人关注的西方已不再限于船坚炮利的狭隘范围，也提到光绪皇帝购买西书，以及中国和海外各地都有人向美华大量订书的事实。②1899年，费启鸿进一步谈到"百日维新"及政变前后的对照，他说维新运动期间，不少各地传教士自设或协助地方人士设立书店出售西书，有些传教士鉴于当时对西书的巨大需求，唯恐自己落后向隅，于是在经费还没着落时便抢先向美华订书，金额有多达1 000元以上者，美华也都通融先发书；等到政变后局面发生变化，有些抢订西书的传教士付不出钱而进退维谷，导致美华1898年的小额待收账款从前一年的23 717元大增至34 324元，所幸这只是一时的现象，对西书的需求已是不可逆的潮流，费启鸿还表示美华收不到的呆账向来少之又少，没什么好担心的。③

1900年的义和团运动与八国联军侵华使得华北的市场遭到破坏而停顿，美华书馆的生产和营业为之减量，甚至也裁减了工匠人数，不过这种情形只有一年，生意随即在1901年内复苏。难得的是有些中国高级官员在战后主动和美华来往，如山东巡抚袁世凯

①　BFMPC/MCR/CH, 211/37/6, G. F. Fitch to Benjamin Labaree, Shanghai, 11 January 1897. 费启鸿在1897年的美华年报中也有类似的说法。

②　*Annual Station Reports of the CCM of the PCUSA, for the Year 1897–1898*, pp. 52–55, 'Annual Report of the APMP, Shanghai, for Year Ending June 30th, 1898.'

③　BFMPC/MCR/CH, 215/47/–, *Annual Station Reports of the CCM of the PCUSA, for the Year 1898–1899*, pp. 53–59, 'Annual Report of the APMP, Shanghai, for the Year Ending June 30th, 1899;' ibid., 246/55/6B, G. F. Fitch to R. E. Speer, Shanghai, 6 April 1900.

派员考察美华在内的数家印刷机构,北京政府则通过总税务司赫德(Robert Hart)订购13 400个字模,以及铸字与印刷材料,而四川一名高级官员也购买2 000磅重的活字与印刷材料,准备在当地开办西式印刷所。[1]1902年的美华年报开篇就报导市场需求大幅度反弹,远超过美华的产能,为此还得紧急补充职工人力,从1901年6月的109人增加到1902年6月的148人[2];1903年6月再度增至177人,连同外包装订工60人,共237人[3],而北四川路的印刷厂大厦也在当月落成启用,这时候的美华书馆正达到鼎盛巅峰。

(二)内部管理

所处的时代环境固然利于美华的发展,但还得有良好的内部管理才能顺应时势发挥经营之功,后者是促成美华极盛的第二个因素。

1890年代美华书馆内部管理最主要的一项改变,是管理阶层的强化,在主持馆务的主任(Superintendent)之下,新增经理(Manager)一人:主任为按立的传教士,负责全部决策;经理则为专业印工,负责实际印刷相关工作。这是美华管理制度上的创举。

在费启鸿接掌美华书馆以前的四十多年间,美华都由一名主任或代理主任负责馆务,共有十三人(包含费启鸿于1881—1882年代理一年),其中十名为传教士,两名为专业印工,一名为初入社会、没

---

① BFMPC/MCR/CH, 246/56/83, G. McIntosh to R. E. Speer, Shanghai, 2 November 1901. 这封信未具体指出是北京政府哪个部门及四川高级官员的职称姓名。

② *Annual Station Reports of the CCM of the PCUSA, for the Year 1901−1902*, pp. 69−73, 'The APMP, Shanghai, Report for the Year Ending June 30th, 1902.'

③ ibid., *for 1902−1903*, pp. 70−74, 'APMP, Shanghai, Report for Year Ending June 30th, 1903.'

有经验的年轻人。整体来说并不理想，传教士来华的初衷都是直接面对华人讲道传教，没人愿意从事间接辅助性质的印刷出版工作，何况十九世纪的印刷已是复杂的专门技术，外行人不易上手，只因现实缺乏专业印工，受到推选或指派的传教士不得不勉强上任，能维持局面已是尽心尽力，期望他们开展新局不免强人所难，若如费启鸿的前任范约翰刚愎自用，更是有害无益。至于两名专业印工柯理与姜别利，他们的印刷技术都没有问题，其中姜别利对于美华和中文印刷技术尤其贡献卓著，但是布道站自然都以传教士为主，尽管印工的名义、薪水和权益都比照传教士，实际分量仍有差别，因此印工如何自处或如何与传教士相处大有讲究，两名专业印工最后都因与传教士争执不睦而去职。至于没有就业经验的年轻人狄昌，几乎都在传教士兄长狄考文的羽翼护持下任职，还是与其他传教士相处不洽。

既然传教士或专业印工主持美华书馆各有利弊，那么究竟应该由谁担任就成为长期无解的难题。随着美华的规模越大，经营越繁杂，由一名传教士主持馆务也变得相当吃力，1883年时主任侯尔德因此生病返美休养，随即有多达二十八名长老会传教士联名具函，要求外国传教部尽速派来一名专业印工，在传教士之下负责美华的印刷事务。他们的理由是一人无法负担美华繁巨的事务，勉强而为有害健康，而且当时美华印刷品质已经明显低劣，必须改善，但传教士对印刷技术的改善实在无能为力。[①]可是外国传教部没有回应这项要求。

传教士联名要求派专业印工不成，又经过七年，到1890年时

---

① BFMPC/MCR/CH, 204/16/207, 'The Missionaries of the Presbyterian Church in China, make the following request of the Board of Missions in relation to the Mission Press at Shanghai,' dated February, 12, 1882 [*sic.* 1883].

却意外实现了美华管理阶层的强化。原来是在上海的同文书会于同一年结束下属的墨海书局，负责书局的专业印工金多士（Gilbert McIntosh）将在这年10月合约期满后返回苏格兰。金多士来华已经五年，熟悉中文印刷出版业务，并通晓中文和上海话。费启鸿和他在上海相识，得知他将要离华，认为他正是美华需要的难得人手。当时美华书馆才结束前主任范约翰引起的乱局不久，费启鸿接任后要收拾残局并不容易，更重要的是如何让美华重新出发。虽然费启鸿曾于1881至1882年间代理美华主任一年，但对印刷技术与生意毕竟不在行，而金多士的条件正可以弥补他的不足。于是费启鸿征求其他传教士意见，并探询金多士本人的意愿后，于1890年5月、8月两度向外国传教部要求，以传教士名义和薪水延揽金多士协助经营美华。[①]

或许是认清了美华书馆确实需要专业印工辅佐传教士经营，加上金多士的在华经验和语文能力是可立即派上用场的有利条件，外国传教部这次很干脆地同意他的任命，也没有计较他是英国人，甚至还主动授予经理的新职称，开启美华管理阶层的新制度：以传教士为主任负全责，辅以专业印工为经理。[②]

本已回到苏格兰的金多士收到任命通知后，于1891年4月初启程，先到美国和外国传教部的秘书等人见面，再从美国西岸上船东来，于1891年5月19日抵达上海。[③]他才到职就承受极大的考验，因为两周后费启鸿即返美休假，行前写信告诉秘书："金多士做事明快

<hr />

① BFMPC/MVF/Gilbert McIntosh, G. F. Fitch to John Gillespie, Shanghai, 22 May 1890; 30 August 1890.

② BFMPC/MCR/CH, 234/71/87, J. Gillespie to the CCM, Boston, 24 October 1890.

③ ibid., 208/25/61, G. McIntosh to J. Gillespie, Falkirk, 26 December 1890; ibid., 208/25/97, Shanghai, 28 May 1891.

又稳当,我很高兴能将工作交到如此能干的人手中。"①金多士不仅得一肩挑起中国最大规模印刷出版机构的所有工作,还加上费启鸿原来兼办的长老会中国各布道站的司库职务,长达一年半,至1892年11月底费启鸿回到上海为止。后来金多士透露,自己在那段独挑大梁期间,由于工作十分艰巨而引发头痛,持续多年一直困扰着他。②

若不计1891年金多士刚到上海、费启鸿即返美休假的短暂两周,两人从1892年底起共事,他们的个性都相当温和,在美华担任账房二十年并和费启鸿同一办公室的高凤池描述,费启鸿"和蔼谦逊,如冬日之可爱""温文尔雅,从无疾言厉色"③。相对于前主任范约翰的自以为是、盛气凌人,可说是截然相反的待人处世之道。后来费启鸿过世,华人筹建的教堂还名为"鸿德堂"以示纪念。

在费、金两人齐心协力的管理下,美华书馆的经营蒸蒸日上,职工、产品、产量、利润等进展数据已如前文所述外,还有一项明显的改变,就是陆续增加不少印刷机器。印刷机是一家印刷所的基本生产工具,十九世纪后期印刷技术日新月异,更讲究欲善其事先利其器,但美华并非如此,从1858年姜别利接任起,长达三十年间美华只有过四部动力印机④,到1888年费启鸿上任时,美华

---

① BFMPC/MCR/CH, 208/25/94, G. F. Fitch to J. Gillespie, Shanghai, 28 May 1891.

② ibid., 211/37/45, G. McIntosh to B. Labaree, Shanghai, 1 October 1897.

③ 高凤池,《费启鸿教士小传》,《明灯道声非常时期合刊》,264期(1939年5月),页5—6。

④ 这四部动力印机,首先是1862年外国传教部运来的侯伊(Hoe)动力印机,于1866年被姜别利打包运回美国;其次是1873年狄昌购置的一部二手英国制动力印机,至1880年代初因老旧不堪而停用;第三部为1882年费启鸿代理美华主任时添购的卡垂勒(Cottrell)动力印机;第四部则是不知何时有的一部小型压版(Platen)印刷机。以上分别参见笔者,《铸以代刻》,中华版,页457—471;台大版,页501—505;*Annual Report of the PMP, at Shanghai, for the Year Ending September 30, 1873*, p. 4; BFMPC/MCR/CH, 205/19/110, J. M. W. Farnham to F. F. Ellinwood, Shanghai, 8 April 1885; ibid., 205/17/238, W. S. Holt, 'Report of the APMP, Shanghai, China for 1882'; ibid., 214/46/-, 'Annual Report of the APMP, June 30th, 1889'。

有两部动力印机：一是六年前购置的卡垂勒动力印刷机（Cottrell Power Press），也是美华主要的生产工具；一是小型的压版动力印机（Platen Power Press），此外就是六部手动印机。[①]这样的阵容在十九世纪后期流行机械化大规模快速生产的时代，显得并不出色，因此几位美华主任都说过印件多而需要日夜赶工。印件多固然是事实，但也是动力印刷机不足，只能以劳力密集的手动印机加班所致。

费启鸿上任不久，就从伦敦订购一部小型布瑞纳（Bremner）动力印机[②]，随后在印刷内行的金多士协助下陆续添补，到1896年时美华已拥有七部动力印机（五部滚筒、两部压版）和六部手动印机，动力印机之多已不是费启鸿刚上任时的两部可以相提并论，此外美华还有两部打样印机、四部铸字机、液压和螺丝装订机等。就因为具备这些生产机器，当1900年前后中国社会盛行追求西学与时务风气时，美华才有足够的条件大量生产，供应传教以外更宽广的市场需要。1896年以后费启鸿与金多士有意继续多添机器，但限于美华的馆舍已无法腾出空间容纳，只能暂时停手。[③]等稍后在北四川路兴建宽敞的新印刷厂，他们又开始筹划增购印机，并在1902和1903两年内新添三部动力印机[④]，加上原来已有的七部，合计十部动力印机，以及六部手动印机，展现出美华书馆巅峰时刻壮观的生产机器阵容。

---

① BFMPC/MCR/CH, 214/46/–, 'Annual Report of the APMP, June 30th, 1889.'

② ibid., 'Annual Report of the APMP, June 30th, 1889.'

③ ibid., 215/47/–, *Annual Station Reports of the CCM of the PCUSA, for the Year 1899–1900*, pp. 54–57, 'Annual Report of the APMP, Shanghai, China, for Year Ending June 30, 1900.'

④ ibid., *for the Year 1901–1902*, pp. 69–73, 'Annual Report of the APMP, Shanghai, China, for Year Ending June 30, 1902;' ibid., *for 1902–1903*, pp. 70–73, 'Annual Report of the APMP, Shanghai, China, for Year Ending June 30, 1903.'

二、由盛而衰

美华书馆在费启鸿任内达到鼎盛，却也在同一期间由盛而衰。这种现象令人惊讶，却是事实。十九、二十世纪之交在各方面都相当美好的美华书馆，于1903年到达巅峰，盛况持续数年后，从1907年起陆续出现了几个由盛而衰的指标事件：

第一件是1907年长老会外国传教部华中教区的年会通过决议，主张出售美华书馆，并将所得作为直接传教活动的经费。1907年是基督教来华的一百周年，而美华的年产量也在这年第一次突破一亿页（105 160 160页），美华也借此项成就庆祝基督教来华百年。[1]不料美华所属的华中教区却另有想法。在这年9月底至10月初举行的年会中，传教士们认为中国传教情势大有改变，因此决议以经济、效率和传道优先三大原则，计划对区内各项传教事业进行整编，包含出售美华书馆充作直接传教费用，理由是本土印刷出版业繁盛，足以承印所有传教书刊，外国传教部不如将美华历年积淀的庞大资金、财产与人力，转而投入直接传教更有效益。[2]1907年时的美华还在巅峰盛况，外国传教部也没有接受这项出售美华的建议，但这项主张对于美华却是一记警钟——如果连美华所属的华中教区都会通过出售美华的建议，显然是本土印刷出版业兴起

---

① BFMPC/MCR/CH, *for 1906–1907*, pp. 57–61, 'The APMP, Shanghai, Report for the Year Ending June 30th, 1907.'

② BFMPC/MCR/CH, 247/62/54, Asher R. Kepler to R. E. Speer, Ningpo, 4 October 1907; ibid., 247/62/59, J. E. Shoemaker to R. E. Speer, Yuyiao, 14 October 1907; ibid., 247/62/61, G. F. Fitch to R. E. Speer, Shanghai, 21 October 1907.

后,许多传教士认定美华不再是传教工作无可取代的必要部门,维持美华的存在并不合乎经济与效率,此后本土印刷出版业越发展,就会有更多传教士质疑美华的必要性与适当性,美华的处境也将越困难。

第二件是从1907年起美华书馆的年产量非常不稳定。先是从1906年的8 128万多页,大幅度跃升至1907年突破1亿页,接着1908年又提高至将近1亿1 400万页,不料1909年却猛然跌落至7 583万多页,降幅多达三分之一(约3 800万页),还低于1906年的产量。对于如此巨大的减少,费启鸿的说明完全归咎于中国追求新教育的杂乱无章,以及印刷出版与书店业的混沌无序,以致退书极多,美华不得不减量生产。[①]可是这种解释反映出费启鸿和金多士的判断能力有问题,才会在他们口中混乱的中国情势中随波逐流,让美华接连于1907与1908两年浮滥生产各超过1亿页,直到1909年才发觉情况不对而大量减产,费启鸿不能反求诸己,却以后见之明怪罪中国的情势混乱。

第三件是1910年美华书馆出现二十年来第一次亏损,虽然金额无可考,但费启鸿承认是严重的亏损,他也说明亏损的缘故:一、一名离职他就的外籍职员,其新单位没有兑现原本承诺要偿付给美华的费用;二、美华要负担另一名外籍职员休假的费用;三、又一名负责门市部的外籍职员休假期间生病未返岗位,代理人又不负责任,以致门市部出现大笔亏空;四、中外印刷出版同业竞争激烈;五、上海生活费用持续上升,美华只能随着提高工资而推升成本。[②]更糟的是费启鸿虽然强调翌年的情况应该会好转,事实

---

① *Annual Station Reports of the CCM of the PCUSA, for the Year 1908–1909*, pp. 59–62, 'The APMP, Shanghai, Report for the Year Ending June 30th, 1909.'

② BFMPC/RG 82/2/3, G. F. Fitch to R. E. Speer, Shanghai, 13 June 1911.

并没有改善，1911年美华又亏损8 583元。[①]奇怪的是已知的1911年美华档案中找不到费启鸿的解释，但无论如何，接连两年亏损已足以凸显美华衰退无疑的事实。

第四件是1911和1913两年，费启鸿以杀价策略抢进印刷生意。美华书馆作为传教印刷出版机构，向来不刻意追求利润，早自1877年起对于印件的标准计价方式就是直接生产成本加上40%，费启鸿也照此办理。[②]其实这40%包含税捐、消耗、折旧、管理等在内，还有利润的话也很有限。即使如此薄利，随着中、日印刷出版业者的兴起与竞争，美华印刷中文《圣经》的生意也逐年减少，1908年费启鸿有时必须将上述40%的加价大幅度降至15%才争取得到生意。[③]到1911年时，他应该是受到上述1910年美华亏损的刺激，更采取他称为"实验"（experiment）的进一步杀价策略，终于抢到大批《圣经》印刷生意，这年美华的《圣经》产量也从1910年的445万多页大量增至1 126万页。[④]1913年时费启鸿再度使出杀价策略，又争取到英国圣经公会更大的《圣经》生意，这也是美华整体产量从1912年的7 219万多页猛然增至1亿3 557万余页的主要原因。[⑤]可是，原来的计价方式已几乎无利可图，大幅度杀价之后又如何能达到费启鸿所称的没有明显损失？[⑥]1911年亏损8 583元是否正是杀

---

① BFMPC/RG, 82/2/3, E. M. Reid, Public Accountant & Auditor, to the BFM of the PCUSA, Shanghai, 18 July 1912.

② BFMPC/MCR/CH, 201/13/241, W. S. Holt to F. F. Ellinwood, Shanghai, 4 December 1877; ibid., 207/23/65, G. F. Fitch to J. Gillespie, Shanghai, 8 April 1889.

③ ibid., 247/63/23, G. F. Fitch to R. E. Speer, Shanghai, 11 June 1908.

④ *Annual Station Reports of the CCM of the PCUSA, for the Year 1910–1911*, pp. 55–58, 'the APMP, Shanghai, for Year Ending June 30, 1911.'

⑤ ibid., *for 1909–1910*, pp. 49–52, 'the APMP, Shanghai, for Year Ending June 30, 1910;' ibid., *for 1910–1911*, pp. 55–58, 'The APMP, Shanghai, Report for the Year Ending June 30th, 1911.'

⑥ BFMPC/RG 82/71/15, APMP, Shanghai, China, Report for Year Ending June 30th, 1913.

价的后果？此种杀价策略又能持续多久？都令人不能无疑。而曾经长期是中国印刷出版业龙头的美华，竟然需要依赖大幅度杀价才有竞争力，肯定已不是从前的美华了。

上述从1907至1913七年间的四件事，显示美华书馆已经度过巅峰时期，逐步往下坡路走，1910和1911年的亏损可以确定衰退已经相当严重。何以至此？下文分别就外在的竞争、内部的问题和制度的变化三方面，讨论1888至1913年费启鸿任内美华面临的危机或衰退的原因，其中有些危机或原因早在美华迈向鼎盛的途中就已形成，到达巅峰以后才明显暴露出来。

（一）外在的竞争

前文述及中国社会追求西学时务的时代风气，促使美华书馆迈向鼎盛，而同一时代风气促成的中国与日本本土印刷出版业的大兴，却吊诡似的成为美华最大的危机。

费启鸿主持美华不久，就遇上中国和日本同业的竞争，而且活字和印刷两者都如此。1889年，他依照美华一向的计价方式，向英国圣经公会驻华代表报价一笔2 000墨西哥银元的《圣经》印件，却被一家中国同业以1 500银元的低价抢走生意，费启鸿也无可奈何；活字方面，他说美华的活字价格依大小原来每磅50分到4元不等，由于华人和日人同业的竞争，他不得不降低为每磅35分到3.5元，利润当然也大为降低。[①]

1890年代中期以后，印刷出版业发展更盛而竞争更激烈，就连本是美华书馆"天职"的《圣经》印刷，都被中、日同业夺走大部分，其中日本同业对美华形成的竞争压力，甚至比中国同业来得更早

---

① BFMPC/MCR/CH, 207/23/65, G. F. Fitch to J. Gillespie, Shanghai, 8 April 1889.

更大。1897年来华巡察传教事业的长老会外国传教部秘书史皮尔（Robert E. Speer）表示，日本人将中文《圣经》印得更快、更好、更便宜，而且装订更牢固，因此英美圣经公会乐于将订单发给日本人，而金多士也承认美华的机器性能较差，只能徒呼负负。[1]

四年后的1901年，另一位外国传教部秘书布朗又来华视察，他在报告中认定美华书馆最严重的竞争者是日本同业，英美两国圣经公会的代表明白告诉秘书，他们各自在日本印的中文《圣经》数量，都远超过交给美华的印量，因为即使算入中日间的运输成本，日本业者的要价比美华还少得多，有时甚至只是一半而已，他们当然要到日本去印；布朗考察后也断言，不论美华或中国同业都无法和日本同业竞争，不论规模、机器、人力成本都难以相提并论。[2]

由于商务印书馆的迅速崛起，布朗这样的论断很快就需要修正了。商务创立于1897年，合股者包含原来工作于美华书馆的几名基督徒在内，店址就在美华附近。1900年的美华年报中第一次提及商务，表示商务已在几方面成为美华的竞争者，但即使与美华的生意有些冲突，美华始终乐予协助。[3]布朗于1901年也说商务和美华的关系非常友善，即使预期以后来自商务的竞争会加大，但到当时为止，中国本土业者仍无法与美华并驾齐驱。[4]到1906年美华年报又谈到商务的成功经营时，语气已经转变，不便再提美华乐予协助或无法和美华并驾齐驱了。[5]再到1909年布朗二度来华，在考察

---

[1]　Robert E. Speer, *Report on the China Missions of the Presbyterian BFM*, p. 69.

[2]　A. J. Brown, *Report of a Visitation of the China Missions*, pp. 145-146.

[3]　BFMPC/MCR/CH, 215/47/-, *Annual Station Reports of the CCM of the PCUSA, for the Year 1899-1900*, pp. 54-57, 'Annual Report of the APMP, Shanghai, China, for Year Ending June 30, 1900.'

[4]　A. J. Brown, *Report of a Visitation of the China Missions*, p. 145.

[5]　BFMPC/MCR/CH, 247/61/46, G. McIntosh to R. E. Speer, Shanghai, August 10, 1906, enclosure, 'APMP, Shanghai, China. Report for Year Ending June 30th, 1906.'

报告中论及美华难以和中日同业竞争时，认为商务是所有中日同业之首，也是亚洲规模最大的印刷出版机构，布朗并以许多篇幅描述商务各方面的成就，最后显得有些勉强地说："嫉妒商务的成功或叹息商务造成美华更为困难的处境，都是小心眼和计较了（small and narrow）。"①

美华书馆《圣经》印刷生意的戏剧化演变，最能凸显在1890年代和1900年代的二十年间，美华在中日同业竞争压力下面临的危机。1890年代最初的四年间，《圣经》的印刷页数分别占美华总产量的66%、62%、66%和64%，所占比例很高，甚至达到三分之二。这种情形从1894年起开始下滑，这年所占比例为45%，以后明显是一路向下的趋势，偶有一年回升，随即又降低，从1904年起已经降至个位数，而以1910年的仅有6%为最少，费启鸿撰写这年的美华年报时有些无奈地表示："确切地说，为各圣经公会印刷已几乎完全没我们的事了。"②费启鸿似乎意犹未尽，又感慨地回顾1860年代时，传教士平文（James C. Hepburn）为了印刷《和英语林集成》（*A Japanese and English Dictionary*）一书，特地从日本千里迢迢来到上海住下，直到美华印成他的书为止，谁知四十多年后情势翻转，中文《圣经》竟然得远赴日本印刷，对照之下真是巨大的改变；接着费启鸿欲罢不能地继续宣泄心中的感触，说起美华曾有全世界唯一买得到完整中文活字的独门生意，每个字模从50分至1金元，到1910时已滑落至只要12分，而且随处都买得到。③

不料事情却还没到谷底，1913年时美华竟向日本购买了14点

---

① A. J. Brown, *Report on a Second Visit to China, Japan and Korea, 1909* (New York: BFM of the PCUSA, n. d.), p. 97.

② *Annual Station Reports of the CCM of the PCUSA, for the Year 1909–1910*, pp. 49–52, 'the APMP, Shanghai, for Year Ending June 30, 1910.'

③ ibid.

和11点大小的两套中文字模，各8 500个上下，这年金多士撰写的美华年报还宣称，这些日本制造的字模将大有助于美华印刷中文。①对比于1860年代姜别利制造与出售日文活字、相率上门的日文书印刷生意，以及姜别利进一步东渡日本指点制造西式活字的技术，双方前后将近半世纪的落差转变，真是不可以道里计！

（二）内部的问题

美华书馆内部的问题来自外籍职员和中国工匠两者，最出人意料的是外籍职员带来的管理问题竟远大于中国职工。

美华书馆的外籍职员人数一向不多，在费启鸿上任以前，已知连同主任在内，最多同时有三名专任的外籍职员。1888年费启鸿上任时独挑大梁，1891年才有金多士加入，随后美华业务逐年发展，1895年时新添一名外籍专职会计处理账务，1897年因杂志部门事务繁杂而增加外籍助理一人，1898年又从美国雇来也是传教士名义和待遇的专业印工杜礼思（Clarence W. Douglass），作为美华第三号人物，协助金多士管理印刷事务，到十九世纪结束时，美华的外籍职员就是上述这五人。进入二十世纪后，美华继续添加外籍职员，如西书装订、英文校对、门市部门助理、速记员、办公室助理等，到1908年时连同费启鸿、金多士在内，共有十三人之多②，而同一年的美华年报还表示正在找人入伙当中。③

这些外籍职员都是随着美华书馆业务发展而雇用的，或许不能说是冗员，但严重的是这十三人中只有费启鸿和金多士领取外国传

---

① BFMPC/RG 82/71/15, 'APMP, Shanghai, China. Report for Year Ending June 30th, 1913.'

② *Annual Station Reports of the CCM of the PCUSA, for the Year 1906–1907*, pp. 57–61, 'The APMP, Shanghai, Report for the Year Ending June 30th, 1907.'

③ ibid.

教部的薪水，其他十一人都由美华自付薪水。他们也都和传教士一般，绝大多数来自美国和英国，家眷的来华船费由美华负担，到职后由美华建屋或租屋供住，每六年返乡休假一年（路程另计），连家眷的船费都由美华支应，休假期间也继续领取薪水，而美华还得再付钱找人代理其职。如此待遇可说相当优厚，可是人数增多以后却成为美华的一大负担，也吃掉了美华的许多盈余。1907年的美华年报虽然承认外籍职员为数很多，下半句话却又宣称美华财务良好，营业收入比前一年多出5万元①，这么说应是认为不必担心外籍职员的问题。但1908年费启鸿又谈到外籍职员的费用时已改变语气，表示这是越来越困难的一项负担，1910年的美华年报进一步承认这是沉重的事实，可是这两次检讨都以外籍职员的工作效率高就交代了事②，并未予以改善。如此态度显示主其事的费启鸿与金多士尽管已了解问题的严重性，却任其继续恶化，才会有前文所述1910年美华第一次发生亏损的五个原因中，竟有三个是外籍职员造成的。

　　令人不解的是何以美华竟连门市助理和办公室助理等人，都得从美英两国寻觅不可？这类基层工作并不需要特殊的技术条件，若说美华许多顾客是外国人，需要懂英文的人，岂不是从上海的外国人或会英文的中国人就地取材即可？二十世纪初年的上海常住外国人口早已超过一万人③，其中若无合适者，当时的上海懂英文的中国人为数也很多，而美华本身就是个中英文交会的场域，而且华人

　　① *Annual Station Reports of the CCM of the PCUSA, for the Year 1906–1907*, pp. 57–61, 'The APMP, Shanghai, Report for the Year Ending June 30th, 1907.'

　　② BFMPC/MCR/CH, 247/63/23, G. F. Fitch to RE. E. Speer, Shanghai, 11 June 1908. *Annual Station Reports of the CCM of the PCUSA, for the Year 1909–1910* (Shanghai: APMP, 1910), pp. 49–52, 'The APMP, Shanghai, Report for the Year Ending June 30th, 1910.'

　　③ ibid., 247/61/21, G. McIntosh to R. E. Speer, Shanghai, 5 March 1906.

的薪水只有外籍职员的十分之一上下，又没有休假、旅费与宿舍等耗费，但美华坚持雇用代价高昂的基层外籍职员。直到1914年时，在美华的两百名华人职工中，才终于有了二十八名能说英文的基层职员，担任发货、出纳、记账和销售等低阶的工作。[1]

至于中国职工带给美华管理上的问题，主要是时常有熟练的工匠离职。这种情形早自1860年代姜别利时期就有，到1890年代本土印刷出版业大兴以后为烈。新开张的印刷业者找人手的捷径，便是从工匠人数多的美华挖角，1895年起费启鸿和金多士屡次在书信与美华年报中记载工匠跳槽他就的事。[2]例如1896年上海新开办的两家英文日报，以较高工资挖走了一批美华的英文排版工匠，美华即使提高工资仍留不住人。[3]1902年，金多士向一名访客表示，在过去的三年间，美华培训出来的24名英文排版工匠，竟有半数以上（13名）跳槽到其他印刷出版机构。[4]同一年的美华年报也提及，义和团运动与八国联军侵华之后，到处都有新开的本土印刷出版机构，不少美华的工匠被较好的工资与较高的职位吸引而去，美华只能进用一批新手，以致印刷品质不如以往。[5]1908年时费启鸿又说，美华必须提高工资以留住工匠。[6]

---

① BFMPC/RG 82/71/15, 'APMP, Shanghai, China. Report for Year Ending June 30th, 1913.' G. McIntosh, *Septuagenary of the PMP*, p. 8.

② *Annual Station Reports of the CCM of the PCUSA, for the Year 1894–1895*, pp. 51–53, 'Annual Report of the APMP, Shanghai, for Year Ending June 30th, 1895.'

③ ibid., *for 1895–1896*, pp. 52–55, 'Annual Report of the APMP, Shanghai, for Year Ending June 30th, 1896.'

④ BFMPC/MCR/CH, 247/57/11, G. McIntosh to R. E. Speer, Shanghai, 3 February 1902.

⑤ *Annual Station Reports of the CCM of the PCUSA, for the Year 1901–1902*, pp. 69–73, 'APMP, Shanghai, Report for Year Ending June 30th, 1902.'

⑥ BFMPC/MCR/CH, 247/63/23, G. F. Fitch to R. E. Speer, Shanghai, 11 June 1908.

（三）制度的变化

1908和1910年，美华书馆分别经历了制度上的改变，不幸的是这两次改变都对美华相当不利，结果是美华在长老会对华传教体系中的地位一再下降。

美华的地位一向独特，主任与经理由外国传教部任命，经营也由外国传教部直接监督；美华虽然配属于华中教区，美华事务却无华中区传教士置喙的余地，仅有的例外是在年会时推派代表稽核美华经费收支而已；相对于此，美华主任与经理却是华中区的传教士，有权参与本区事务的讨论与投票。从1870年代起，华中区的传教士屡次要求外国传教部处理这种不对称的相互关系，可是都没有获得满意的答复。[1]到1904年时美华有上述权力的职员增至四人[2]，约略相当于一个布道站的传教士人力。这使得华中区其他传教士更为不满，于是在1908年的华中区年会通过决议，要求设立美华书馆董事会（Board of Directors of the Presbyterian Mission Press in Shanghai, China），由华中区的宁波、上海、杭州和苏州四个布道站各推代表一人，加上美华主任共同组成，代表任期两年，控制（control）美华的政策，但实际经营仍由美华主任负责，必须每年向董事会提出报告。[3]

依照这些规定，美华董事会位于主任之上，掌握美华大权，而美华将成为华中区传教士共管之下的一个部门。这些规定其实是颠

---

① 华中区传教士提案要求厘清与美华关系的次数很多，例如 *Minutes of the 28th Annual Meeting of the CCM, held at Shanghai, September 22nd to 30th, 1897* (Shanghai: APMP, 1897), pp. 48–49; ibid., 1898, p. 10; ibid., 1899, p. 22.

② 在费启鸿与金多士外，新增有传教士身份的杜礼思与麦尔赐（C. M. Myers）两人。

③ *Minutes of the 39th Annual Meeting of the CCM of the PCUSA, held at Shanghai, September 23rd to September 30th, 1908* (Shanghai: APMP, 1908), pp. 12–13.

倒过来的另一种权力不对称,原来美华四人有权参与华中区讨论与投票,但华中区每一布道站也各有数人参与,1908年时四个布道站合计有投票权的传教士至少有十五人(不计医生与教师),即使美华四人对华中区事务的立场一致,仍是作用很有限的少数;相对于此,美华董事会成员共五人,美华主任只是成员之一,而华中区的四人对美华是起到决定性的大多数,也改变了原来美华由主任直接向外国传教部负责的体制。

早在1870年时,长老会全体在华传教士曾经决议,要求美华书馆由他们共同管理,却遭到外国传教部的驳回[①];不料将近四十年后的1908年,前辈传教士未竟的目的却由华中区传教士达成了,外国传教部完全接受华中区的建议。[②]数十年来美华书馆只在名义上配属华中区,事实上是由外国传教部直辖,现在却因设立董事会而降级成为名副其实由华中区共管。外国传教部没有说明接受这项建议的原因,很可能是到1908年时中国传教事业已经发展到相当庞大复杂,外国传教部发觉很难有效直接监督每样工作和机构,所以愿意放手。身为美华主任的费启鸿并不赞成这项巨大的改变,认为实务上不可行,因为董事会四名成员分散各地,既不懂印刷,也没有商业经验,只怕会是美华的阻力而非助力;不过个性温和的费启鸿又说,自己很了解有些传教士对于董事会兴致勃勃,他觉得不便反对,以免遭人误解他抓紧权力不愿分享,他甚至表示愿意尝试新制度,若是成功,他会比谁都高兴。[③]于是美华有了一个上级管理监督层级。

新制度才实行两年,1910年美华再度遭逢贬抑。这次是外国传教部为重建中国传教事业体系,新设统理长老会在华所有传教工

---

① 参见本书《狄考文兄弟与美华书馆》一文所述。
② BFMPC/MCR/CH, 248/66/pt. 4/32, R. E. Speer to CCM, 14 December 1908.
③ ibid., 247/64/12, G. F. Fitch to R. E. Speer, Shanghai, 15 March 1909.

作的中国总会（The China Council of the Presbyterian Church in the U.S.A.），并由该部在华的八个教区分别推派代表组成，外国传教部不再直接处理各教区或各布道站事务。中国总会分设若干委员会，其中之一为美华书馆委员会（Committee on the Mission Press），专责审议决定美华财务、人事与业务等事项，也取代前述才成立不久的华中区董事会，成为美华最新的管理监督上级。美华凡事得先经过中国总会的美华委员会审议决定，再报请外国传教部最后定夺。比起1908年以前由美华主任直接呈报外国传教部决定，其效率不可同日而语。华中区的美华董事会还有美华主任参与其中，但中国总会的美华委员会最初的三年并没有美华的代表，形成美华事务完全由美华以外的人讨论决定的局面。

美华是传教事业的讲道、医疗、学校、印刷出版等部门中，最需要讲究世俗商业经营之道的部门，和其他部门有相当大的差别。若全由讲道的神职传教士讨论决定有关美华的事务，而没有美华的代表在场参与，既不周全也不合理，更不尊重美华及其经营者，但是在外国传教部的天平中，美华书馆的地位肯定已大不如前，才会出现此种新制度。1910年中国总会成立以前，美华曾请求外国传教部拨款25 000元补助，传教部不但拒绝，还指示美华的需求和前途都由未来的中国总会考虑决定[1]，这显示出外国传教部似乎急于撇下美华的担子，或者说美华的地位更低落了。

中国总会成立后的确讨论了美华书馆的前途，决议认为尽管中国同业竞争压力庞大，但美华长期以来信誉卓著，实际上也还大有用处，因此主张续办美华，并建议与美以美会（Methodist Episcopal

---

[1]　BFMPC/MCR/CH, 248/66/pt. 4/85, R. E. Speer to G. F. Fitch, New York, 10 June 1910.

Church, North）与监理会（Methodist Episcopal Church, South）两个同出一源的传教团体谈判，将彼此在华的印刷出版机构合并为一，以壮大规模和资源便于竞争；同时，中国总会也给予经营美华的费启鸿八项具体建议，以期增进效率，如辟设主任和经理的专用办公室、增添外国行政与技术职员、增添若干机具、减少待收款项金额、重新争取中文《圣经》印件等。[①]

中国总会将续办美华、合并其他印刷所和具体的八项建议呈报美国，外国传教部同意后再转给费启鸿。合并一事牵涉较广，将于后文讨论；至于八项具体建议，费启鸿的回应是那些几乎全都早经考虑或试办过了，有的欠缺经费不能行，有的试行而没有成功，还有些建议则是不切实际，甚至无益而有害。[②]费启鸿的回应完全证实前文所述，关于美华事务的讨论若无美华的代表参与易流于空谈，而且中国总会就在上海开会，却吝于要费启鸿列席发表意见，宁可将讨论的结果送往美国绕一圈转回上海给他，结果还真的是一场空谈。

这些叠床架屋的新制度和没有效率的办事方式，应该会让经营美华已经不顺的费启鸿感到失望。他从1888年美华书馆临危之际受命主持，在外有追求西学时务的时代环境、内有专业印工辅佐管理的有利条件下，经过十五年的经营发展，带领美华于1903年达到巅峰。盛况维持四五年后，由于中、日同业的竞争压力，加上内部管理与制度改变的问题，馆务逐渐走向下坡。1913年底，年近七十的费启鸿返美休假，将美华交由金多士代理主持并随即辞去主任一职，结束了他在美华四分之一世纪的任期，也结束了美华在这段时间由衰而盛，又盛极而衰的历程。

---

① BFMPC/RG 82/1/3, Report of the Committee on the APMP, Shanghai, no day [received 31 January 1911].

② ibid., RG 82/2/3, Extract of Letter of G. F. Fitch, dated Shanghai, 25 February 1911.

三、最后的十八年

1914年1月19日，外国传教部任命金多士为美华书馆主任[1]，他也是美华的最后一位主任，从此至1931年底的十八年任期中，美华不幸走向没落结束的不归路。虽然金多士始终坚持美华在中国总有一席之地，也努力惨淡经营美华，但是随着本土印刷出版业持续壮大，美华内部的管理问题却没有明显改善，而所属的外国传教部及其传教士对美华的态度却逐渐转变，从开始的求变图存到等待机会以最有利的方式结束。

这段时期美华的前途掌握在中国总会和外国传教部的手中，由前者讨论出结果再报请后者决定，而金多士主要是执行的角色，在最后出售美华的过程中，他甚至连参与讨论的机会都没有。中国总会原来设有美华委员会，至1922年时废止，改设美华书馆董事会（Board of Directors for the Mission Press）[2]，有四名成员：三名由总会委员充任，第四名为当然董事，即美华主任金多士，但前三名成员都是神职传教士，在董事会中占多数，态度也相当强势，个性比费启鸿更为温和的金多士只能配合。

（一）惨淡经营

经营一家已经明显衰退的大规模印刷出版机构不是容易的事，

---

[1]　BFMPC/RG 82/2/3, The Secretary to G. McIntosh, New York, 31 January 1914.

[2]　*Minutes of the 13ᵗʰ Annual Meeting of the CC for 1922* (Shanghai: Printed at APMP, 1922), p. 52.

每一环节都有新旧各种难题待解，如果经营者自己或家人还有疾病变故，更是难上加难。金多士的情形正是如此，他于1914年上任后，1916年因伤寒、丹毒等症住院治疗近半年，1929年返英期间又住院治疗长期困扰的十二指肠溃疡，此外他曾因回英休养的妻子病危，三度奔波于上海与苏格兰之间，每次来回要一年至一年半时间，身心负担相当沉重。[1]

同样让金多士伤神的是美华书馆。首先是定位问题。由于本土印刷出版业持续壮大，美华越来越难竞争，在费启鸿主持的末期，就已放弃鼎盛时期面向中国社会全体的综合性印刷出版机构定位，重返原来的传教及相关性质的专门印刷出版。金多士接掌美华以后也延续此种定位，并在美华1914年的年报和他在同年出版的《美华书馆七十周年》(*Septuagenary of the Presbyterian Mission Press*)书中都如此宣告。[2]可是重回此种定位后的美华营业范围缩小，以传教和相关的印件为主，而传教印刷中最大宗也最有利润的《圣经》生意，已被中、日同业夺走大部分；至于相关的印刷出版则往往印量小或工繁利薄，中国同业经常无意承印，例如医学书和双语字典等，尽管金多士一直强调这是美华应印也乐印的生意，还美其名曰"质重于量"(quality rather than quantity)[3]，但这类生意能贡献于美华营收利润的很有限，而美华尽管不是营利事业，却也不能忽略盈亏问题，正如外国传教部秘书于1915年写信正告金多士：

> 我们必须非常清楚地面对印刷出版工作的生意面，除
> 非美华书馆有盈余，或至少能够自给自足（包含美华职员

---

① 金多士原配于1917年3月病逝，他于1920年10月再娶。

② BFMPC/RG 82/71/15, 'APMP, Shanghai, China, Report for Year Ending June 30, 1914.' G. McIntosh, *Septuagenary of the PMP*, pp. 31-34.

③ ibid., RG 82/15/17, 'APMP, Shanghai, 77th Annual Report, Year Ending June 30, 1921.'

中的传教士薪水在内），否则美华继续存在的必要性将会
是很严重的问题。①

秘书的警示很直接而且实在，赚钱或至少打平是美华书馆维持
下去的关键，因此金多士在高举质量的标语时，也必须低头关注现实
中的数量问题：盈亏。结果1914至1931年美华的损益情形如下表：

表10-2　美华书馆的损益1914—1931

年度	金额 （墨西哥银元）	年度	金额 （墨西哥银元）	年度	金额 （墨西哥银元）
1914	+4 958.06	1920	+8%②	1926	−3 324.58
1915	−4 639.53	1921	——	1927	−13 305.92
1916	+2 513.19	1922	+?③	1928	−12 350.05
1917	+3 114.24	1923	——	1929	+999.58
1918	——	1924	+3 000.00	1930	+6 435.58
1919	+低于5%④	1925	——	1931	+57.35

说明：+代表盈余，−代表亏损。1918、1921、1923、1925四年盈亏不详。
资料来源：1. 美华书馆年报；2. 美华书馆历年档案

在十八年期间，有十四年确知损益，四年不详。在确知损益的
十四年中，赚钱的年份较多，有十年盈余、四年亏损，只是或盈或亏及
其金额大小没有明显的规律。当1915年金多士接任后出现第一次亏

① BFMPC/RG 82/2/3, the Secretary to G. McIntosh, New York, 12 July 1915.

② ibid., RG 82/15/17, 'APMP, Shanghai, 77ᵗʰ Annual Report Year Ending June 30, 1921.'

③ ibid., RG 82/15/17, Dwight H. Day to G. T. Scott, 26 June 1923. D. H. Day 是外国
传教部的司库（Treasurer），他在此信中告诉秘书 G. T. Scott，美华1922年的账目显得
非常像样（a very good showing），比几年来的财务状况明显好许多。但他未列举具体的盈
余金额，本表因此以？表示。

④ ibid., RG 82/15/17, '76ᵗʰ Annual Report of the APMP, Shanghai, Year Ending June
30, 1920.'

损4 639余元时,他虽然承认外国职员薪水和休假费用的沉重负担是亏损的重要因素,却又归咎于中国人工作效率和责任感都差,美华不得不继续雇用外国职员。①1927年时美华大亏13 000多元,原因是中国南北政权争战波及上海和工人运动,美华闭门停工三个月,接着美华董事会又和有意收购的对象谈判交易而暂时停工。②收购谈判未成,随后的1928年继续亏损。令人意外的是最后三年的美华已是待价而沽的状态,却还能有盈余,1930年甚至达到6 000多元。

和盈亏有密切关系的另一个数量问题是产量。1914至1931年美华书馆的产量如下表:

表10-3　美华书馆的产量1914—1931

年度	产量(页)	年度	产量(页)	年度	产量(页)
1914	122 824 828	1920	123 674 021	1926	90 236 888
1915	54 884 532	1921	95 630 815	1927	—
1916	—	1922		1928	
1917	—	1923	86 966 983	1929	32 075 769
1918	—	1924	147 892 838	1930	—
1919	88 321 944	1925	79 234 790	1931	—

资料来源: 1. 美华书馆年报; 2. 外国传教部年报

在已知产量的十年中,每年产量高低极为悬殊而不规则,其中1914、1920和1924这三年都达到1亿2千万页以上,而1924年的1亿4千万多页更是美华历史上的最高产量,这却不是美华自己的努

---

① BFMPC/RG 82/2/3, G. McIntosh to R. E. Speer, Shanghai, 2 June 1916.
② *Minutes of the 18th Annual Meeting of the CC for 1927*, p. 91. BFMPC/RG 82/71/15, G. McIntosh, 'The APMP and Its Legacy.'

力所致，而是前一年（1923）日本发生关东大地震，当地的中文《圣经》印刷工作中断，这类生意转回中国，美华得以在1924年承揽大量《圣经》订单（8 358万多页）。因此这年美华含《圣经》在内的产量约是前一年的1.7倍，也约是后一年的1.87倍，这8 358万多页《圣经》比前述1913年美华以杀价策略争取到的7 219万多页还多，也是1924年美华能有3 000元盈余的原因所在。[①]但这年中文《圣经》印刷意外大增，此后无以为继，1925年美华的产量立即下跌至7 923万多页而已，减少达6 865万多页，跌幅相当惊人。同样令人惊奇的是1929年产量仅有3 200万多页，为这十八年期间最低，而且远低于各年，却还能有999.58元的盈余。

上述损益和产量两方面的数字，说明美华的情况好坏参差，虽然并非一直在恶化中，却是起伏波动很不稳定，既容易受到外在环境变化的影响，内部管理也没有明显改善，如外国职员的沉重负担，这些现象表明美华是在惨淡经营的状态，也实在难以期待外国传教部、中国总会和美华董事会能有信心和理由维持美华的存在。甚至连前主任费启鸿都在1916和1917年两度表示，应郑重考虑关闭美华，他说数年来美华虽然有些赚钱，却不是由于本业的印刷出版成果，而是北京路旧馆空房出租的副业收入所得，若不计房租收入，美华即出现赤字，加上所负担的外国职员的薪资等过高费用，几乎吃掉本业的利益，既然如此，美华还有必要存在吗？何况美华能印的，其他同业无不能印，因此费启鸿认定美华已走过光辉时日，是应该结束并将投入的经费移做更好用途的时候了。[②]

---

① BFMPC/RG 82/15/17, Charles E. Patton to G. T. Scott, Shanghai, 28 April 1925.

② ibid., RG 82/2/3, G. F. Fitch to R. E. Speer, Shanghai, 1 March 1917, enclosure: Copy of Letter from G. F. Fitch to J. W. Lowrie, Chairman of the China Council, dated Mohkansan, 16 October 1916.

（二）失落根基

美华书馆已经没落，数十年来作为发展根基的北京路18号房地则让人眼红。自从北四川路的印刷厂于1903年启用后，北京路的旧馆依然是美华的管理中心，费启鸿和金多士继续在此办公，和客户及各界的业务接洽联系在此，门市部和书库也在此，还有不少空间出租给圣经会、广学会等多个传教机构存放印好的书。

由于北京路18号位于租界中的精华地段，有人认为应该进一步利用才符合地段的"身价"。1910年中国总会讨论美华书馆前途时，曾建议外国传教部在适当时机出售这处值钱的房地产，以换取可观的金钱充实美华的经营。[①]这项建议虽然主张出售北京路18号，但用于美华，可说是取于斯用于斯。1915年中国总会再度开会时，情势完全不同了。由长老会借调、在中国基督教界常设合作组织"中华续行委办会"（China Continuation Committee）担任秘书的传教士罗炳生（Edwin C. Lobenstine）提出一项议案，主张在上海建立一栋办公大楼，容纳基督教在华各教派与各类机构合在一处办公，便于联系与合作，并建议优先以北京路18号为预定建筑用地。[②]

办公大楼的关系重大，经过数年讨论后，由于一笔来自美国的15万金元捐赠[③]，外国传教部决定另在地点更好的圆明园路购地，而北京路美华旧馆房地则公开出售，得款作为兴建圆明园路新

---

① BFMPC/RG 82/2/3, Report of the Committee on the APMP, Shanghai, no day [received Jan. 31, 1911].

② *Minutes of the 6th Annual Meeting of the CC for 1915*, pp. 14–18, 'Union Missions Building, Shanghai.' 前一年（1914）中国总会开会时，已有传教士提议善用这处房地，但未获通过，会议记录也未记载议案的内容（*Minutes of the 5th Annual Meeting of the CC for 1914*, pp. 13–14）。

③ ibid., RG 82/15/17, Letter to the China Council, Central China and Kiangan Mission, 25, January 1918.

图 10-3　金多士（前排左二）与部分中外职员合影
（G. McIntosh, *Septuagenary of the Presbyterian Mission Press*, p. 8 对页）

大楼的部分经费。1920 年初，旧馆房地出售得款银 111 800 两（约 152 634 元）①，中国总会先已屡次决议，这笔售款应有部分用于补偿美华贡献旧馆房地的损失，例如保留三分之一售款（约 5 万元）弥补美华原来的房租收入，和在北四川路印刷厂空地新建办公房屋等用，只是外国传教部已无意再如此厚爱美华，只同意每年拨款 5 000 元给予美华。②

美华书馆让出价值 15 万余元的北京路房地，只获得每年 5 000 元的拨款，大约相当于原来出租多余房间的收入，至于美华管理中心、门市部及书库将何去何从，外国传教部则完全置之不理，美华还得自行设法迁移。对美华而言，北京路房地平白失落，只换来每年

---

① *Minutes of the 11ᵗʰ Annual Meeting of the CC for 1920*, p. 37. BFMPC/RG 82/15/17, CCM Letter, #15, 26 August 1921.

② *Minutes of the 8ᵗʰ Annual Meeting of the CC for 1917*, pp. 28–29, 'Mission Building;' ibid., *10ᵗʰ Annual Meeting, 1919*, pp. 43–44; ibid., *11ᵗʰ Annual Meeting, 1920*, pp. 37–38. BFMPC/RG 82/15/17, J. W. Lowrie to A. J. Brown, Shanghai, 25 June 1919; ibid., 'Extract from Speer's Letter to the CCM, New York, 11 October 1919.

5 000元拨款,损失相当巨大,尤其正值衰退严重的时刻,还须为大我牺牲小我承受此种损失,更难有翻身的条件。传教士路崇德(J. W. Lowrie,中国总会第一任主席)为此打抱不平,他先于1920年将美华比喻成自有房产财富的女性,只因结婚时未订立财产各自独立的法律文件,婚后只能眼睁睁任凭丈夫随意处理自己的财产。①1923年时路崇德又表示,外国传教部每年给予美华的5 000元不能说是上对下的拨款,而是牺牲美华房地用于兴建圆明园路大楼后应该付出的补偿,因为那些房地本是美华自己挣来的。②话虽如此,外国传教部并没有改变已有的决定。

1920年5月,美华书馆迁离了长期以来作为根基的北京路18号,《字林西报》(*The North-China Daily News*)直接就以"北京路18号"为标题报道其事,说这是四十五年来海内外传教界熟知的一个地址,也是传教界相关人士到上海时的必到之地,因此当月15日美华的迁移是非常令人瞩目的事,美华的新址在博物院路20号,向中华基督教青年会新建大楼租用的部分空间。③1920年的美华年报也报导迁移到青年会大楼的事,还说这是圆明园路的"协进大楼"建好前美华的暂时地址。④不料美华还真到了不为人重视的地步,当协进大楼于1923年落成时,曾为此奉献自己根基的美华竟然分

① BFMPC/RG 82/15/17, Copy of Letter from J. W. Lowrie to the Secretaries and Other Members of the Board, in Report of Council on Mission Press Property at Peking Road, 22 July 1920.'

② ibid., RG 82/15/17, Extract from J. W. Lowrie to G. T. Scott, dated 11 September 1923.

③ *The North-China Daily News*, 19 May 1920, p. 9, '18 Peking Road.' *The North-China Herald*, 22 May 1920, p. 455, '18 Peking Road.' BFMPC/RG 82/15/17, '76th Annual Report of the APMP, Shanghai, Year Ending June 30, 1920.' *Minutes of the 11th Annual Meeting of the CC for 1920*, p. 37.

④ BFMPC/RG 82/15/17, '76th Annual Report of the APMP, Shanghai, Year Ending June 30, 1920.'

不到一席之地，只得于同年 5 月初再搬到北四川路 135 号，和已经拥挤不堪的印刷厂凑合一起，直到 1931 年底结束为止。

（三）合并不成

外国传教部并没有完全不顾美华书馆的生死，还曾积极推进美华和其他出版机构合并与合营的计划，前者的对象是上海华美书局（The Methodist Publishing House in China），后者则是和华美共同经营的协和书局（Mission Book Company）。

华美书局由出于同一宗派的美国美以美会与监理会合办。从 1894 年起，两会各自推动在上海设立印刷出版机构，后来决定合办，于 1902 年在吴淞路 10 号成立华美书局，双方各派力为廉（William H. Lacy）和韦尔逊（R. P. Wilson）为经理（Manager），1906 年韦尔逊辞职，即由力为廉独任其事。华美创立后，两位经理和会督（Bishop）柏赐福（James Bashford）都曾向金多士请教经营实务，双方关系良好。[①]

监理会早就有意和美华书馆合并。1899 年，该会秘书和传教士分别在纽约与上海两地，找上外国传教部的秘书和费启鸿讨论过合并的可能性。[②]但 1901 年监理会决定还是和美以美会合办华美，当时美华经营正迈向鼎盛，对于合并是可有可无的态度[③]；将近十年后情况转变，美华衰退的情势明显，为了求变图存，主动寻求和监理会与美以美会商讨合并的可能。前文述及 1910 年中国总会讨论美华的前途，除了决议续办美华，又建议外国传教部和监理会与美以美会协商，将美华与华美合并为一，认为成功的话将带来不少效益，

---

① BFMPC/MCR/CH, 247/57/27, G. McIntosh to R. E. Speer, Shanghai, 17 April 1902; ibid., 247/61/23, 30 March 1906.

② ibid., 212/39/22, G. F. Fitch to R. E. Speer, Shanghai, 31 March 1899; ibid., 235/77/26, R. E. Speer to G. F. Fitch, New York, 12 May 1899.

③ ibid., 246/56/75, G. F. Fitch to Mr. Hand, Shanghai, 10 October 1901.

例如可避免双方的竞争,一旦出售北京路18号,美华不仅能有充足的资金,还能利用华美现成空间作为合并后的办公室与门市部,减少行政人员以省开支,机器设备合一增强生产能力等。①

外国传教部同意了合并的建议,由秘书和监理会与美以美会联系,初步反应不错②,于是由各自的传教士与秘书层级分别在上海与纽约举行三方会谈。上海会谈于1913年1月举行,达成的主要决议包含:一、华美书局与美华书馆合并;二、合并双方资金平等,一方为长老会,另一方为监理会与美以美会;三、双方财产与印刷厂合并,但不含北京路18号;四、双方原有的门市书店合并为一。③

这些决议分别呈报三个传教会后,秘书层级的会谈于一年后的1914年1月在纽约举行。决议的内容既表示衷心同意上海会谈的结论,又认为当前明智之举是继续"商业性"的印刷,等到适合专注于"宗教性"印刷的时机来临,再进一步实现合并。④这结论的后半部分有些令人费解。原来是华美书局成立后,监理会与美以美会自家的印件有限,来自其他传教会的印刷生意又远不如预期,不能不广接商业性的一般印件,这种现象和美华的尽量不印商业产品形成对比。⑤在三方上海会谈的决议中,先已婉转指出传教印刷所并非赚钱的机构,但还是应当有可以自给自足和适当发展的经营策略⑥,指的便是商业性印刷的问题;到了秘书层级的纽约会谈中,此议又再度

①　BFMPC/RG 82/2/3, Report of the Committee on the APMP, Shanghai, no day.
②　BFMPC/MCR/CH, 248/66/pt. 5/15, R. E. Speer to China Council, New York, 30 March 1911.
③　BFMPC/RG 82/2/3, The Secretary to J. W. Lowrie, New York, 23 January 1914.
④　ibid., RG 82/2/3, The Secretary to J. W. Lowrie, New York, 23 January 1914; ibid., The Secretary to G. McIntosh, New York, 31 January 1914.
⑤　ibid., RG 82/2/3, J. W. Lowrie to R. E. Speer, Shanghai, 26 September 1912; ibid., G. McIntosh to R. E. Speer, Shanghai, 16 April and 19 September 1914.
⑥　ibid., RG 82/2/3, The Secretary to J. W. Lowrie, New York, 23 January 1914; ibid., The Secretary to G. McIntosh, New York, 31 January 1914.

列入，显然是监理会与美以美会担心，华美书局若为了合并而先断绝较有利润的商业印刷，万一夜长梦多，情况有变，华美将陷于非常不利的财务困境，因此设下原则同意，但等待有利时机再实现的条件。

外国传教部重视的却是决议前半部的原则同意合并，因此除了和对方的秘书层级保持联系，也通知上海的传教士继续和华美书局商谈合并实务，例如邀请双方认可的商界人士为彼此的财产与印刷厂鉴价，以作为双方出资的一部分等。[①]但是监理会与美以美会却从此冷淡下来，秘书层级有时以主办人因公出差，或内部印刷出版业务的制度问题为由，不肯明确答复外国传教部的联系，而华美的经理力为廉未接到上级指示，也不可能进行鉴价或其他合并工作。[②]1918年美以美会在上海负责编辑的传教士胡金声（Paul Hutchinson）详细报导华美业务不振，依赖商业印刷维持，因此疾呼应尽速与美华合并[③]，但仍不见进展。拖延到1920年底，传出华美书局将关闭印刷厂、只保留出版部门的消息后，更不可能实现和美华书馆合并。1921年底华美确定关闭印刷厂，推动多年的美华和华美合并案也告终结。[④]外国传教部一直希望合并有助于解决美华的

---

　　① BFMPC/RG 82/2/3, The Secretary to the CCM, New York, 12 February 1914; ibid., G. McIntosh to R. E. Speer, Shanghai, 16 April 1914. *Minutes of the 5th Annual Meeting of the CC for 1914*, pp. 12−13; ibid., *for 1915*, p. 13.

　　② ibid., RG 82/15/17, G. McIntosh to R. E. Speer, Shanghai, 29 March 1918; ibid., R. E. Speer to G. McIntosh, New York, 8 May 1919; ibid., R. E. Speer to C. W. Douglass, 5 August 1920.

　　③ MECMC/CH/Paul Hutchinson, 1916−1919, P. Hutchinson to F. M. North, Kuliang, Fukien, 13 August 1918.

　　④ BFMPC/RG 82/15/17, G. McIntosh to R. E. Speer, Shanghai, 17 December 1920; ibid., G. McIntosh to G. T. Scott, Shanghai, 1 April 1921; ibid., R. E. Speer to D. H. Day, New York, 18 May 1921; ibid., G. McIntosh to D. H. Day, Shanghai, 10 November 1921. MECMC/CH/Paul Hutchinson, 1916−1919, P. Hutchinson to Bishop L. J. Birney, Shanghai, 4 December 1920.《兴华报》第20年第27册（1923年7月18日），页1—2，《华美书局停办》。《字林西报》（*The North-China Daily News*）于1923年7月21日第8版报道，华美书局将印刷厂出售给商务印书馆。华美书局与美华书馆两个名称极易混淆，这应该就是数十年来广为讹传的美华书馆于1923年盘给商务印书馆的由来。

经营困境,这个期待最后还是落空了。

(四)协和书局

美华与华美合并不成,本来预计作为合并第一步,由双方合营的协和书局(Mission Book Company)却创立了。这家书局由美华书馆的门市部和华美书局的书店组成,双方各出资2万7千元,华美的2万7千元再由监理会与美以美会各出一半,协和的董事会也依此双方各半,由美华的金多士与华美的力为廉两人组成。

1915年5月1日,协和书局在北京路18号开张,又于杭州、南京两地设立分局,每年夏季还在江西牯岭开设分销处,以因应前往当地避暑的传教士需求。[①]1919年5月间,协和书局迁移到北四川路13号租用的房屋。

协和书局除了经销美华与华美两家产品,还代销一些教会出版机构如中国教育会、圣教书会、广学会、青年会和博医会的出版品,并兼售和代订英文书、期刊和文具用品。经销的出版品达三千余种,还编印经销图书目录,每书附内容摘要以便于选购。[②]协和书局初期几年的营业额,每年约11万墨西哥银元,从1922年起增加到15万元,甚至达到18万元左右。[③]协和的目标在于成为基督教在华出版品的发行经销中心。[④]据1919年的统计,由协和经销的中文基督教书刊,占全国同类书刊经销总额的一半[⑤],同业也认为协和不仅

---

① *Minutes of the 7th Annual Meeting of the CC for 1916*, p. 13.

② 《基督教书目摘录》(上海:协和书局,1923),前言。

③ *Minutes of the 8th Annual Meeting of the CC for 1917*, p. 27; ibid., *10th Annual Meeting, 1919*, p. 45; ibid., *13th Annual Meeting, 1922*, p. 54; ibid., *for 1923*, p. 111.

④ ibid., *for 1915*, p. 13.

⑤ MECMC/CH/Mission Book Company, J. W. Dovey to Paul Hutchinson, Shanghai, 28 June 1919; MECMC/CH/William H. Lacy, 1917–1920, W. H. Lacy to F. M. North, W. I. Haven and O. E. Brown, Shanghai, 22 November 1919.

图10-4 协和书局经销图书目录
（1922）

是上海最大的基督教书局，并且是全中国规模最大的这类书局①，这些都显示协和已经相当程度地达到预定的目标。

为扩大影响力，协和书局经理杜明德（J. Whitsed Dovey）奔走筹备，于1918年4月成立"中华基督教书报发行合会"（The Christian Publishers' Association of China），该会由广学会等十七家基督教印刷出版机构组成，宗旨是促进编辑与发行两者并行发展，以改善基督教界向来注重编辑而轻忽发行的现象。这个组织以协和书局为联络处，由杜明德担任合会副主席，事实上也由他执行会务，并编印《基督教出版界》（*The China Bookman*）季刊，该刊1918年4月创立，兼有中英文的内容。

基督教书刊的发行一向受限于教派观念，各教派出版社销售产品各自为政，而协和志在成为全国基督教出版品发行销售中心，正切合基督教界的需要，所以其销售量能占有全国同类书刊的半数，也能号召同业成立发行销售的团体，声势看来相当浩大。但是，协和本身却有"体质"不良的问题，从一开始就有严重的人事和经费危机，合营双方对于经营的业务也有不同的观点。

① 胡贻谷，《上海三教会书局之新发展》，《中华基督教会年鉴》（上海：中华基督教会年鉴，1927），页125—127。

在人事方面,协和第一任经理不详,在职仅一年。1916年6月第二任经理麦街(Hugh McKay)到职,他原是上海伊文思(Edward Evans)英文书店的助理,也仅在职一年即辞职返美。[①]由于找不到合适的人接手,即由会计杜明德于1917年6月升为第三任经理。但他本是亚细亚火油公司(The Asiatic Petroleum Company)的专任职员,只在业余照料协和事务,每周仅能拨出三小时用于协和,也不支薪,升为经理后依然如此。[②]这肯定不利于协和的健全发展,却拖延了三四年后,到1921年2月才由美以美会派出的专职经理克卓基(George D. Kerr)来华接手。[③]

不过,协和书局最大的问题在于经费困难。协和不但1915年开办时就没钱,此后到1920年为止都在赔钱,接连亏损六年。[④]所谓"没钱",指的是创立时美华和华美根本未投入现金资本,而是以书代金,分别拨出各自相当于2万7千元的存书抵充资本,也就是说协和必须卖掉书才有现金收入,也才能付薪水等各项支出。但图书买卖往往是书到后才付款,有时还会拖延,甚至发生呆账收不到钱,只有在书局当场零星买书才会付现金,以致协和经常处于捉襟见肘的窘境。所谓"赔钱",协和以经销中文基督教图书为主,这类图书一向有许多篇幅单薄的传教小册,书价和利润都很低,处理的人工等成本却不低,而协和又和美华一样自许传教为重,不计较利润厚

① BFMPC/RG 82/2/3, C. W. Douglass to R. E. Speer, Shanghai, 24 April 1917; *Minutes of the 8th Annual Meeting of the CC for 1917*, p. 27.

② MECMC/CH/Mission Book Company, W. H. Lacy to Paul Hutchinson, Shanghai, 28 June 1919; ibid., Paul Hutchinson, P. Hutchinson to E. M. North, Shanghai, 31 October 1919.

③ *Minutes of the 12th Annual Meeting of the CC for 1921*, p. 29.

④ 虽然第一、二年(1915、1916)经会计师稽核的账目是小有盈余,但金多士和力为廉各自向母会的报告都说记账有误,实际上是亏损(BFMPC/RG 82/15/17, G. McIntosh to R. E. Speer, Shanghai, 29 March 1918; MECMC/CH/William H. Lacy, 1917–1920, W. H. Lacy to W. I. Haven and G. A. Morgan, n. p., 2 July 1918)。

薄，因此只要交易过程及账款有些闪失错误，便易于亏损。虽然书价和利润较高的英文书可以弥补中文书的售卖，但协和创业后数年一直在第一次世界大战期间，寄运不稳定，汇率又经常变动，协和有时也只能认赔。[1]在没钱或赔钱的困难下，协和只能以存书抵押向银行透支，到1918年时因为透支额度（1万5千墨西哥银元）即将到顶，又屡次请求长老会、美以美会和监理会拨助经费，否则只有关门结束。[2]美以美会和监理会同意自1919年起每年各拨2 000元给协和，但长老会只在1919年一次拨给2 500元。[3]

长老会从金多士、美华书馆董事会到中国总会，在协和书局最初数年的困难期间，都显示出对协和消极冷淡的态度。协和开业的最初三年，由协和董事会的金多士和力为廉两人共同决定重要事项，到1918年时金多士不满意协和一直亏损，而且合营的双方对于协和事务都无否决权，只能协调合作，金多士竟选择退让，宁可由华美的力为廉主导协和事务。金多士还认为如此自己可以专注于美华本身的印刷业务，甚至主张美华应退出合营，以免继续分担协和的亏损。[4]

1920年力为廉返美休假期间，长老会中国总会的代表在上海拜访美以美会主管编辑的胡金声，表示长老会缺钱支持协和，希望美以美会能买下美华在协和的股份并单独经营；胡金声认为协和承担传播基督教书刊的关键性角色，比起美华与华美其实更为重

① MECMC/CH/Mission Book Company, 'Minutes of Second Meeting Special Commission Mission Book Company's Work.'

② ibid., William H. Lacy, W. H. Lacy to W. I. Haven and G. A. Morgan, n. p., 2 July 1918; ibid., W. H. Lacy to F. M. North, Shanghai, 1 November 1919; MECME/China/Mission Book Company, J. W. Dovey to P. Hutchinson, Shanghai, 28 June, 1919.

③ *Minutes of the 11th Annual Meeting of the CC for 1920*, p. 38.

④ BFMPC/RG 82/15/17, G. McIntosh to R. E. Speer, Shanghai, 29 March 1918; ibid., G. McIntosh and C. W. Douglass to R. E. Speer, Shanghai, 9 April 1918.

要,他个人认为美以美会将愿意买下协和独立经营。①胡金声将长老会的意向传回美国,力为廉知道后也觉得协和其实大有可为,主张趁此机会买下。②

美以美会并没有买下美华书馆的协和股份。不过,1921年2月美以美会派来的协和专任经理克卓基到职,协和也换了崭新的面貌。克卓基开源节流大力整顿,不仅营业额增加,也减少透支、存书、薪水和房租等支出,这年出现协和史上的第一次盈余1 481墨西哥银元,第二年(1922)盈余大增为8 618元,1923年更超过1万9千元。③眼看协和大有起色,美华董事会的态度也随之改变,再也不提出售协和股份,反而催促外国传教部尽快拨发拖延未给协和的经费④;又一再对克卓基的经营才能大加赞许⑤,并决议要重用他,很罕见地在金多士仍主持美华时,就先于1925年决议并公布克卓基将是美华的下一位主任⑥,美华董事会还为此特地协调美以美会的同意,让克卓基转入长老会任职支薪。⑦

协和书局在克卓基经营下继续扩展,具备(一)中文基督教图书销售;(二)中、英文期刊销售;(三)为内地传教士代购;(四)代传教士行李报关寄运等四项功能。⑧前两者原来已有,后两者为克卓基到职后新增,第三项为向内地各处传教士提供在上海购买和运送

---

① MECMC/CH/Paul Hutchinson, P. Hutchinson to Ralph A. Ward, Shanghai, 3 November 1920; ibid., P. Hutchinson to M. E. North, Shanghai, 24 November 1920.

② ibid., William H. Lacy, W. H. Lacy to R. A. Ward, Long Beach, California, 8 January 1921.

③ *Minutes of the 13th Annual Meeting of the CC for 1922*, p. 54; ibid., *for 1923*, p. 111.

④ ibid., *for 1921*, pp. 29–30.

⑤ ibid., *for 1921*, pp. 28–29; ibid., *for 1923*, p. 111.

⑥ ibid. *for 1925*, p. 42.

⑦ MECMC/CH/William H. Lacy, J. R. E. to W. H. Lacy, n. p., 26 May 1925.

⑧ ibid., Mission Book Company, 'The Mission Book Company, Shanghai.' 此份打字文件没有署名和日期,考其内容应完成于1925或1926年美以美会退出协和书局以前。

各式家具、杂项物品的服务，第四项为接受即将来华或离华的传教士委托，收送、转运家具物品等，这两项功能其实已经超过协和设立的宗旨，和售书无关，纯粹是为开源及便利各教派传教士而开办的。

1925年5月协和书局度过创立十周年纪念，却在同年稍后遭遇严重的打击。已有两年未缴每年2 000元经费的监理会，以本身欠缺经费为由退出协和[1]，而美以美会觉得若只有两方继续合营，该会负担的经费必然增加，因此也考虑退出，于是协和董事会于1925年11月开会决议解散，并于1926年4月30日生效。[2]这项解散决议生效的几天前，美以美会也确定退出合营[3]，于是三方合营的协和历经十一年后结束。但长老会决定单独续办协和，仍由美华书馆董事会管理[4]，只是美华董事会先前揄扬备至，甚至从美以美会借将，预定升为美华书馆主任的克卓基，此时也不再受到重视而被解雇了。[5]

合营的协和书局董事会决议解散时，距离当年度（1926）结束还有五个月，但最后这一整年协和的生意仍然良好，售出30家出版社与30名个人出版的4万多种、71万部书，营业收入将近14万2千元，净利有1 979元。[6]改由长老会美华书馆单独续办后，地址仍在北四川路13号，经营项目也不变，只是经理不再是克卓基，光景也完全不

---

① MECMC/CH/Mission Book Company, 'Mission Book Company, Shanghai (Notes secured by Dr. Gamewell in China, 1925).

② ibid., 'Item for Executive Committee, Shanghai, Item no. 2020.' no day; MECMC/CH/George C. Kerr, F. D. Gamewell to G. C. Kerr, n. p., 9 December 1925.

③ ibid., Frank M. Toothaker, F. D. Gamewell to F. M. Toothaker, [New York], 27 April 1926.

④ *Minutes of the 17th Annual Meeting of the CC for 1926*, p. 48; ibid., *for 1928*, p. 140.

⑤ MECMC/CH/George C. Kerr, F. D. Gamewell to G. C. Kerr, n. p., 14 December 1925.

⑥ ibid., Mission Book Company, 'Mission Book Company — for One Year Ending April 30, 1926.'

同了，第一年（1927）就亏损5 162元①，1928年不明，1929年又是亏损。中国总会虽然决议续办，但要求协和减少亏本②，到1930年时，连美华书馆都已待价而沽，协和书局就更不会在中国总会或美华董事会的意中，到这年8月协和终于关门结束，存书让售于中国人经营的广学书局。③当初美华书馆为求变图存，欲借合并华美书局与合营协和书局以壮大经营规模的企图，到此完全落空。

（五）出售结束

美华书馆最后以出售房屋、土地和机器设备等全部财产的方式结束，但不是一次就顺利出售，而是费了六年功夫，从1925年起经过几次长老会内部讨论，以及与不同的买方谈判，最后才于1931年完成出售而走入历史。

1925年美华书馆第一次决定出售时，并非打算就此结束，而是准备易地另起炉灶重建。当时美华方于前一年度过八十周年（1844—1924）纪念，产量从1923年将近8 700万多页跃升至1924年将近1亿4 790万页，是美华历史上的最高年度产量，而且1924年结算有3 000元的盈余；这年中也添购四年来第三部新式自动铸字排字机（Linotype machine），每部价格多达将近1万银元④，这些都有别于美华多年来暮气沉沉的景象。金多士还在1925年的美华年报中宣告，一些要求尽早停办美华的声音都消失不见了。⑤

---

① MECMC/CH/Sarah M. Bosworth, S. M. Bosworth to R. E. Diffendorfer, Shanghai, 8 June 1927.

② *Minutes of the 12th Annual Meeting of the CC for 1929*, p. 208.

③ ibid., *for 1930*, p. 135.《出版界》第14卷第3期（1930年9月），页1—2，《协和书局结束》。

④ BFMPC/RG 82/15/17, C. W. Douglass to G. T. Scott, Shanghai, 10 July 1925.

⑤ ibid., RG 82/28/22, APMP, Shanghai, '81st Annual Report — Year Ending June 30, 1925.'

尽管如此,中国总会和美华书馆董事会的成员对于美华却另有想法。1925 年 3 月的董事会议通过决议,先表明美华对于传教事业仍有特殊的必要性,不需要在近期停办,随即决定整笔出售美华房地产共 13.105 亩,得款优先偿还当年外国传教部借给美华建立印刷厂的贷款及利息,并兴建六户传教士宿舍楼房,剩余款项将用来另觅价格低廉的土地重建美华印刷厂,甚至还预定毫无印刷经验的协和书局经理克卓基为未来的美华主任。①

这些决议由担任美华董事会主席的传教士毕嘉罗(Charles E. Patton)一手强势主导,他认为鉴于外界对美华书馆有许多批评、金多士与杜礼思几年后将退休,以及中国社会的新情势等因素,美华需要改变,而因应之道就是出售后觅地重建。②毕嘉罗的如意算盘是北四川路的美华房地机器出售,估计可得款银 17.9 万两,在偿还母会贷款和利息 4.3 万两、兴建传教士宿舍 4 万两后,余款 9.6 万两分别用于购买美华新址土地 2 万两、新建厂房 6 万两、增添机器设备 1.6 万两等。③这些数字都是毕嘉罗的纸上粗略估计,其实当时连迁到何处都不知道。有如当时反对易地重建的杜礼思所说,若是迁到地价便宜的远处,还得考虑熟练工匠的来源和他们的住宿等不少问题。况且决议中指定接班的协和经理克卓基毫无印刷经验,只因过去三年他经营下的协和由亏转盈,毕嘉罗便认为他未来主持美华必然也会成功,而董事会竟也同意这项预定人选。④

毕嘉罗又兴冲冲地报导有几个可能的买家,他一再提及作为美华北边邻居的一所日本学校,上海的一名日本领导人物为此曾数度

---

① *Minutes of the 16th Annual Meeting of the CC for 1925*, pp. 42–45.
② BFMPC/RG 82/15/17, C. E. Patton to G. T. Scott, Shanghai, 4 April 1925.
③ ibid., C. E. Patton to G. T. Scott, Shanghai, 28 April 1925.
④ ibid., C. E. Patton to G. T. Scott, Shanghai, 4 April 1925; C. W. Douglass to G. T. Scott, Newbery, Oregon, 11 May 1925.

拜访他,还准备直接付现金买下。①只是日本人出价低于毕嘉罗的底价,而其他的买家也是如此②,结果出售不成,毕嘉罗一手主导的美华易地重建计划也随之束之高阁。

值得注意的是金多士在讨论易地重建过程中的立场态度。他身为美华主任与美华董事会的当然董事,有责任维护美华的利益,尤其美华规模庞大,易地重建牵涉多端,出售收钱很容易,重建却是艰巨浩大的工程,必须预先慎重计划、准备才行;而他却连将要迁到地价低廉的何处都不知道,也没有考虑可能影响生意的程度,更没有规划如何安置机器设备和工匠,只凭毕嘉罗的一纸粗略估计便要推动进行,再加上预定克卓基为未来的美华主任已显得轻率,却不见金多士反对这项重大的易地重建计划。毕嘉罗还告诉外国传教部秘书,金多士"全心全意"(heart and soul)赞成这项计划,而全体董事也一致支持。③在金多士自己写给秘书的信中,既不曾提及易地重建计划,又大力称赞被选为自己接班人的克卓基。④金多士却又回头告诉杜礼思,自己反对包含任命克卓基在内的易地重建计划。⑤金多士屈服于毕嘉罗的强势主导,未能基于美华的利益据理力争,只敢私下表示己见,企图两面讨好,显得有失职守。

易地重建计划失败,两年后(1927)美华书馆第二次谈判出售,未披露姓名的买家有意购下美华,改装为供外国军队使用的医院。中国总会对此种用途相当踌躇,认为与原来传教的目的大相径庭。谈判两个月后,纽约的外国传教部于1927年6月5日决议,授权以

---

① BFMPC/RG 82/15/17, C. E. Patton to G. T. Scott, Shanghai, 4 April 1925; ibid., 28 April 1925.

② ibid., C. E. Patton to G. T. Scott, Shanghai, 23 May 1925.

③ ibid., C. E. Patton to G. T. Scott, Shanghai, 9 June 1925.

④ ibid., G. McIntosh to C. E. Patton, Shanghai, 4 April 1925.

⑤ ibid., C. W. Douglass to G. T. Scott, Newbery, Oregon, 11 May 1925.

底价44万墨西哥银元出售美华，但限用于非军事目的，这次的出售谈判也因此而终止。①比较少见的是土地房产的卖方要干涉出售后的用途，还以此作为出售与否的条件。

第二次出售不成，美华书馆的前途也飘摇不定，外国传教部决定不定期限继续维持美华，并要求美华董事会与主任等人在此期间量入为出，达成收支相抵，承印的生意也必须是两年内可以完成的，以便于随时结束美华。②外国传教部又授权毕嘉罗等五名中国总会的成员，共同处理出售以美华为主的一些财产事宜，金多士不在五人之中③，在美华出售的过程中他也没有机会参与讨论。1928年他因妻子返英休养期间病重匆忙赶回英国照料，外国传教部特地告诉他，鉴于美华不太可能续办，除非接到传教部要求，否则就不必回上海了。④因此，他于1928年7月21日搭船离沪前夕，有许多友人设宴饯别，《字林西报》也刊登一篇长近千字附照片的文章，回顾他在华四十多年的经历与其间上海社会的变化等。⑤没想到外国传教部又决议美华不定期限续办，也赶紧通知金多士速回上海岗位。⑥

美华书馆在且战且走的情况下又度过了三年。到1930年10月时，中国总会的会议记录写着："我们相信已经来到结束美华的时

①　上海档案馆藏美国长老会对外宣教部致中国总会及中国差会信件汇编（U110-0-65-87），no. 119 (8 July 1927), pp. 17–18.

②　BFMPC/RG 82/23/2, The BFM of the PCUSA to China Council and Missions in China, no. 133 (23 November 1928), p. 5; ibid., no. 145 (6 December 1929), p. 4. *Minutes of the 19th Annual Meeting of the CC for 1928*, p. 178; ibid., *for 1929*, p. 143, 297.

③　上海档案馆藏美国长老会对外宣教部致中国总会及中国差会信件汇编（U110-0-65-87），no. 119 (8 July 1927), p. 19.

④　上海档案馆藏美国长老会对外宣教部致中国总会及中国差会信件汇编（U110-0-66-117），no. 130 (22 June 1928), pp. 14–15.

⑤　*The North-China Daily News*, 21 July 1928, p.14, 'Departure of Mr. G. W. McIntosh — Head of APMP: 43 Years in China.' 这篇报道又经《北华捷报》全文转载，见 *The North-China Herald*, 28 July 1928, p. 152.

⑥　BFMPC/RG 82/23/2, Letters to China Council and Missions in China, no. 137 (19 April 1929), p. 10.

刻。"①决议若有合适的出价，将尽可能在一年内出售美华。外国传教部同意这项决议，并由秘书芳泰瑞（Courtenay H. Fenn）写信通知总会。芳泰瑞曾在北京传教和主持华北协和神学院多年，1923年美华还出版他多达千页的巨著《经文汇编》（*A Concordance of the Old and New Testaments*），他在同意出售的信上抒发感触说：

> 虽然这已是严肃考虑了多年的事，但是我在通知传教部的这项决定时，仍觉得有如在签署一位至交好友的死亡证明书。我毫不怀疑大多数本会的传教士，尤其是长期在华的人，都和我一样迟迟不愿见到这一刻的来临。②

定下一年内出售美华书馆的目标后，事情果然有了转机。1931年3月，中国总会的秘书费明珠（Margaret A. Frame）报告，美华已定价为银45万两，也有几个买家在谈判中。③外国传教部在同年5月答复同意底价为稍低的银42万5千两，并限买方于四十天内回复④，结果上海的"美华地产公司"（Realty Investment Company）同意以底价成交，巧合的是买卖双方的中文名称都是美华，买方是在美国注册的房地产投资公司。⑤

1931年12月31日美华书馆关门，结束了1844年在澳门创立以来将近八十八年的历史。在关门前，外国传教部应中国总会的要求，从售款中提出2万5千墨西哥银元作为美华工匠的失业补偿，按每人年资计算，不足6年者给4个月工资、6—10年者5个月、11—20

---

① *Minutes of the 22ⁿᵈ Annual Meeting of the CC for 1931*, p. 5.

② BFMPC/RG 82/42/19, Letters to China Council and Missions in China, no. 157 (10 October 1930), p. 3.

③ ibid., M. A. Frame to C. H. Fenn, Shanghai, 21 March 1931.

④ ibid., C. H. Fenn to Officers of China Council, New York, 12 May 1931.

⑤ ibid., RG 82/44/19, Letters to China Council and Missions in China, no. 169 (9 October 1931), p. 10; ibid., no. 170 (18 November 1931), p. 8.

年者6个月、21—30年者7个月、30年以上者8个月。^①

美华地产公司买下美华书馆的目的在土地投资而非印刷出版，而且他们的行动灵活迅速，成交款都还未付清，过户尚未完成，就已开始转手交易，于1931年6月底谈妥出售面向北四川路的部分土地，由中华基督教青年会买下准备开办学校。^②美华地产公司接着转手美华书馆的印刷设备，商务印书馆等中国同业有意承购一部分，却紧接着由于1932年初发生日军攻击上海的"一·二八"事变，商务被炸毁而作罢。随后由曾经在美华与商务工作的一些华人基督徒集资购下，他们将机器搬到爱而近路（Elgin Road）278号开张^③，中文名称仍为"美华书馆"，但和原来的美华已无关系，英文也不能再冠以长老会之名，而改为音译的"Mei Hwa Press"，其广告则自称是原来美华书馆的后继者，表示将一如美华为全体传教与教会界服务。^④

结　语

美华书馆最后的十八年可说是举步蹒跚，时机与情势都相当不利，外有日益兴盛的中国印刷出版业，上有强势主导馆务的中国总会与美华委员会（董事会），内部则有外国职员持续带来的财务包袱一直未能祛除。面对这些挑战与困难，主任金多士个性温和、与人

---

① BFMPC/RG 82/42/18, M. A. Frame to G. T. Scott, Shanghai, 22 September 1931.
② ibid., M. A. Frame to G. T. Scott, Shanghai, 27 June 1931.
③ ibid., RG 82/71/15, G. McIntosh, 'The APMP and Its Legacy.'
④ *The Chinese Recorder*, vol. 67, no. 1 (January 1936), advisement, p. xvii.

无争，也因此难有积极的作为。有些困难如中国同业的壮大，他确实无力相与抗衡，而有些难题则是他当为而不为或是为而不力，宁当弱势的末代主任，例如他是美华委员会与董事会的当然成员，却任凭同是成员的其他传教士做主；又如关于协和书局的事务，合营的双方只能协调合作而无否决权，他却自行放弃责任，甘愿交由对方主导，还认为如此自己可以专心经营美华。在他的主持下，美华不能与时俱进，对于生意徒有质重于量的口号，却不敌商业竞争的现实。即使为求变图存而企求外援，主动要与华美书局合并，也因多年无法实现而不了了之；而合营的协和书局虽然一度转亏为盈，最终仍拆伙而散。美华不仅外援无着，甚至也无法自保，先失落位于租界精华区的北京路旧馆根基，进而连北四川路的印刷厂房地也出售而告结束。

　　早在1836年时，美国长老会外国传教部就宣布开始中国传教事业，订购巴黎制造的中文活字，利用印刷出版协助在华传教工作。1844年在澳门创立华英校书房，此后迁至宁波改称华花圣经书房，又迁至上海落户定名美华书馆，并在印刷技术上大有成就，于1860年代实现六种中文活字建置，成为中国主要的西式印刷出版机构，也成为取代传统木刻印刷的主要力量，很有助于近代中国传播知识、思想和信息的快速发展。又三十年后的1890年代，美华再借着求新求变的时代风气迈向其出版事业的巅峰，可是同样因时顺势而起的中国同业却更为积极进取，也更合乎中国社会的需求，美华既无力以传教印刷所的性质参与文化商业竞争，又有其内部和传教制度上难解的难题，即使在二十世纪最初数年达到巅峰盛况，不久即陷入经营困境，最终在1931年底黯然退出历史的舞台。

11
美华书馆的研究文献

绪　言

上海美华书馆连同其前身澳门华英校书房和宁波华花圣经书房都算在内，从1844年创立到1931年底结束，前后存在将近八十八年之久。

美华书馆的历史意义在于：第一，从创立起就坚持以铸造的西式活字取代木刻用于印刷中文，并于1860年代完成这种划时代的中文印刷技术建置，此后的美华继续是中国规模最大的西式印刷机构，长达四十年之久，直到1900年代才被商务印书馆超越；第二，美华书馆是美国长老会外国传教部为协助在华传教工作而设，但其实际作用却远超出传教，不仅促成中国印刷出版的改变与近代化，也增进近代知识在华传播与中外文化交流，很有助于近代中国社会的转变与发展。

显著的历史意义使得许多研究者对美华书馆很感兴趣，可是迄今没有研究美华的专书。在印刷出版史的专书中，也较少见到深入而扎实探讨美华的章节。有些关于美华历史的单篇文章是因袭前人的泛泛之谈，内容还不免有误。目前关于美华的研究似已近于停滞不前，这种现象和美华在近代中国印刷出版史的突出地位并不相称。

造成美华书馆研究成果贫乏的重要原因，很可能是研究者未能掌握数量充分而有价值的史料，尤其是忽略发掘与运用英文文献，只在非常有限的中文史料内打转。笔者所撰《铸以代刻》一书约一半篇幅是关于美华的内容，出版后有人批评中文史料用得太少。但是，美华由外国人创立，存在期间虽然雇用大批工匠和少数校对、买办与账房等中国人，但从开办至结束的馆务全由外国人掌握，中国人无从参与经营管理。偶有中国职工如账房高凤池的记载，也是泛谈见闻与追记感受；或如《申报》与《中国教会新报》等报刊的消息报道，也比较缺乏详尽具体的馆务内容。因此研究美华的历史必须利用相关的英文史料，即使是研究美华印刷出版的中文书刊，有时也得借助传教士的英文史料才能讨论得比较完备。

本文论述的美华书馆研究文献包含：一、美华的档案；二、美华印刷出版的书刊；三、外国传教部相关的书刊。在这三者以外，美国国会图书馆藏有四百多种姜别利的文献与实物，这对于美华的研究非常重要，因至少已先有两篇文章介绍①，本文不再赘述。本文也不专节讨论后人关于美华的研究，只在行文中夹杂一些相关的评论。

一、美华书馆的档案

（一）档案现状

美华书馆档案是研究美华最重要的基本史料。事实上并无集中在一起称为"美华书馆档案"的整批文献，而是外国传教部的中国档案内关于美华的各种文献总称。这些中国档案与外国传教

---

① 张先清，《姜别利及〈姜别利文库〉》，《国际汉学》第16辑（2007年），页243—267；居蜜、杨文信，《美国国会图书馆姜别利藏品的整理渊源与解题目录》，《明清史集刊》第11卷（2015年3月），页409—469。

部在世界各地传教的档案一样，都保管在美国费城（Philadelphia）的长老会历史学社（Presbyterian Historical Society）档案库中。由于数量极为庞大，学社于1960年代与Gale出版公司合作，将1833至1911年间的外国传教部档案拍摄成缩微胶卷出版，称为《外国传教部书信与报告1833—1911》（*Board of Foreign Missions Correspondence and Reports, 1833–1911*），并将原始文件全数销毁。此举导致档案的利用分为两途：1911年及以前的档案原件已经消失，研究者只能利用胶卷，但只要在藏有胶卷的任何图书馆都可自行检索，不须前往长老会历史学社；至于1912年以后的档案原件则尚存人间，并未拍摄胶卷，只是研究者必须亲自到费城调阅原件。到2016年时，学社与Gale公司再度合作，将1911年以前的档案胶卷内容数字化，出版数据库《中国传教：外国传教部通信1837—1911》（*Evangelism in China: Correspondence of the Board of Foreign Mission, 1837–1911*）。

1911年以前的胶卷部分共有300卷，其中第189—261卷为中国档案，但第217、218卷混杂其他国家和地区的档案在内，此外第296—297卷为中国档案的目录。以年代而言，中国档案始于1837年而终于1911年，其实长老会于1844年才在华建立布道站，但在此以前已开始讨论中国传教的可能性，并派传教士到新加坡尝试向华人传教，所以其档案早于在华建立布道站。

胶卷中档案的编排，先分传教士寄回传教部（Incoming）与传教部秘书寄给传教士（Outgoing）两种信件，其次大致按地区与时间分卷排列，例如华南、华中与华北等，每卷前面有目录可供查考，包含每一信件的编号、发信者姓名、写信日期、内容重点等。研究者可先浏览目录，再按编号查索需要的书信，例如中国档案第1卷（胶卷第189卷）第553号信件为传教士娄理华（Walter M. Lowrie）1844年3

月2日写于澳门的信，报告自己前往香港，迎接于同年2月19日搭船抵达香港的印工柯理（Richard Cole）与传教医生麦嘉缔（Divie B. McCartee），并引导两人连同印刷机与活字于四天后（23日）转抵澳门，准备建立印刷所的经过。[1]这封信显示外国传教部经过约七年的讨论、筹备，并派传教士到新加坡尝试后，终于踏出中文印刷出版的第一步，也开启了此后美华书馆八十八年历史的第一页。

1912年以后的档案原件部分，编排方式和胶卷不同。美华书馆的书信并非散在档案中，而是集中置于中国档案（RG 82）之下六个硬纸箱（box）的不同卷夹（folder）内[2]，每个卷夹内的文件数量多寡与内容繁简不一。最少的卷夹（box 1, folder 3）只有两份文件，内容合计也只有3 500多字，那是1923年底针对美华书馆的两项文件：一件是上海《字林西报》（*The North-China Daily News*）与《北华捷报》（*The North-China Herald*）两报的秘书兼总经理戴维士（R. W. Davis）应邀对美华所做的调查报告，包含空间、技术、人力、经费及展望评估等项；另一件则是美华的主任金多士（Gilbert McIntosh）及其助手杜礼思（Clarence W. Douglass）对于戴维士调查的回应。这两份文件合起来是1923年美华的馆务情势，包含具体的各项统计数字。[3]至于文件最多的卷夹（box 15, folder 17），则装满103份文件，内容合计近4万9千字，都是1918—1926年间关于美华的信件、会议记录、报告，以及财务方面的文件，例如出售著名的北京路18号美华书馆房地产的文献等。

---

① BFMPC/MCR/CH, 189/1/553, Walter M. Lowrie to Walter Lowrie, Macao, 2 March 1844.

② BFMPC/CH/RG 82/1/3,0 2/3, 15/17, 28/22, 42/18 & 19, 43/7, 71/15.

③ BFMPC/CH/RG 82/1/3, R. W. Davis, 'Survey of the APMP, Shanghai, 10 December 1923;' ibid., G. McIntosh and C. W. Douglass, 'Report to the Press Directors on Survey, 10 December 1923.'

以上包含胶卷和原件两者在内，外国传教部的中国档案就是研究美华书馆的基本史料，篇幅相当庞大，和美华相关的内容估计在80—90万字。时间跨越从最初讨论与筹备中文印刷、建立澳门印刷所、迁移到宁波、在上海安顿后的发展演变以至结束的整个过程；内容范围则极为繁杂，涉及各时期的人事、经费、技术、产品、发行，以及面临的各种困难与争议问题的诸多讨论等。

（二）档案的史料价值

美华书馆档案中有许多以往不曾公开或罕为人知的内容，有的虽曾公开却略而不详，还有的足以纠正以往说法的错误。以下列举一些事例说明这些现象，以展现这些档案的史料价值。

1. 关于姜别利的史料

姜别利是最为人知的美华书馆人物，在关于美华的论著中也最常出现，但他只是一介美国工匠，身份地位低于按立的神职传教士，掌理美华也不过十一年稍多的时间，却在中国印刷出版史上有举足轻重的角色与影响力，因此他的思想、为人、生活和工作都值得探究。只是，一般所写的姜别利大都限于他电镀活字、计算常用字、设计活字架，以及将书馆从宁波迁移到上海等几项工作，这些诚然都很重要，但姜别利这位传奇式的人物难道只有这几件事可论？而且所论内容都相当简略且相似，这种现象应该是作者掌握的姜别利史料很有限所致，而最大的问题就是不用美华的档案。

在美华书馆档案中存有约108件姜别利发出的书信，包含他撰写的1859—1868年的美华书馆年报。[①]这些书信始于1858年7月

---

① 姜别利离职前后拒绝撰写在职最后一年（1869）的美华书馆年报，见接任主任的惠志道（John Wherry）的信（BFMPC/MCR/CH, 195/9/148, J. Wherry to J. C. Lowrie, Shanghai, 20 October 1869）。

他来华抵达香港时所写，终于1869年10月1日的离职交代①，合计约12万字。姜别利写给外国传教部秘书的信通常篇幅很长，许多都是"千字文"，有几封还长达两千多字，而他撰写的美华年报更是只有第一年（1859）少于两千字。这些书信加上传教部秘书和不同传教士写给他的三十余件书信，以及许多传教士的书信中涉及他的部分，总共约达15万字。这批史料是研究姜别利的丰富资源，从中可以认识迄今无人全面深入了解的姜别利，绝对不只他工作的内容与原则而已，还有他精明谋利的才能、待人处世的态度，以及秘书和其他传教士对他的评论等。即使他的工作成果已大略为人所知，这批史料中还有许多详尽的细节与曲折的过程，至于他努力设法为美华增加营业收入，以及直来直往、好恶分明的待人个性，都和他的工作关系密切，却是以往人所不知的。此外，姜别利工作之余曾投资上海土地与房屋的买卖出租，并且从中大获其利，因此得以在离华返美后不必再谋职工作，还过着相当优游舒适的生活，这也是研究姜别利不可忽略的一环。

关于姜别利与美华书馆一个常见的错误说法，是姜别利有鉴于上海未来的发展性远大于宁波，因此将美华从宁波迁移至上海。此种说法看来顺理成章，而且出自十九世纪末美华书馆经理金多士撰写的《在华传教印刷所》（*The Mission Press in China*）一书②，很有权威性，后来的研究者没有人例外都沿袭此说，可是美华书馆档案显示的事实完全不是如此。迁移上海之议根本不是出于姜别利，而是出自在上海修订《圣经》的长老会传教士克陛存（Michael S.

---

① 姜别利又曾于1882年初写信，回应外国传教部秘书所询关于某人申请担任美华主任人选的事（ibid., 204/16/79, W. Gamble to F. F. Ellinwood, York, 6 January 1882），但姜别利回信内容与此人在美华的工作没有关系。

② Gilbert McIntosh, *The Mission Press in China* (Shanghai: Printed at the APMP, 1895), p. 22.

Culbertson）。他建议迁移的直接原因，是搬到上海后可及时而大量印刷修订完成的《圣经》，以应《天津条约》签订后在华大举传教的新需求。①克陛存的建议引发长老会的上海和宁波两地传教士之间赞成与反对的争议，姜别利一开始保持中立不发表意见，后来转为赞成迁移，最后则本于书馆主任的职责承担实际迁移的工作。②美华迁至上海后的确大有发展，还成为中国最大规模的新式印刷出版机构。但是历史研究不能倒果为因，金多士所谓上海未来发展大于宁波的说法，是他自己想当然的"后见之明"。美华的档案明白显示，迁沪并非出于姜别利的"先见"，也不是美华后来大有发展的唯一原因。例如姜别利打造的西式活字基础、训练中国工匠的技术能力，以及中国需要引入西学的新情势等，也都是有利于美华发展的重要因素。

2. 其他人和事的史料

姜别利固然不同凡响，但他主持的十一年毕竟只占美华书馆历史长度的八分之一，在他前后的七十多年中，当然还有重要的美华人物和史事。

在姜别利以前的十四年，包含1844年开始的澳门华英校书房与宁波的华花圣经书房两个时期，必然会雇用中国人工作，令人关注的是他们都是些什么样的人？他们参与初期西式中文活字印刷工作的情况究竟如何？在金多士的《在华传教印刷所》一书中，记载一位名为"阿玉"（A Yuk）的工匠。③金多士应该是从华英校书房

---

① BFMPC/MCR/CH, 191/5/136 and 137, M. S. Culbertson to W. Lowrie, Shanghai, 12 and 31 July 1858.

② 关于美华书馆自宁波迁移上海的经过，详见笔者《铸以代刻》，中华版，页409—437；台大版，页441—469。

③ G. McIntosh, *The Mission Press in China* (Shanghai: printed at the APMP, 1895), p. 6.

的档案中获得这位青年的史料,但记载的内容实在少之又少,而且难道档案中就只有阿玉一名中国工匠? 当然并非如此。传教士的书信中留下的相关记载尽管零星,积累下来还是有不少关于中国工匠的人数、名字、工资、雇用时间、工作内容与绩效,甚至他们因赌博或怠惰受到惩罚等史料。最令人好奇的是华英校书房创立的初期,负责经营管理的印工柯理(Richard Cole)和中国工匠之间如何沟通,一方如何教导,另一方又如何学习检排活字和使用印刷机器等新式技术,档案中就有柯理详细描述这些互动过程及成果的信件[①],这是近代西式中文印刷出版初期难能可贵的史料。

姜别利于1869年离职以后,美华书馆在中国印刷出版业仍然名列前茅,也继续对中国社会产生影响。但是研究者对姜别利以后的美华书馆却似失去了兴趣,关于1870年以后美华历史的论著数量,不如关于姜别利者多,甚至也不及华英校书房与华花圣经书房。这很可能是由于1870年以后中国本土与外国人在华印刷出版业相继兴起,美华在活字印刷方面虽然依旧领先,却已失去独特性,同时美华又没有加入盛极一时的石印行列,因此吸引不了研究者的关注。等到进入二十世纪后,本土的印刷出版业加速蓬勃发展,美华书馆形同不进则退,更难获得研究者的青睐。

其实在姜别利离职后,美华书馆又经过六十二年岁月才关门结束。在超过一甲子的这段时间,美华的人物和馆务有许多值得注意的演变,也有大量的档案史料可供研究利用。在人物方面,绝大多数的中国职工虽然都无从寻觅踪迹,但人数不多的外国人多少都有文献可考,只因研究者不用档案,论述人物往往产生偏差或错误。例如研究清末小说的日本学者樽本照雄在论文《平文、狄考文兄弟

① BFMPC/MCR/CH, 189/1/612, R. Cole to W. Lowrie, Macao, 17 September 1844.

与美华书馆》(《ヘプバーン、マティーア兄弟と美华书馆》)中，制表列举美华从创立至1907年的历代主任共18人，其中第13任与第15任为同一人戈登(A. Gordon)。^①樽本照雄根据的是季理斐(D. MacGillivray)的《基督教在华百年史》(*A Century of Protestant Missions in China*)一书，季理斐说戈登与费启鸿于1881年共同担任美华主任，接着又与侯尔德于1882—1883年共同担任美华主任。^②档案显示季理斐和樽本照雄两人的说法是错误的。戈登是早自1870年惠志道担任美华主任期间雇用的英文排版领班(foreman)，为专业印工出身，他的确志在美华主任一职^③，1881年8月原主任侯尔德因病紧急返美，请戈登暂时照料美华，等候费启鸿于同年11月休假期满来华接掌^④，这是临时性的权宜安排，无关主任名分，也未经过华中传教区和外国传教部同意的必要程序；不料戈登照料美华期间行为不当，费启鸿与其他传教士非常失望不满，还开会通过决议对其予以谴责，戈登也由此离开了美华，并没有当上主任，也没有先后和费启鸿与侯尔德共同当主任这回事。^⑤

从1885至1888年间，有一位对美华书馆造成严重伤害的主任范约翰(John W. M. Farnhan)。他身为传教士，在上海建立清心书院、开办《小孩月报》等事，颇受好评与重视。但他对美华完全是另一种态

① 樽本照雄，《ヘプバーン、マティーア兄弟と美华书馆》，《清末小说》第35期(2012年12月)，页1—54。本文又收在樽本照雄，《商务印书馆研究论集增补版》(大津：清末小说研究会，2016电子版)，页450—499。感谢宫坂弥代生女士提供此项电子版信息。

② D. MacGillivray, *A Century of Protestant Missions in China* (Shanghai: APMP, 1907), p. 636.

③ BFMPC/MCR/CH, 204/16/7, A. Gordon to F. F. Ellinwood, Shanghai, 16 September 1881; ibid., 203/15/192, 15 November 1881.

④ ibid., 204/16/3, G. F. Fitch to F. F. Ellinwood, Redwood City, Colorado, 18 August 1881.

⑤ ibid., 204/16/37, G. F. Fitch to F. F. Ellinwood, Soochow, 2 December 1881. 传教士们不满戈登照料美华期间行为的书信颇多，无法尽举。传教士决议谴责戈登的信见 ibid., 204/16/111, W. J. McKee to the Ningpo Mission, Ningpo, 17 March 1882；戈登离职的信见 ibid., 204/17/38, W. S. Holt to F. F. Ellinwood, Shanghai, 11 April 1883.

度，先于1860年代和姜别利争吵数年，姜别利怒而辞职，范约翰随即以各种手段霸凌接掌美华的惠志道（John Wherry），试图将他逼走。[1]等到1885年范约翰自己主持美华后，便开始以"整顿"之名，任凭己意行事，造成馆务大乱，他不仅和中国工匠对立，也和华中区其他所有传教士对立，又和美华最主要的客户——美、英两国的圣经公会代表对立。外国传教部为此将他免职，他拒不接受，反而向外国传教部的母机构美国长老会总会（General Assembly）提出控诉，遭到驳回后才悻悻然交卸主任职务，却仍放话要继续为难美华。[2]范约翰的偏执任性致使美华工作倒退、声誉受损，是美华书馆历史上人谋不臧导致最大争议与伤害的突出事例，但外国传教部出版的书刊都不提及这件"家丑"，后来的研究者也不知道有此影响美华极为重大的事件，其实在档案中就有大量的相关史料。

在馆务方面，值得利用档案深入探讨的课题也很多，例如1875年美华书馆从小东门外迁至租界内北京路18号馆舍，到二十世纪初又在北四川路购地新建宽敞的印刷工厂。美华这两处堪称堂皇宏伟的建筑照片屡次出现在不同的书刊上，许多论著也会提到美华历史上有标志性的这两次迁建大事，却都只是三言两语带过，连金多士所撰《在华传教印刷所》和《美华书馆六十周年》（*A Mission Press Sexagenary*）两书的描述也相当简略。[3]但一家有相当规模的印刷出版机构迁移和大兴土木，总会牵涉到许多方面的问题，美华也不例外。其档案中就有许多史料显示这两次迁建的缘故、新址土

---

[1]　BFMPC/MCR/CH, 196/9/32, J. M. W. Farnham to J. C. Lowrie, Shanghai, 16 March 1869; ibid., 195/9/115, J. Wherry to J. C. Lowrie, Shanghai, 19 August 1869.

[2]　关于范约翰在美华书馆主任期间的所作所为及引起的争议，参见本书《范约翰主演的美华书馆乱局》一篇。

[3]　G. McIntosh, *The Mission Press in China*, p. 24. G. McIntosh, *A Mission Press Sexagenary* (Shanghai: APMP, 1904), p. 13.

地房屋购买与兴建的曲折过程、经费的由来，以及实际搬迁的行动等。这些史料不仅可以厘清迁建事件本身，也有助于理解这两次迁建对于美华经营上的作用和影响。

前文述及美华书馆从宁波迁到上海，历来的研究都误以为出自姜别利的提议。无独有偶，大多数论著关于后来美华关闭的说法也是错误的，即误以为美华于1923年被商务印书馆购并而结束。此说流传极广，不知始于何时何人，在1980年代以来的印刷出版史论著中相当盛行，到芮哲非（Christopher A. Reed）的《谷腾堡在上海》（*Gutenberg in Shanghai*）一书达到极致。他大张旗鼓地宣扬1923年商务购并美华的意义，认为这是西方印刷技术与传教印刷事业完全中国化的象征，而且融合了中国文人书法美学和谷腾堡革命性发明的西式印刷，也从此成为现代中国文化完整的一部分。[①]事实上美华经营到1931年才出售，出售对象也不是商务印书馆。

（三）利用档案的难处

上文已经举例说明，档案中存有大量以往学者所不知或知而不详的有价值史料，也有许多可以纠正过去错误说法的内容，这些都显示了外国传教部档案对于研究美华书馆的重要性。但是，尽管有价值而重要，利用这些档案难免有如下困难：

1. 档案管理的问题

1911年以前的外国传教部档案只存胶卷，而1960年代拍摄的胶卷效果不太理想，有些内容无法辨识，所幸只是小部分；至于2016年从胶卷转成的数据库不仅影像比胶卷更模糊，还不知何故

---

① Christopher A. Reed, *Gutenberg in Shanghai* (Honolulu: University of Hawai'i Press, 2004), pp. 86–87.芮哲非著，张志强等译，《谷腾堡在上海》（北京：商务印书馆，2014），页108—109。

经常一页信件上下裁掉一两行，各行左右又裁掉一两字，只有中间的内容可见，效果远不如胶卷，史料利用价值也大为逊色。

在笔者利用过的传教会档案中，外国传教部的档案管理算不上完备，虽大略按地区和时间排序，却很不严谨。地区的范围大小随时间而变，先是按通商五口，到1870—1880年代改为不分地区，1880年代末又开始分为华南、华北、华中、山东西部和山东东部，华南再分广东与海南等，不一而足。等到拍摄胶卷时又另有先后顺序，以致寻检其中关于美华书馆的档案颇费工夫，利用者很容易迷失在变动不居的地区、年代、内容卷次和胶卷卷次等项目之间。最为混乱的是胶卷第217卷，内容非常繁杂，开头是将近300页的山东传教区的年报，其次是450页左右的华北传教区会议记录与年报，接着是约150页美华书馆的相关书信，紧随在后的是约500页混杂着非洲、中东、日本和美国国内各地的书信报告，于是整卷约1 400页成为一个大杂烩，利用者很难发觉在这大杂烩中隐藏着美华书信。这些美华书信有1840年代者，也有1870年代者，本应分别归在胶卷189、190、196等卷，却因管理疏失而阑入相去甚远又庞杂的217卷。

管理上的疏失包括胶卷中有整批信件不知所终，例如在传教部秘书发给华中（含美华书馆）传教士的信件中，就遍寻不着从1895至1898整整四年的信件。也有个别信件遗失的例子，如姜别利于1868年10月19日写信报导，日本政府订购活字，还送来订购建立一间活字印刷所全部设施的5 000元。这是金额可观而意义重大的订单，可是档案目录虽记有姜别利此信与简短的摘要①，而胶卷中却

---

① BFMPC/MCR/CH, 196/7/515, W. Gamble to? (suppose W. Lowrie), Shanghai, 19 October 1868.

不见此信的踪影。

管理疏失的问题还包括归档错误及拆散档案。前者如胶卷第248—249收录的是1901—1910年华中传教士的个人年报，却掺杂着三十年前（1871）各地传教士的二十七封书信，约有100页，而且本卷没有目录，研究者根本无从知道这些书信被归入相差三十年的档案中。[①]至于单一信件各页被拆散归档的情形也屡见不鲜，例如胶卷第196卷含有姜别利写于1865年11月24日的信，附有一份请秘书购运美华需要的机器设备清单，包含四部印刷机、四部自动上墨机等，共十七样物件，清单和信件都有姜别利的签名及同样的日期，结果清单被拆散归入胶卷第199卷，和另一封姜别利的信凑在一起，而且这封信的第一页已经不见，不知是写给何人，也不知日期。[②]又如继姜别利之后管理美华书馆的惠志道呈报的1870年度报告，归档时竟然被一分为三，除文字部分外，附件被分成两半，三者各归在不同的卷中。[③]遇到这类归档错误或被拆散的信件，研究者简直不知如何是好，只能凭着细心与经验努力摸索。

2. 书信内容写法的问题

美华书馆主任的工作非常忙碌，1882年在其位的费启鸿表示，自己每星期要发出五十封上下的书信[④]，而且这只是他工作的一部分而已。因此美华主任书信内的字词经常使用缩写形式，在提及书刊名称时更常简略以两三个单词作为代称，例如《教务杂志》（*The Chinese Recorder*）就以"*The Recorder*"代表，这在英文书

---

① BFMPC/MCR/CH, 248/67/88‒114.

② ibid., 196/7/215, W. Gamble to W. Lowrie, Shanghai, 24 November 1865; ibid., 199/8/61, W. Gamble to ?, no date.

③ ibid., 196/9/348, 'Report of the APMP at Shanghai for the Year Ending Sept. 30, 1870;' ibid., 195/9/237, J. Wherry, 'Financial Report — Press;', no date; ibid., 194/10/194, J. Wherry, 'Report of Press — Books printed for the American Tract Society;' July 1871.

④ ibid., 204/16/93, G. F. Fitch to F. F Ellinwood, Shanghai, 13 February 1882.

刊简单明了不致误会，中文书刊的英译却大成问题。美华主任往往在写信或编写年报时，随手将中文书刊意译成简略的英文名称，后世的研究者却得绞尽脑汁煞费判断。尤其美华的年报中总有不少的中文产品，若中英文名称并列当然不是问题，如果只有意译的英文简略名称，则仅有的两三个英文单词究竟对应哪种中文书刊，还真难以知道。例如1876年的年报所附印刷出版目录中，有一种书刊 "*Chinese Miscellany*, Revs. Edkins & Muirhead. 11, 900 vols. 769, 620 pages"，乍看之下简直无解。所幸书名之后还记有作者或编者是艾约瑟和慕维廉，循着这条线索寻觅两人合作的产品，经过一番查找，终于发觉两人和林乐知（Young J. Allen）于1876年共同创办中文月刊《益智新录》，其英文刊名为 *Miscellany of Useful Knowledge*，笔者才得以判断这就是《益智新录》。

3. 利用档案的态度问题

档案是第一手史料，史料价值高，但利用时必须小心谨慎，遵守学术规范，以免未蒙其益，反而不利学术研究。曾见有出版史研讨会论文集收录一篇关于姜别利与美华书馆的文章，其中包含四个注明是引自档案的注释，竟然全都错误解读，甚至颠倒了档案的内容：

第一个注引用传教士克陛存写于1860年10月20日的信，说是他支持姜别利关于上海比宁波更有利于印刷所发展的说法。其实克陛存此信无关上海与宁波的比较，而是报告印刷所即将从宁波迁上海，也已买妥安置印刷所的土地，此时姜别利却突然表示自己要返美，造成迁移有些为难。

第二个注引用克陛存一个月后写于1860年11月20日的信，说是外国传教部鉴于姜别利表现卓越，决定授予其传教士身份，待遇也将大为提升。其实完全不是如此，克陛存在信中表示姜别利大发

287

脾气,扬言年薪须提高三倍,并要求解除自己的传教士身份,宁可改为地位较低的世俗雇员。

第三个注引用姜别利写于1861年11月6日的信,说是他拟订美华书馆的发展计划书,包含增聘两名中国文人以提高美华的中文水平。但是信中根本没有什么发展计划书,姜别利是建议上海布道站应该要配置两名精于中国语文的传教士,并非增聘中国文人。

第四个注引用1863年上海布道站开会的决议,说要为姜别利招聘一位助理分劳,并说这位助理就是1864年底自美到任的惠志道牧师。其实决议雇用的姜别利助理是一名在上海的专业印工,和惠志道毫不相干,何况惠志道是按立过的牧师,不可能担任世俗雇员姜别利的助理。

虽然有四个注释都引用档案,作者的解读却严重扭曲或颠倒了档案的原意,以致"全盘皆墨"。作者也许是漫不经心、不求甚解,或为求增加论文分量而任意引用史料价值较高的档案,无论如何都不是利用档案的正确态度。不用档案会使得论述不够完备、深入与正确,但滥用档案则根本有害学术研究。

二、美华书馆的书刊

由于美华书馆曾长期是中国规模最大而影响显著的印刷出版机构,人们总想知道美华究竟印过多少种书刊。这是个难有确切答案的问题。有一部中国印刷史书认为美华书馆所印的书近30种,这数目与事实相去太过悬殊,单是美华迁到上海的第一年(1861)

就印书43种①,1876年一年印书更有80种②。美华先后印书的种数难以确知的缘故,在于美华计算书刊的方式前后不一致,从创立到1870年代为止,美华年报几乎都会详细列举当年所印的每种书刊名称、页数、部数等,但自1880年代至关闭的五十年间,年报都不再逐一胪列书刊名称,改为只公布各类(如《圣经》、中文期刊、教科书、单张等)书刊的合计页数与部数,并列举当年出版的若干重要书刊名称而已,因此无法统计出美华的出版种数。笔者只能大略估计在前后几乎八十八年间,美华书馆印刷出版的书约在4 000—5 000种,包含传教与非传教书刊在内,从单张散页到连续印行数十年的期刊都有。这些书刊合起来是一个关于美华的史料宝库,只是它们不像档案一般集中保管,可以得见全貌,而是分散在各图书馆或收藏家手中。

美华书馆所印书刊是文字和实物两种性质兼具的史料。文字的史料包含内容(和图片)及印刷出版的信息,如印刷出版的时间、地点、作者或编者、版次等;实物的史料则包含使用的纸张、版式、所用活字、印刷技术、装订材料与方法等。在讨论与考证美华的书刊时,研究者通常都会兼顾其文字内容与实物形式,若再参照档案,更能增益考证上的成果。例如美华于1869年以电镀铜版印出《新约全书》,封面上并题有"新铸铜版"四字,却还有人怀疑可能是指铜模铸字而非铜版。事实上此本《新约全书》确是以电镀铜版印成,也是姜别利在中文印刷技术上的重大创举之一。他先于1868年4月报导已开工制造电镀铜版,又在同一年的美华年报宣称:成

---

① BFMPC/MCR/CH, 199/8/44, W. Gamble, 'Annual Report of the Press for 1860–61.'

② ibid., 216/53/379, W. S. Holt, 'Report of the PMP for the Year Ending December 31, 1876.'

功制造电镀铜版，是美华在1868年完成的一项历史性创举。他接着于1869年3月报导，已完成以电镀铜版印刷《新约全书》的消息，还附寄一部给外国传教部的秘书，并特地声明这可是以电镀铜版在中国生产的第一种产品①，同时另一位传教士惠志道也报导了这件事②。1869年这本《新约全书》可说是实物史料（印有"新铸铜版"的书）与文字史料（姜别利的书信）参照并用的最好范例之一。

图11-1 《西国乐法启蒙》封面
（英国牛津大学图书馆收藏）

有意思的是如果都是美华书馆印的书，对同一件事的说法不同，又该如何取舍呢？ 一个实例是长老会传教士狄考文的妻子狄就烈所撰《西国乐法启蒙》一书，究竟印于1871还是1872年？ 此书的书名页印的是1872年，狄就烈的中文前序也撰于1872年（同治十一年岁次壬申孟春之月，即1872年2月9日至3月8日），书后的作者英文序则是1872年6月25日写于山东登州，所以音乐史家宫宏宇说此书"初版于1872年是不争的事实"③，而且宫宏宇的参考书

　　① BFMPC/MCR/CH, 200/8/140, W. Gamble to W. Lowrie, Shanghai, 17 April 1868; ibid., 200/8/190, Annual Report of the PMP at Shanghai, for the Year Ending 30th September, 1868; ibid., 195/9/40, W. Gamble to J. C. Lowrie, Shanghai, 20 March 1869.
　　② ibid., 195/9/38, J. Wherry to J. C. Lowrie, Shanghai, 20 March 1869.
　　③ 宫宏宇，《狄就烈、〈西国乐法启蒙〉、〈圣诗谱〉》，《中国音乐季刊》2008年第4期，页89—97。

目也列有此书，显然他见过也用过此书。

还是有人要为不争的事实而争，认为宫宏宇的1872年说法"误甚"。批评者的依据是当时的美华书馆主任、狄考文之弟狄昌编的《美华书馆1871年库存书目》(*Catalogue of Books in the Depository of the American Presbyterian Mission Press at Shanghai, October 1, 1871*)，已经收录《西国乐法启蒙》一书，因此此书应印于1871年10月或以前。批评者还进一步认为，从这项记载可见《美华书馆1871年库存书目》的重要价值一斑。

《西国乐法启蒙》究竟印于1871还是1872年并不难判定，书上的书名页、中文序与英文序三项证据确凿，有如与生俱来的胎记一般，何况还有以下两件档案史料佐证：一是1871年10月11日狄昌写信告诉传教部秘书，"狄考文夫人的音乐书目前在进行［印刷］中"。[①]既然10月11日还在印刷中，就不可能在10月1日前完成。二是在1872年的美华书馆年报中，狄昌大力恭维《西国乐法启蒙》的出版与狄就烈撰著本书的成就。[②]

虽然如此，《美华书馆1871年库存书目》收入《西国乐法启蒙》还是得有个解释才行。原来这是出版业司空见惯的一个做法，即在印出版书目时，由于从印刷、发行以至顾客订购总有一段时间，因此出版社常会将已付印但尚未出版的书也列入书目中，以便及时宣传销售，否则等到三个月、半年、一年甚至更久以后再印书目，新书已经不那么新，便错失了趁热行销的时机。这应该就是注明止于1871年10月1日的美华库存书目，会收入10月11日还在印刷中的《西

---

① BFMPC/MCR/CH, 194/10/156, J. L. Mateer to J. L. Lowrie, Shanghai, 11 October 1871.

② *Annual Report of the PMP, at Shanghai, for the Year Ending September 30, 1872*, p. 7.

国乐法启蒙》的缘故。

从上述的实例可知，美华书馆的书刊固然都属基本史料，研究者还是不应忽略参照相关的史料与背景知识，若坚持只以书刊本身为凭，以为依据基本史料应该不会有差池，难免会产生研究者自己意想不到的误读、误解。例如1872年出版的《英华初学》(*English and Chinese Lessons*)一书，是传教士露密士(Augustus W. Loomis)为中国人编写的英文教科书，书名页有"一千八百七十二年""岁次壬申""上海美华书馆铜版"等字样，有研究者据此申论当时上海学习英语的环境与该书内容的相关性，说此书作者在序言中避谈传教，是为了免于引起中国社会人士的反感等。

可是《英华初学》虽然由美华书馆于上海制成铜版，却不在中国印刷与发行使用。露密士于1849年因病回美国，1859年起在美国西部向中国移民与华工传教。为了教导当地华人学习英语，他向美国小册会(American Tract Society)申请到补助费编印此书，但由于当时的美国无法印刷中英对照的书，因此他将书稿送到美华制成电镀铜版后，运至纽约印刷①，再分发给美国西部各地为中国人开办的学校使用。从撰写的目的和印制过程可以了解，《英华初学》和在美华人的英语学习环境有关，却无关上海的英语学习环境，而且宗旨就在借着教学英文向华人传教，书中绝大部分内容也都是基督教义。若研究者只因此书序言内容未涉及传教，便认为是作者存心避谈以免引起中国社会的反感，那是过度甚至错误的解释了。

---

① BFMPC/MCR/CH, 194/10/106, C. W. Mateer to J. C. Lowrie, Shanghai, 12 June 1871. *Annual Report of the PMP, at Shanghai, for the Year Ending September 30, 1872*, p. 12.

在美华书馆所印书中，有一类书专供馆内的工作或对外广告行销之用，例如活字样本、出版书目、库存书目、美华年报等。其中活字样本早自澳门时期已印有《新铸华英铅印》(1844)、《拼合活字可排字表》(*Characters formed by the Divisible Type*, 1844)，宁波时期也编印《中文活字样本》(*Specimen of the Chinese Type*, 1852)、《柏林活字样本》(*Specimen of the Chinese Type Belonging to the Chinese Mission*, 1859)，迁至上海后又陆续编印《柏林拼合汉字总表》(*List of*

图 11-2　狄昌编《铅字拼法集全》封面 (1873)
（英国伦敦大学亚非学院图书馆收藏）

Chinese Characters Formed by the Combination of the Divisible Type of the Berlin Font, 1862)、《美华书馆中文、满文与日文活字字样》(*Specimens of Chinese, Manchu and Japanese Type*, 1867)、《铅字拼法集全》(1873) 等。这些活字样本在当时既是馆内铸字、存放活字、检字、归字和盘点工作时的指引，也是顾客上门时买卖活字或选择印刷字体的样本，并且是对外展现美华活字阵容的"利器"，传到后世更成为研究西式中文活字发展极为重要的实物史料，直观呈现了美华从 1844 年只有一种中文活字，增至 1867 年的六种，加上满文与日文，各类活字齐聚一堂、大小咸备、字形各异、全体字与拼合字对照等，这是很难单凭文字描述可以充分表达的视觉证据。

在书目方面，到1860年代结束为止，美华书馆主任手写的年报都附有当年的印刷出版书目，1870年代大部分也有，1880年代以后的年报不再附此种书目。至于不附在年报之后的单行书目，姜别利接掌后才于1859年初第一次公开印行《华花圣经书房印书目录》(*Catalogue of Books Printed at the Ningpo Mission Press*)两页，列出四十一种图书，作宣传行销之用。[①]美华迁到上海后，于1861年编印了比较正式的《美华书馆出版品解题书目》(*A Descriptive Catalogue of the Publications of the Presbyterian Mission Press*)，收录五十五种书。[②]此后姜别利每年都会将手写的年报印刷行世，附有当年所印书目。在他以后的美华主任则只印过几次单行的书目，名称也改为《库存书目》(*Catalogue of Books in the Depository of the American Presbyterian Mission Press*)，内容不仅包含当年所印，也不单是美华所印或出版，而是包含代为经销的书在内。已知的最后一次此种库存书目印于1886年，包含五百多种美华印刷出版和代为经销的书。[③]此后美华利用自家出版的《教务杂志》月刊发布新书出版的消息或刊登广告，未见再编印单行的书目，连主任手写或打字的年报也不再附有书目。其实不论是单行或附在年报之后，出版书目或库存书目最能呈现美华在不同年份印刷出版的种类与数量，也是研究美华历史的重要依据，但姜别利以后的历届主任既不连续编印书目，人们对此种宣传品通常也不会刻意保留，以致存世者不多，所以只能如前文所述，美华历年所印书刊种数估计在4 000至5 000之间，难以确知，其整体的内容也有待进一步探索。

---

① BFMPC/MCR/CH, 199/8/19, W. Gamble to W. Lowrie, Ningpo, 31 January 1859.
② *A Descriptive Catalogue of the Publications of the PMP* (Shanghai: 1861), p. 10.
③ *The Chinese Recorder*, vol. 18, no. 1 (January 1887), p. 34, 'The APMP Catalogue.'

三、外国传教部相关书刊

美国长老会外国传教部的中文印刷事业，最初三十年从订购活字、建立印刷所，到姜别利大展长才，都由该部的秘书也是实际领导人娄睿擘画主持，并赋以借西式活字取代木刻印刷的"大业"，所以从一开始美华就很受重视，外国传教部编印的书刊也经常发表其进展情况。等到1860年代美华书馆成为中国首屈一指的印刷出版事业以后，外国传教部的相关书刊也持续报导美华的消息，这些都是研究美华不宜忽略的相关史料。

外国传教部的年报：传教部每年都要向上级机构美国长老会总会提交年报（*Annual Report of the Board of Foreign Missions of the Presbyterian Church in the U.S.A.*），内容来自散布全球各地的布道站，包含美华书馆与在华各布道站在内。这些年报经传教部的秘书处编辑汇整后付印，并于每年五月总会召开年会前出版。由于布道站的数量多，各站撰写的年报内容长，秘书处编辑时会有所删节取舍，因此出版的年报内容通常只是原稿的一部分。不过，在美华的档案中有些年份的原稿不知何故已经佚失，外国传教部的年报成为弥补缺失的重要甚至唯一来源。

外国传教部的巡察报告：外国传教部曾于1897、1902、1909、1915及1926年五度派遣秘书巡察中国传教工作，事后都出版包含美华书馆在内的巡察报告，内容大致是现状、困难问题、建议解决之道等。①这五次巡察报告的内容，透露出美华在十九世纪末至二十世纪初由盛而衰的各种因素，也显示出外国传教部及美华当局试图应对困难的方式。

中国总会的历年报告：从1910年起，外国传教部在华设立"中国总会"（The China Council of the Presbyterian Church in the U.S.A.），由各传教区的传教士推选代表组成，统筹在华传教事务，包含美华书馆及各传教区的人事、经费和事务，都要先经过总会的讨论决议，再报请纽约的外国传教部最后决定，因此中国总会每年出版的会议报告中有许多关于美华的内容，也是研究美华最后二十年历史的重要文献。

华中传教区历年年报：从1892年起，长老会华中传教区每年召开年会时，由美华书馆将区内各布道站的年度报告汇印成册（*Annual Station Reports of the Central China Mission of the Presbyterian Church in the U.S.A.*），其中包含美华的年报在内。

华中传教区五十周年文集（*Jubilee Papers of the Central China Presbyterian Mission 1844-1894*）：该书内容有华中传教区历史概述、五个布道站沿革发展，以及美华书馆概述等篇，美华一篇由其经理金多士执笔。②

美华书馆五十、六十、七十周年纪念册三种：作者都是金多士，他自1891年起担任美华书馆经理，1914年晋升为主任，直到1931

---

① 这五次巡察报告作者与书名如下，出版者都是位于纽约的外国传教部：(1) Robert E. Speer, *Report on the China Mission of the Presbyterian BFM* (1897); (2) Arthur J. Brown, *Report of a Visitation of the China Missions* (1902); (3) Arthur J. Brown, *Report on a Second Visit to China, Japan and Korea* (1909); (4) Robert E. Speer, *Report of Deputation of the Presbyterian BFM to Siam, the Philippines, Japan Chosen and China, April-November 1915* (1915); (5) Robert E. Speer and Hugh T. Kerr, *Report on Japan and China* (1926).

② *Jubilee Papers of the Central China Presbyterian Mission 1844-1894*. Shanghai: Printed at the APMP, 1895.

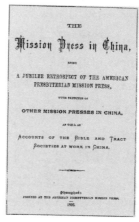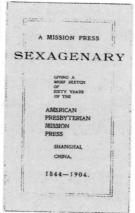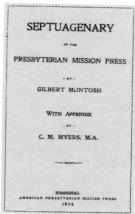

图 11-3　金多士所撰美华书馆五十、六十及七十周年三种专书封面

年底美华关闭为止。为纪念美华成立五十、六十与七十周年，金多
士于1894、1904与1914年分别编印了《在华传教印刷所》《美华书
馆六十周年》《美华书馆七十周年》^①三书，内容为回顾美华的发展
过程、描述当时现状和展望未来，并附基督教在华各宗派所设印刷
所及圣经公会等团体概况。此三种书以纪念五十周年的《在华传
教印刷所》较为人知，引用者不少。

关于外国传教部的史书：较早出版者如阮钦（William Rankin）
的《美国长老会外国布道团手册与事件》（*Handbook and Incidents
of Foreign Missions of the Presbyterian Church in the U.S.A.*），以六页
篇幅叙述美华书馆的创立与发展。^②其次为该部秘书布朗（Arthur
J. Brown）的《美国长老会外国传教部百年史》（*One Hundred Years:
A History of the Foreign Missionary Work of the Presbyterian Church*

---

①　Gerald McIntosh, *Septuagenary of the PMP*. Printed at the APMP, 1914.
②　William Rankin, *Handbook and Incidents of Foreign Missions of the PCUSA*
(Newark, N. J.: W. H. Shurts, 1893), pp. 50–55.

in the U.S.A.），论述美华书馆的发展与结束，却将结束的原因全归于中国本土和日本印刷出版业的兴起，而不提及长老会内部与美华自身的因素。^①较晚近出版的有伯朗（G. Thompson Brown）的《瓦器与超能：美国长老会在中国》(*Earthen Vessels and Transcendent Power: American Presbyterians in China, 1837-1952*），只简短提及美华书馆，还将美华的关闭归咎于工会的罢工行动。^②

相关人物传记：与美华书馆关系密切的人物传记，例如一手主导外国传教部中文印刷事业的娄睿^③、其子娄理华^④、传教医生兼管华花圣经书房的麦嘉缔^⑤、表现杰出的姜别利^⑥，以及短期主持美华并引介其弟接掌美华的狄考文等^⑦，都有关于美华的史料可用。

相关期刊：《教务杂志》由美华书馆印行以前，已经刊登过美华的消息，例如报导姜别利辞职后美华的中国职工设宴饯别，以及关于他经营美华的成就，都写得深刻感人。^⑧到1874年《教务杂志》成为美华印行的杂志以后，刊登更多关于美华的文章和消息，如美华主任侯尔德撰写的长文《在华传教印刷所》(*The Mission Press in*

---

①　Arthur J. Brown, *One Hundred Years: A History of the Foreign Missionary Work of the PCUSA* (New York: Fleming H. Revell Company, 1936), pp. 373-375.

②　G. Thompson Brown, *Earthen Vessels and Transcendent Power: American Presbyterians in China, 1837-1952* (Maryknoll, New York: Orbis Books, 1997), pp. 49, 179, 261.

③　John C. Lowrie, ed., *Memoirs of Hon. Walter Lowrie*. New York: The Baker & Taylor Co., 1896.

④　Walter Lowrie, ed., *Memoirs of the Rev. Walter M. Lowrie, Missionary to China*. New York: Robert Carter & Brothers, 1849.

⑤　Robert E. Speer, ed., *A Missionary Pioneer in the Far East: A Memorial of Divie Bethune McCartee*. New York: Fleming H. Revell Company, 1922.

⑥　John Wherry, *Sketch of the Work of the Late William Gamble, Esq., in China*. Londonderry: Printed by A. Emery, 1888.

⑦　Daniel W. Fisher, *Calvin Wilson Mateer: Forty-Five Years a Missionary in Shantung, China*. Philadelphia: The Westminster Press, 1911.

⑧　*The Chinese Recorder*, vol. 2, no. 6 (November 1869), pp. 175-176.

China），在1879年的《教务杂志》上分两期才登完[1]；至于美华的各种消息、出版品的书评和广告更是频繁出现在《教务杂志》中，都是研究美华历史的重要史料来源。

以上论述的都是外国传教部出版或相关的书刊，此外上海的英文报纸《字林西报》(The North-China Daily News)与《北华捷报》(The North-China Herald)虽然和长老会没有关系，却也是关于美华书馆的史料来源，因为这两报经常报道美华书馆的消息，有些还相当有意义。例如1863年5月16日的《北华捷报》刊登记者前往美华采访的一篇报道，描述姜别利设计的活字架减少检字之劳，发明电镀活字的作业取代费时费工的传统做法，以及美华利用牛只拉动滚筒印刷机的情形等。[2]1931年底美华关闭后，《字林西报》与《北华捷报》都刊登这项消息，并回顾美华经营八十余年的成就。[3]上海的中文报纸如《教会新报》和《申报》也有美华的新闻，但刊登次数远不如英文报频繁，内容整体而言也不那么具体重要。

结　语

作为十九世纪中文印刷出版近代化的重镇，美华书馆是近代中文印刷出版史的重要研究课题，但以往由于少有人利用这个课

---

① W. S. Holt, 'The Mission Press in China.' *The Chinese Recorder*, vol. 10, no. 3 (May-June, 1879), pp. 206–219; vol. 10, no. 4 (July-August, 1879), pp. 270–275.

② *The North-China Herald*, 16 May 1863, p. 79, 'Visit to the Presbyterian Mission, Chinese Printing Establishment, in Shanghai.'

③ *The North-China Daily News*, 10 January 1932, p. 10, 'Mission Press Farewell.' *The North-China Herald*, 12 January 1932, p. 47, 'Mission Press Farewell.'

题最基本的档案史料，研究成果并不显著，常见一些偏离史实的叙述以及几乎就要习非成是的观点。本文论述的美华档案、出版品及相关书刊三类史料，都有助于深入、细致而全面地探讨美华的各方面，足以廓清不实的叙述与错误的观点。期望研究者能尽量利用，从事原创性的探讨，共同建构富于学术价值的美华书馆研究。

附录：我与档案

一、档案因缘

　　我和档案很有缘，四十五年来见了不少中文和英文档案，我出版的书都利用了档案。从1992年读研究生以来的三十年间，更是日常与档案为伍，抄档案、读档案、用档案占了我日常生活的大部分时光，也是我念兹在兹的工作，我还教过两次辨识英文手稿档案的课。

（一）结缘中文档案

　　我和档案的缘分始于1977年几乎同时接触的两种档案：台北的"中央图书馆"档案与"中央研究院"近代史研究所的外交档案。当时我是"中央图书馆"的总务组主任，经常巡视馆内各处环境与设备等。有天我在特藏组的杂物储存室看到两个颇大的竹箧箱笼，好奇打开一看，里面装满了"中央图书馆"在南京和重庆两个时期的公文，都是1949年时运到台湾的文书档案，一直就层层堆在角落的竹笼里，这一幕在我心中留下了深刻的印象。

　　1978年我调往秘书室工作，办公室的环境比起拥挤又嘈杂的总务组好得多，便想起了那两个装满档案的竹笼。征得特藏组的同意后，我将竹笼移到秘书室，每天利用中午休息的时间，独自一人慢慢地依照我自订的一些主题整理，并收纳在一个个黑色或蓝色卷夹里，再竖起排列在办公橱柜中。大约经过一年时间，漂洋过海来台已经三十年的档案全部重见天日，我也得天独厚有幸徜徉在前人留下的文献手泽当中。

　　在这些档案里，最吸引我的是抗日战争中在沦陷区搜购古籍的大批文献。在教育部与中英庚款董事会支持下，图书馆馆长蒋复璁自重庆潜赴香港、上海，联络一些沦陷区内的学者、专家，冒着生命危险，以"文献保存同志会"之名，暗中搜购已经流出和可能流出的私人藏书，分别藏在上海、香港各地。太平洋战争爆发后，在香港的部分藏书被日人运往东京，直到抗战胜利后经过交涉才回到祖国，和分藏各地的古籍会合团圆。相关人员的冒险犯难、整起行动的曲折艰辛，犹如小说或电影般的离奇情节，在一页又一页书信的字里行间，一幕接一幕扣人心弦地上演着抢救文献的真实大戏。我深深感受到整起行动的震撼，于是将这些简直令人难以置信的人和事，写成《抗战时期秘密搜购沦陷区古籍始末》一文，刊登于1979年11月号的《传记文学》月刊上。

以这批档案为基础，我陆续又撰写发表一些藏书家的生平与藏书事迹，后来集成《近代藏书三十家》一书，1983年由《传记文学》出版社印行。也主要因为此书，我在图书馆的职位从编辑升等为编纂。没想到从储藏室角落尘封的竹笼中发掘出来的档案，竟带给我这样的幸运。

在整理图书馆档案的同时，我也关注"中研院"近史所收藏的外交档案。当时我对清末学习外国语文、培育外交翻译官的同文馆很感兴趣，也利用业余时间搜集京师同文馆、上海广方言馆和广东同文馆的史料。由于京师同文馆隶属于总理各国事务衙门，我试图到"中研院"近史所借阅外交档案中的总理衙门档案，可惜的是其中的同文馆部分早已在八国联军侵华时全部亡佚，所以我在1978年出版的《清季同文馆》一书中，没能利用到总理衙门的档案。不过我继续修订并扩充内容，增加十篇关于同文馆师生的文章，为此又屡次前往近史所借阅外交档案，从其中的《出使设领档》抄录了不少同文馆出身的外交官文献，将先前的《清季同文馆》增补修订成《清季同文馆及其师生》一书，于1985年自行出版。如今偶尔翻出尚存约一百张（两百页）抄录外交官文献的资料卡片，上面抄录的小字密密麻麻，想起当年为求快速，尽量以小字密密抄录，没想到经过约四十年岁月以后，字迹都变得有些模糊漫漶了。

（二）结缘英文档案

1992年再度接触档案时，我已经不是图书馆员，接触的也不再是中文档案。这年我四十六岁，辞去图书馆特藏组主任的工作再当学生，前往英国利兹大学（University of Leeds）英文系攻读"目录学、出版史与校勘"的硕士学位。撰写学位论文《上海墨海书馆研究》时，必须利用墨海书馆所属的伦敦传教会档案，可是伦敦会的档案保存在伦敦的亚非学院（School of Oriental and African Studies）图书馆。我两次从利兹到大约三百公里外的伦敦，第一天的时间几乎都花在交通转车和旅馆上，第二天可以专心抄录档案，第三天下午又得赶回利兹，以便次日上课，因此抄录所得不多。

后来改到在利兹东北方约三十公里的瓦尔屯（Walton）乡间的大英图书馆文献供应中心（British Library Document Supply Centre），看伦敦传教会档案的缩微胶片，可以当天来回。但缩微胶片看一整天下来，总是疲累加头昏脑胀、眼花，加上当时才刚面对英文手稿不久，即使主持墨海书馆的传教士麦都思（Walter H. Medhurst）笔迹并非很难辨识，我还是有些如读天书一般，幸好最后总算完成了学位论文。至今难忘的景象是每当黄昏时刻离开文献供应中心，落日余晖逐渐黯淡，飞鸟或盘旋田野上空，或在倾颓的农舍屋顶啼叫，我独自一人在荒郊路旁候车，四顾茫茫，真有遗世而独立之感，身体疲倦加上心头苍凉，恨不得公交车能早些在路的尽头出现。

尽管不便和困难，在利兹的经验却开启了我三十年来利用传教会档案做研究之门，只是想不到还有更困难的事在后头。我完成硕士学业回到台湾，原来在信上表示欢迎我再回图书馆的馆长，当面告诉我已无缺可用，爱莫能助。我也找不到其他合适的工作，在中年无业、进退维谷的窘境下，我孤注一掷卖了仅有的房子，快快再往伦敦攻读博士学位，并以《伦敦会的中文印刷事业》为博士论文题目，其广度、深度和难度都远过于硕士论文，单是得看的档案就大量增加。幸好就读的伦敦大学学院（University College London）就在亚非学院近旁，宿舍也在伦敦近郊，于是我从1994年年初开始了为期三年与伦敦会档案日常为伍的生活。由于博士课程不必上课，我的大部分时间都耗在亚非学院图书馆抄录档案，有人还以为我是亚非学院的学生。

既然不久前才在利兹尝到档案手稿不易阅读的苦味，何以再赴伦敦又选择同样性质而更为困难的论文题目，岂不是自寻烦恼或自讨苦吃？原来我从撰写近代藏书家以来，不免会遇到十九世纪末年西式活字印刷在中国兴起，并导致木刻版印衰落的问题，但遍读相关的记载与论著后，都无法清楚了解西式中文活字印刷究竟如何兴起并取代木刻，只含糊笼统知道是基督教传教士造成的结果，因此心中抱着期望，有机会的话就自己动手一探究竟。前往利兹研读西方的目录学、出版史与校勘，是为这种想法打下基础，硕士论文撰写墨海书馆则是试探性的行动，接着再前往伦敦就读，进一步以和西式中文活字印刷密切相关的伦敦会为研究对象，似乎就是顺理成章的事了。

说来容易，实际动手却困难重重。掌握第一手史料当然是研究的起步，以西式活字取代木刻印刷的传教士档案已在眼前，而如何转写出英文手稿的内容却是一大难关。在利兹，开始时还真是举"字"维艰，我曾向附近座位的读者求教一些难以辨识的文字，却没有一位能帮得上忙。我也领悟到唯有靠自己才行,于是一字一字慢慢辨识抄写,认不出的字暂时搁着,过会儿或隔天甚至两三天再回头辨识,实在认不出也只能留白放弃。到伦敦后,又经过一段时日的摸索,逐渐熟悉那些传教士书写的习惯或模式,大约一年后才算是比较上手了。回首前尘,每每想起当年转眼半百、已无退路的自己,在异乡的图书馆内独自竭力辨识传教士书信中的一字一句,此情此景,是此生不能磨灭的记忆。

辨识的速度逐渐加快,三年下来,我从1804年伦敦会决定开创中国传教事业起,到1873年结束中文印刷工作,先后抄录了该会的理事会及秘书处,第一位来华传教士马礼逊,接踵而来在南洋各地,以及鸦片战争后在香港与上海传教士的相关书信文件,大约150万字的内容。此外,由于马礼逊在英国东印度公司的广州商馆兼任翻译及中文秘书,而该公司和中文印刷出版颇有关系,我分别到大英图书馆与公共档案局(Public Records Office)两处,抄录它们所藏东印度公司的部分档案;也到伦敦的卫尔康医学史研究所(Wellcome Institute for the History of Medicine)抄录所藏的马礼逊与传教医生合信(Benjamin Hobson)的家庭档案;又因为英国圣经公会(British and Foreign Bible Society)经常补助伦敦会的印刷经费与机器,我又前往收藏该会档案的剑桥大学图书馆抄录相关的内容;英国宗教小册会(Religious Tract Society)同样补助印刷费用,而该会档案收藏在亚非学院图书馆,我当然也就近抄录了一些。以上这几个机构团体的档案,连同最主要的伦敦会档案,都成为我撰写博士论文的基础史料。就因为有这些自己辛苦一手建立的文献作为凭借,我得以在规定最少三年的修业期限内完成论文并通过口试,总算没有白费了卖屋读书之计。当时正值我年过半百,迈入五十一岁。

（三）更深浓的缘分

回台湾后，我从1997年初开始在大学任教，也继续研究工作。由于才从英伦的档案宝山回来，有如看过黄山不看岳一般，总希望还能继续利用第一手史料的档案进行研究。正好香港浸会大学图书馆藏有丰富的基督教传教会档案，虽然并非正本，而是缩微胶片和胶卷，却已经非常难得而且足够我用。此后十多年间，我每年总不止一次专程前往香港看档案，遇有研讨会赴港时，也必然要顺便看些档案才肯心满意足离港。等到2004年我决定专注研究而自教学工作退休，此后更常到港，但浸会大学图书馆的档案部门晚上不开放，我无处可去，就留在馆内浏览鸦片战争前《广州记事报》(*The Canton Register*) 和《广州新闻报》(*The Canton Press*) 两种英文报的缩微胶卷。如此断断续续过了四年，竟然将林则徐《澳门新闻纸》内容的所有出处找齐了，这是以往没有人知道或做到的事。后来我将这些"发现"整理出版成《林则徐看见的世界：〈澳门新闻纸〉的原文与译文》一书 (2017)。看档案还能附带这么大的意外丰收，确是无论如何也想不到的好处。

1997年起我研究的范围略有扩大。在印刷出版史以外，还包含以传教士为中心的中西文化交流史，例如传教士与华人的互动、传教士办理的学校教育、华人基督教徒的想法与行为等，而我抄录与利用的传教会档案也随之扩充，在伦敦会以外，又包含对华传教的四个重要团体：美部会、美国长老会外国传教部、美以美会，以及大英公会 (Church Missionary Society)。从2000至2010这十年间，我陆续撰写出版《马礼逊与中文印刷出版》(2000)、《中国，开门！》(2005)、《上帝的人马》(2006)、《基督教与新加坡华人》(2010) 四部书，其中固然有许多关于印刷出版的内容，也包含不少其他主题的研究，但整体是以先前抄存的伦敦会档案，加上新增的几个传教会档案为史料基础而完成的。

我的研究范围超出了印刷出版史，但自己心里很清楚，关于西式中文活字印刷兴起的研究，我只完成一半，即伦敦会从马礼逊来华到香港英华书院的探究；另一半根本没有进行，那是后起但同样重要的美国长老会外国传教部的中文印刷事业，也就是从澳门华英校书房、宁波华花圣经书房，到上海美华书馆的系列探讨。2011年时我决定还是收拾一下"玩"心，至少应该完成长老会这一半的研究，才不负自己多年来关注西式中文活字印刷兴起的初衷，于是开始我研究"工序"的第一步：抄录档案。稍早时我推荐"中央图书馆"购买一些传教会档案的胶卷和胶片，当时都已到馆可用，其中就包含长老会外国传教部的档案在内，因此我不必再赴香港，在台北即可抄录。同时自己已有将近二十年辨识英文手稿的经验，进行起来比以往顺畅得多。在图书馆的胶卷阅读机器前接连坐了约半年后完成抄录，再以将近两年工夫写出五篇论文，并同已有的文章合成《铸以代刻》书稿，先由台湾大学出版中心印繁体字版，入选"《南方都市报》2014文化年鉴图书榜"，再由中华书局出简体字版，又获得"《新京报》2018年度好书奖"的荣誉，还有一些媒体也给予好评。这是我生平写文章、著书和研究难得一次的获奖，我真高兴以档案为依据写成的书能获得普遍的肯定。

《铸以代刻》是我工作生涯的顶点，而自己年逾七十，理应知足并见好就收。一转念又想起在抄写传教士档案时，经常看到他们印刷出版以外其他工作的记载，如讲道、办学、医疗、慈善等。其中我比较有兴趣的是医疗活动，也顺便抄录了许多这方面的档案内容，还不乏人所不知或知而不尽的记载，如果就此不用，似乎可惜了这些有价值的文献。因此不顾自己是医疗史的外行人，决定整理所抄的医疗活动相关档案，再补抄一些新的内容，一并撰写成文，于2019年由上海交通大学出版社印行《仁济济人》一书，专注于上海仁济医院的历史；2020年再由中华书局出版《西医来华十记》一书，较广泛涉及十九至二十世纪初年西方医学传入中国的人和事。两书的内容有四篇重复，事先已经双方出版社同意。没想到《西医来华十记》问世后反响不错，各种媒体上的书评不少，而且鼓励远多于指责，我着实感到意外，因为我并未，也没有能力高谈宏论书中的人和事，只是将档案的内容平实地呈献给读者，再略抒自己的感想而已。想来或许正是如此，大家认为我没有功劳也有苦劳，而对我厚爱有加了。

2018年我到上海参加仁济医院举办的院史论坛，同时与会的复旦大学高晞教授在论坛结束后告诉我，坐在她后面的两位听众低声交谈，其中一位说，我以该院档案内容为本的报告，应当是一个研究团队整理和讨论后的成果，而演示文稿也应该是"我的助理"制作的，只是由我出面演示。那位听众可能是以当前一般研究（尤其是科学研究）的情形来衡量我的报告和演示文稿，却不知道我是名副其实的"个体户"，从在图书馆借阅、抄写或复印，到辨识手稿、录入电脑、阅读吸收和撰写论文，再到制作演示文稿，都是自己一手包办，从来没想过可能会有研究助理的一天。

在我与档案为伍的生涯中，有一次特别的美国之行。2019年，耶鲁大学庆祝其图书馆中文书收藏150周年，邀我于当年10月31日以《卫三畏与中文印刷》为题在图书馆发表演讲，内容当然还是奠基在档案上头。在演讲前后，我有机会到该校图书馆的特藏部与贝内基（Beinecke Library）善本与手稿图书馆，分别阅览和拍照卫三畏遗留的部分档案书信，又与孙康宜教授师生同访该校神学院的图书馆，参观一些来华传教士的英文手稿。

离开耶鲁大学后，我转往费城的长老会历史学社，借阅以美华书馆为主的档案，为期一周。该社收藏美华所属的外国传教部档案，自最早的1837年至1911年部分，于1960年代拍摄成缩微胶卷后已经全数销毁无存，1912年以后的原件则尚在该社库房中，利用者只有造访该社才见得到。我借阅的主要是1912年至1931年美华结束前二十年间的档案原件，该社允许拍照，因此那几天我利用这难得的机会尽情多看，也手不停地拍照，共拍摄一千多页的档案，转写成约二十万字的史料，据以写成《盛极而衰：美华书馆的后半生1888—1931》长文。曾经长期是中国最大印刷出版机构的美华，究竟如何衰退以至结束，其原因与经过如何，以往欠缺研究，我竟有机会掌握第一手史料探讨美华历史的最后一页，实在深感荣幸。

造访长老会历史学社期间，我曾获邀进入档案库房参观。只见广大的库房中密集排列的书架，几乎自地板至天花板都放满档案，颇有汗牛充栋、满坑满谷之感。我不禁想起昔日档案保管者对于利用的态度极为保守。大英图书馆的东印度公司档案阅览室内，有穿着制服的警卫不停地在座位旁来回巡视；伦敦大学亚非学院只准以铅笔抄写，其他一概禁止，更别谈拍照，但长时间手握铅笔抄写会使手指僵硬不灵，档案管理员只担心档案是否完好，才不理会利用者的痛苦不便，管理员还经常从图书馆天井式的二楼往下监视利用者，发现有人以其他笔抄写，便立即通知图书馆员制止。曾几何时，新一代的档案管理员观念已经大为改变。2010年我得到台湾"清华大学"资助，再度前往亚非学院看档案两周，竟已准许拍照，连执笔抄录之烦都免了，尽管回台湾以后还得转写出来，但估计那两周所得或许还多于以往抄录一整年的数量。

在利用档案的生涯中，陆续有人问我如何学习英文手稿的辨识。由于我自己没有特意学过，而是从看档案中积累经验，所以也只能告以多看和要有耐心，至今我还是常遇到怎样也辨识不出的难字。不过我确实教过两次手稿辨识班，可说是我教过的课中最特殊的一门。先是2010年前后在台湾"清华大学"历史研究所兼职时，整理出自己档案入门以来的各样心得，配上由易至中等难度的各种手稿样本，除教室上课外，还有课后作业，如此教了一学期辨识英文手稿的课，学生六七人，其中一位后来在出国深造前告诉我，他学以致用，为一名学者解决了几个手稿辨识的难题，我听了非常高兴。2019年，武汉的华中师大中国近代史研究所邀我教同样的课，分两学期，每学期三周，每周三次，相当于平常一学期课的时数。我根据先前教课的经验大幅度修订教学方式和教材，华中师大的老师、博士后、研究生都有人上课。后来听说几名学生即学即用，在课余整理该所收藏的贝德士（Miner S. Bates）教授遗稿，进步之快真让我感到后生可畏。希望她们不论是自己深造，还是为人服务，都能在手稿辨识和利用上继续精进，我不但欣慰，也与有荣焉。

二、档案如是说

传教会档案内的书信、日志、报告、会议记录、图片等，都是当事人当时留下的记录，在历史研究上属于比较有参考价值的基本或第一手史料，而且传教会档案的数量很庞大，长期积累下来非常可观，内容包罗广泛，也很有延续性，不论研究的是跨越年代较长、地域较广的主题，还是范围较小的事物，通常都有数量够多的史料可用。以我研究的西式中文活字印刷主题为例，时间从十九世纪初年到1870年代，地域从广州和南洋各地到香港、上海，甚至延伸到伦敦、巴黎、柏林，而且涉及伦敦会、长老会与美部会三个团体的传教士，及他们分别位于伦敦、纽约与波士顿的传教会总部，看似复杂，史料也不可能齐全，但基本上已足够深入探讨，得出具体的研究结果；其他范围较小、起讫较短的主题，如美以美会的福州美华书局或美部会的北京美华书院等，同样有可观的档案史料可用。至于印刷出版以外的医学、教育、讲道等领域，以我粗浅的涉猎所知，也是同样的情形。只是大部分研究者未利用传教会档案，只用方便到手的次级或二手史料，辗转相因，史实严重失真。曾见不止一篇考证墨海书馆何时开办和关闭的论文，作者没掌握墨海所属的伦敦会档案，却一直在许多间接的史料中绕圈，可惜大费笔墨和心力得到的还是不准确的结果。

以实例为证应是检验或展现传教会档案史料价值的好方法。以下是多年来我利用档案所见实例的一部分，包含（一）纠正错误的史料、（二）少有人知的史料、（三）实物、图画及其他文件等史料三种。其中不只印刷出版而已，也涉及其他内容。

（一）纠正错误的史料

中华全国基督教协进会是二十世纪前期包罗基督教各宗派的全国性联合组织，力量很大，其工作之一为编订《中华基督教会年鉴》。在1924年出版的第七期《年鉴》中，刊登两名作者署名编写的中国第一位信徒蔡高的传记与年谱，说他于1814年受洗前后结婚生子，后来航海做生意，至1846年6月3日五十九岁时因信教被捕入狱而死云云。这篇企图塑造中国第一位信徒殉道而死的传记和年谱发表后，还有史学家为其背书，认定其可信，却完全经不起档案的检验。伦敦会传教士司雷特（John Slater）在1818年10月12日写于广州的信中说："几年前由马礼逊施洗的阿高（Ako），在几天前死了。"马礼逊也在写于1819年11月14日的信中表示，蔡高已经过世了。如此，蔡高又怎么可能晚至1846年因信教入狱而死？上述《年鉴》刊登的所谓蔡高传记与年谱毫无疑问是伪造的。

1931年商务印书馆为庆祝创业三十五周年出版《最近三十五年之中国教育》一书，其中的贺圣鼐《三十五年来中国之印刷术》一文说，马礼逊派米怜和蔡高两人到马六甲设印刷所，于1819年印成第一部中文《圣经》，为西式活字印中文之始。但是贺圣鼐说的人物、时间和事物都错了，和米怜一起到马六甲的是梁发而非蔡高，第一部中文《圣经》印成于1823年而非1819年，使用的是木刻而非西式活字。贺圣鼐接着又说，印度英人马煦曼（Joshua Marshman）在槟榔屿译印中文《圣经》，托汤姆斯（P. P. Thoms）在澳门镌刻字模、浇铸中文铅字。其实马煦曼是在印度雪兰坡（Serampore）而非槟榔屿译印《圣经》，使用自行铸造的中文活字，非常用字则逐一手刻，并没有委托澳门的汤姆斯刻模铸字这回事。汤姆斯是英国东印度公司澳门印刷所的印工，他印马礼逊的中英文字典时，用的是在铅铸的字坯上逐一手刻的活字，而非模铸的活字。贺圣鼐这篇文章是中国人研究近代中文印刷史的早期作品，至今仍经常被人引用，可惜文中错误不少，上述所举只是部分而已。

马礼逊遗孀编辑的《马礼逊纪念集》（*Memoirs of the Life and Labours of Robert Morrison*）（1839），是绝大多数马礼逊的研究者所根据的重要史料，其中却有一些错误。例如马礼逊来华前向伦敦的布莱尔（William Blair）医生学习医学知识，布莱尔是布伦贝瑞诊所（Bloomsbury Dispensary）的医生，《纪念集》却误为圣巴索罗缪医院（St. Bartholomew's Hospital）。再如马礼逊来华前的老家住址是纽卡索（Newcastle）的葛罗特市场（Groat Market），《纪念集》误为大市场（Great Market）。又如1807年5月12日马礼逊从纽约搭船

"三叉戟号"（Trident）启程来华，在《纪念集》中先提及船长的名字是Blakeman，随后说是Remittance，不久又说是Blakeman，令人莫名其妙，查对档案中马礼逊手写的乘船日志，正确名字是Blakeman，而Remittance则是他先前从伦敦到纽约所乘的船只名称，《纪念集》混淆弄错了。《纪念集》又收录马礼逊写于1822年11月12日的信，内容是向伦敦会汇报自己来华十五年间的种种活动，其中赫然出现1822年12月8日他到黄埔向船员讲道的未来事件，其实马礼逊手写的原信明白写着是同年11月3日在黄埔向船员讲道，不知他的妻子编辑时为何要改成不可能发生的12月8日。

芮哲非（Christopher A. Reed）的著作《谷腾堡在上海》（*Gutenberg in Shanghai*）是研究近代上海印刷业兴起的名著，可是该书第一章讨论西方印刷技术传入中国的经过时，将上海墨海书馆、马六甲英华书院与香港英华书院三者纠缠在一起，也分不清澳门华英校书房、宁波华花圣经书房和上海美华书馆的先后，书中各种错误比比皆是，以下只举两处：第一是王韬在《瀛壖杂志》卷六说："西人设有印书局数处，墨海其最著者。以铁制印书车床……甚简而速，一日可印四万余纸。"芮哲非批评王韬此种说法必然夸大不可信，墨海产量不可能如此大。可是麦都思写于1853年12月29日的信却呼应了王韬："我们以一部印刷机可在一日内印五千次（impression），每次有十叶（二十页）。"每次十叶，五千次就是五万叶，比王韬说的四万余纸（叶）还多。第二是1846年宁波的张姓官员请求华花圣经书房代印一部中国史书，传教士们为此郑重其事开会讨论，赞成和反对都有，投票表决结果四票对一票，同意收费代印，传教士将结果与计价通知张姓官员后，却没了下文，传教士推测他是被计价金额吓坏而打消了原意。华花圣经书房所属的长老会档案对本案原原本本记录得很清楚，芮哲非却颠倒事实，错误地说传教士为维护华花圣经书房的传教形象而拒绝为官员代印，该书还先后多次强调这件事。令人遗憾的是该书的中文译本除了照译原书的众多错误，又添增许多新的问题。

一般人总认为基督教会办的学校必定教英文，他们的学生英文也都很好。其实未必如此。鸦片战争后，传教士可以在中国本土设立学校，很多传教士认为要培育中国基督徒，重要的是基督教知识、科学和中国语文，学生会英文不见得就是虔诚的信徒，却很有可能只想进入洋行为钱服务，因此传教士做法不一，有的学校教英文，有的却相当排斥，也有学校将英文排为选读课。例如宁波长老会的传教士在1845年决议，认为不适宜让全体学生都学英文，只列为选读，一年后效果不好，干脆连选读都取消了，后来才又恢复；但是广州长老会的传教士哈巴安德（Andrew P. Happer）却积极教学生英文，常在书信中津津乐道教学的成果。美部会则统一规定，1849年底该会秘书通令所有在华传教士，不宜将英文列入课程。伦敦会没有统一规定，上海的伦敦会布道站于1849年开办男生寄宿学校，传教士会议决议全部课程都以中文上课，也就是不教英文，还因此导致一名学生黄春甫后来虽然成为上海名医，却无法自行进修医学新知，先后和他共事的外国医生都为他感到惋惜。

到十九世纪后期，还是有传教士排斥教英文。主持杭州育英义塾的陶锡祈（Samuel Dodd）于1873年主张，教英文是不妥当、无效益也不明智之举，根本不需要以英文对中国人传教，而且学生很可能只想利用英文赚钱。1884年美国长老会华中传教区的年会还通过决议，不鼓励区内各布道站设立的学校教英文，理由有三：以往的经验显示教学效果不好；学生学英文的主要目的在于多赚钱；中文比英文更能对中国人传播基督教教义。1899年底，宁波长老会崇信书塾的传教士苏美格（J. E. Shoemaker）抱怨，三年前为顺应中国人流行学英文的风气,崇信开始教英文,可是三年下来,学生不但没学好英文,连中文都受到不良的影响。苏美格还表示在当时的中国,英文就是更多工资的同义词。

许多传教士对中国社会的一举一动相当注意,他们的记载有时和中国人所记有很大的差别,清代咸丰朝大臣肃顺的问斩是明显的实例。中文关于这一幕的记载,薛福成的《庸盦笔记》卷一写得详细又戏剧化:肃顺在囚车上被反绑双手于背后,旁观孩童欢呼,以瓦砾泥土丢掷他脸上致模糊不可辨,行刑前肃顺破口大骂悖逆言词又不肯跪,经行刑者以大铁柄敲打才跪下受刑。薛福成笔下的乱臣贼子下场相当大快人心,完全符合当时的政治伦理,也符合《庸盦笔记》序言所说的有益世道人心的写作目标。

但是,当时在北京的传教士雒颉(William Lockhart)有相当不同的描述。他在从1861年11月4日到11日逐日所写的一封长信中,记下8日行刑时自己在刑场目击的现象:刑场挤满了人,却一片默然无声,只见先运来红色大棺木和葬仪用具,陆续是一群官兵、三名行刑者,随后是刑部囚车,车前有两名官员,车中坐着肃顺,他安静地看着周遭;车子到雒颉近处一阵晃动,肃顺对官员说了一下话便走下囚车,也脱离了雒颉的视线,接着官兵同时呐喊一声,又听到沉重的一下声响,雒颉身旁的人说结束了,官员沉默地离开,许多人来取停放在雒颉附近的棺木,他随后也离开了刑场。雒颉描述的是安静而沉闷或沉重的场面,肃顺没有被欢呼者丢掷土石致面目难辨,也没有被破口大骂,只听到官兵的助威呐喊和行刑的声响便结束了。雒颉是这场行刑的外国旁观者,只是记下自己的见闻,他和中国政治没关系,也没有如薛福成那般自认有教化民心的重责大任,完全没必要将事件写成戏剧化的场景。

雒颉是上海仁济医院的创办人,他最初于1843年11月8日随同英国驻上海领事巴富尔（George Balfour）抵达上海。可是《仁济医院九十五年1844—1938》（*Ninety-Five Years A Shanghai Hospital 1844—1938*）一书，却说雒颉于1843年11月5日抵达上海，又特地强调他比英国领事还早几天先到。这部书的作者艾利斯顿（Eric S. Elliston）长期是仁济医院董事会的秘书，利用医院保存的档案写成其书，该书至今为关于仁济医院论著的重要参考文献，但艾利斯顿没有利用传教会档案中的雒颉书信，以致内容有些错误。可见著述之不易，档案之可贵。

（二）少有人知的史料

传教会档案的数量庞大、内容广泛，利用的人又不多，以致其中有非常多富有意义的史料罕为人知。以下是一些实例：

《马礼逊纪念集》的最大问题，其实不在于前述马礼逊妻子编辑时造成的内容错误，而在于她有意无意间删除的一些重要史料。最显著的是多达1 100余页的《纪念集》中，竟然没有马礼逊于1807年9月4日于澳门登陆的记载，也没有他抵达中国后最初三天的行踪。直到第四天的9月7日，马礼逊才在《纪念集》中现身，此时的他正于广州十三行的花旗馆内写信。这就好似中国基督教史最初三天是空白的。事实当然并非如此，伦敦会档案中存有马礼逊9月4日的手写日志，包含从下午四时将从澳门登陆起，直到晚上十时写日志前的各样行事，接着5、6两日他又写下自己的一些想法和行动，在华最初三天共写下一千多字的日志内容。马礼逊抵达中国是基督教来华的开始，在中西文化交流史上的重要性，就如同先前天主教传教士罗明坚、利玛窦初抵中国一般，马礼逊的妻子却不将他在中国最初三天的重要史料编入纪念集，令人匪夷所思。

马礼逊来华后的重要任务之一是将《圣经》翻译成中文，因此兢兢业业全力以赴学习中国语文,两三年后便开始练习从中文译成英文。马礼逊练习的题材很广泛,从官方文书、儒佛仙道到小说诗文,也出版过几种翻译的作品,但还有许多未出版的译稿留在档案中,例如《文昌帝君蕉窗十训》、《太上感应篇》、《红楼梦》第四回、《论语》部分章节、《全人矩矱》、《功过格》、朱熹文句、《阮元四十生日诗》等。我曾在两三次演讲的场合简略介绍过这些译稿,其中《红楼梦》第四回还是《红楼梦》最早的英文译本,比向来公认最早的1830年德庇时(John F. Davis)译本还早十几年。

一般人的印象是信徒对于传教士总是恭顺有加,尤其早期绝大部分的信徒都依赖传教士给予工作维生,传教士就如同信徒的衣食父母一般。但后来中国基督徒逐渐自立,也有自己的看法。1880年11月22日,伦敦会在北京的信徒共同具名发信给伦敦会总部,表达他们对于传教士的看法,希望传教士能有所改进。信上说在他们的教会里,西人与西人离心,中国人也与西人离心,而西人又各有私心,不以教会大局为重。信徒接着批评北京教会中的四名传教士:艾牧师过宽、景牧师过猛、密牧师过于苛刻,而文牧师则过于滑稽;又说宽容易招来信徒,此外没什么用处,猛则没有好处,至于苛刻就有害于教会了。传教士这些态度导致中国人牧师和执事缩手不敢做事,教会几乎一败涂地,但四位传教士依然不改,使得教会大受损害,甚至牧师不应党而似有党,教会不应辍而实已辍。档案中类似这样表达意见的中文书信并不罕见,但这封信是我所见中国信徒对传教士最露骨直率的批评,显示信徒和外国传教士之间并不如一般刻板印象那样——传教士总是高高在上,即使表面上如此,信徒还是自有判断的能力和表达的勇气。

传教士档案中有些尚未有人利用的京师同文馆史料。同文馆最先开办英文馆,第一位教习是英国传教士包尔腾(John S.

Burdon）。他在1862年7月2日的一封长信中，详细描述自己和总理衙门大臣文祥等人谈论同文馆开办的经过、开学日期、学生和授课的状况等，都是难得的珍贵史料。

第二位教习是傅兰雅（John Fryer）。他在写于1864年3月8日的信中说，自己在前一年9月到达北京学习官话，却遇上包尔腾生病，于是后者便介绍他接任同文馆教学。傅兰雅表示这项教学比他原来在香港圣保罗书院的工作轻松得多，却有一样让他很不舒服的事，就是他不能对学生传教，有一名中国教习随时都坐在教室内，以阻止他任何传教的企图。

第三位英文教习是丁韪良。他在写于1865年3月中的信中，谈论自己接任同文馆教学，年薪一千两银子，每日教两小时，这项工作提供他经常和总理衙门大臣接触的机会。丁韪良和前两位英国传教士想法不同：包尔腾从一开始就设定两年为期，期满后回到传教工作；傅兰雅则对不能向学生传教不满，只教一年就辞职；丁韪良却积极找机会接触中国官员，希望发挥自己的影响力。后来丁韪良果然长期担任同文馆总教习，他所属的长老会档案中也一直有同文馆的史料，而过去关于同文馆的论著（包含我的）都没用过这些档案。

十九世纪在华传教士分别开办男子和女子学校，两者的目的都在于培养基督徒。不同的是希望男生成为传教的好帮手与中国的牧师、传道人，至于女子学校的目的，恐怕会让后人大感意外。1838年美部会新加坡布道站的年报表示，开办女子学校的原因，一是让布道站学校的男生将来有适当的基督徒配偶，而非无知的异教徒；二是让传教士的妻子有适当的工作可做。1863年长老会宁波布道站的年报也表示，不能低估女子寄宿学校的价值，因为女生是中国传教助手的妻子与女子日间学校老师的来源。直到1876年时，长老会的秘书仍郑重叮嘱宁波的传教士，女子学校的主要工作就在于培育中国牧师和传道人的妻子。十九世纪的传教士这种观念很普遍，他们开办中国女子教育主要是为了培养男性基督徒的配偶，而非培育能够独立、自我发展的女性。

在医学方面，很多人都知道第一位来华传教医生是美部会的伯驾（Peter Parker），他在1834年10月抵达中国。美部会为什么会派他来呢？关于伯驾的研究与传记似乎都没能清楚说明原因。从美部会的档案可知，这是该会已经在华的传教士裨治文（Elijah Bridgman）呼吁的结果。裨治文根据在华的观察体会，在1833年7月1日的信中建议派来医生，认为医生为华人治病将大有助于传教。第二年（1834）的3月14日，裨治文再度建议派医生来华，为传播福音打开一扇大门。又四个月后的7月14日，裨治文第三度提出要求，他说自己掌握一份广州的八百多名盲人名单，而依据官方记录，南海与番禺两县合计两百万人口中，也有五千多名盲人，因此希望能迅速派来医生。美部会没有让裨治文失望，早在收到他的第一封信后就决定派伯驾来华，该会秘书在答复裨治文的信上说：我们送给你们一位对华传教的伙伴伯驾牧师，他除了修毕大学神学课程，还读完全部的医学课程，获得医生资格，相信你们会发觉他是一位好帮手。

十九世纪来华的西医几乎都排斥和否定中医，有个人却可能是唯一的例外——宁波的美国长老会医生麦嘉缔（D. B. McCartee）。他在1844年抵达宁波行医传教，1850年他在报告中说，自己的医院主要看眼科、皮肤科以及外科，同时因为他的中文老师纪先生在当地以学问好和中医闻名，麦嘉缔决定只要病人愿意也负担得起，就让纪先生开药方，让病人拿到本地的中药店去配药，这么做让许多病人非常满意。不仅如此，麦嘉缔还让他的中国学徒双修中西医学，中医向纪先生学，而化学、解剖、生理学和手术则由他授课。他对中医的友善不是短期即兴而已，直到1868年他还报告，宁波及附近一些聪明的中国医生，再三请他指点一些疑难杂症，有些开明的中医也使用西药，他以便宜的价格出售奎宁给中医，即使要价提高三倍，中国医生也会乐于购买。

传教士经常在书信中报导所在地区的瘟疫状况。例如二十世纪初在湖北孝感的伦敦会医生傅乐仁（Henry Fowler），历年报导当地的天花（1901、1906—1907、1913）、霍乱（1902）、疟疾（1906—1907）、伤寒与西班牙流行感冒（1918—1819）等疫情。他说1902年的霍乱流行，导致他主持的麻风病院有三分之一以上的病人丧命；又估计1913年的天花疫情，在六周内造成超过百分之五的孝感城内居民死亡等。再如自1862年7月起，北京的传教医生雒颉接连报导从天津、通州蔓延到北京的霍乱，参与天津和北京条约谈判的中国军机大臣桂良因霍乱而死，雒颉的一些中国助手也相继得病，直到同年9月底霍乱才因天气渐凉而消失；估计三个月期间，霍乱造成多达15 000人死亡，这是北京几个城门的守卫计算疫情期间抬出城的棺木数量而得的数字。四十年后（1902），另一位北京传教医生科龄（Thomas Cochrane）又报导霍乱肆虐，数千人丧失生命，有人在北京一个城门口停留四个小时，就看到多达八十具棺木出城埋葬。若搜集各地传教士关于瘟疫的记载并汇编成册，也将是近代中国疫情的大批史料。

（三）实物、图画、文件等史料

书信是内含文字的一种实物，也是传教会档案的主体，但档案中不仅有书信，还有其他的实物史料，如各种印刷品、图画与照片，还有少数特殊的文件，如游历护照、房地产买卖合约，甚至一名英国女护士的中国丈夫获得的中国政府奖章等。对研究者而言,这些实物史料不但具有历史意义,往往还有特别的"功效",例如每当我正为辨识手稿文字而昏然欲睡或晕头转向时,突然下页出现意料不到的画作、照片、传单或印刷品,当下精神一振,就忘了辛苦疲累。

马礼逊在档案中留下不少这类印刷品实物史料,而且都很有历史意义。例如《祈祷文赞神诗》一书,1833年由他自己在澳门开设的印刷所出版,以中国助手逐字雕刻的活字排印,他在书上亲笔题记说是自己督工、梁发排版、屈昂与其子印刷而成;杂志有他创刊的《杂闻篇》三期,每期四页,也是1833年在澳门以同样的活字印刷,他题记说每期印量多达20 000份;传单则有纪念马礼逊来华二十五周年的双页英文传单,1832年印,由他和美国传教士裨治文具名,这是马礼逊自家印刷所开业的第一种产品;还有他创刊的英文《传道者与中国杂记》(*The Evangelist and Miscellanea Sinica*)三期,每期四页,1833年在澳门自印,但此刊引起澳门天主教士不满,后者要求澳门总督通知东印度公司广州商馆命令马礼逊停刊。

和上述印刷品同样重要而更难得的是一批石印画,包含当时英国著名画家钱纳利(George Chinnery)的两件作品——一幅珠江上眺望十三行及一大张共四小幅澳门风光,都有马礼逊的题记,说是由钱纳利在石上素描、马儒翰印刷。当年我从档案中看到这两件真迹,曾特别查对钱纳利的作品目录,发现并未收录,因此是人所不知的珍品。此外,有1831年马儒翰书写和石印的《全人矩矱》英译,他石印但不知谁人书写的中文大字"福禄寿"与"家宝吉征"格言、台湾图等;还有1831年梁发手书、屈昂印刷的《圣经》文句单张,以及马礼逊不知名的中国助手绘印的花鸟图等。这些画作显示自1831年至1833年间,马礼逊与马儒翰父子及中国助手有相当活跃的石印活动,而且作品上都有马礼逊的题记,也都是石印传入中国最初期留下的珍贵作品。

留下石印作品的伦敦会传教士还有麦都思和合信。从1820年代后期到1840年代初，麦都思在爪哇的巴达维亚进行比马礼逊的规模还大的石印活动，而且印的几乎全是文字作品，包含传教单张和小册、学校课本、《新约》及字典等，中英文字典还多达一千多页。档案中只有麦都思的石印单张和小册，篇幅较多的《新约》和字典则可见于图书馆，再加上他书信中对石印工作的大量描述，合而成为完整难得的石印史料。合信则于1850年代初在广州石印医书《全体新论》的插图及其他作品，伦敦会档案中只有他关于石印的文字而无作品，但伦敦的卫尔康医学史研究所收藏合信一家相当多的档案，包含《全体新论》和其他作品在内。

很特别的是传教会档案中竟有非传教士印行的一些中文石印画报。辛亥革命爆发后，民众亟于了解最新情势，上海四马路望平街的新闻界有人想出石印画报的方法，每日一期，每期一大张，以手绘手写、图文并茂的方式报道革命时事，每张铜元一或二枚。有伦敦会的传教士搜集这些石印画报并汇送回英国，连同其他档案文献一起保存下来，例如《战事画报》《快画报》等。新闻界有时还因战事瞬息万变，为争取时效而临时出版小张《增刊》发售。这些石印画报与传教无关，却是辛亥革命新闻史的珍贵史料。

传教士经常在书信中附寄他们所办医院、学校、印刷所、孤儿院、教堂等各种机构的出版品或样张，如年报、样本、周年庆典或献礼传单等，这些都是很有价值的研究史料。例如姜别利主持美华书馆期间，除了经常写信报告工作情形，每年都会编印美华的年报（最后一年愤而辞职，由接手的人代写）。有这些信件和年报作为主要依据，我才能写出《铸以代刻》书中美华经营各方面较为详细深入的内容。又如广州传教女医赖马西（Mary W. Niles）几次在书信中附寄明心书院的年报，使我能比较顺利地探究她创办的这所收容并教育中国盲女的学校。

地图和绘画是重要的研究史料。大英公会的档案中，有一大张中国人木刻印刷的北京地图《首善全图》。一位传教士以毛笔点出基督教、天主教和东正教共十八个教派布道站的所在位置，一目了然，胜于许多笔墨文字的叙述。再如美部会档案中，有裨治文于1848年手绘的上海地图，标记每个教派布道站的位置，各附简单的说明；到1851年时，他又画了一幅相似的图，在各布道站位置外，附有比前一图工整而详细得多的文字说明。

各传教会档案中随处可见这类地图和绘画的史料。以印刷出版为例，墨海书馆以牛只拉动滚筒印刷机一事，经参观过的几位中国文人赋诗吟咏而为人熟知，但文字不免抽象，管理墨海的伟烈亚力（Alexander Wylie）曾于1847年11月17日手绘一图，标示他设计的以牛拉动印刷机各部的细节。再如香港英华书院、宁波华花圣经书房，以及上海小东门外的美华书馆，建筑馆舍早已沧海桑田无存，还好档案中留下传教士所绘这三家印刷所的位置图，我得以按图索骥，先后在香港、宁波和上海三地觅得旧址，追念昔人往事。

地图在医学史的研究上也同样重要。伦敦会的施医院是北京第一家西医院，由雒颉开办于1861年，至1865年由德贞（John Dudgeon）迁至火神庙，但研究者难以确知地点所在。幸而档案中有雒颉等人所绘的两处位置图，我得以确定1861年施医院开办于翰林院旁的旧英国使馆隔壁，1865年迁至今日东单北大街东侧与东堂子胡同南侧两者交会的地方，即目前的协和医院宿舍区。2019年我到北京时手持雒颉等人的图说造访两处原址，即使已非旧貌，但相去百余年后，我还能在原地遥想雒颉与德贞当年，内心自有一番激动。

有的传教士相当用心保存自己经历的史料，英国护士长贝孟雅（Esther Hope Bell）是其中显著的一人。她自1911至1931年在华服务二十年，先后担任伦敦会汉口仁济医院和上海仁济医院的护士长，又曾于1926年至1928年被借调专职中华护士会的秘书长，是中国护理专业建立初期的重要人物。贝孟雅在华期间始终仔细记载自己的活动、工作情形、休假旅游行程，以及自己的各种感受，同时保存许多照片、素描、剪报、传单、名片等，例如中华护士会兴建会所大楼、仁济医院大楼及护士、搭乘来往长江的各类船只等图片，甚至还有1912年副总统兼湖北都督黎元洪具名的请柬——邀她参加辛亥革命一周年的庆祝活动。当年贝孟雅保存这些文字和非文字的记录，是出于兴趣并便于自己日后回忆，但她退职后全部捐给传教会而留了下来，成为从她个人经历了解中国护理事业初期的重要史料。

有些夹杂在档案中的零星文件只是偶然一见，却十足是时代的烙印。1900年八国联军占领天津前夕，当地伦敦会传教士为使中国信徒免于联军烧杀劫掠，赶紧以活字和木刻并用，印制四种外国文字并列的一份传单，分发给信徒张贴于住家门上和墙壁。传单文字表明："本宅为基督徒家庭，祈求欧美联军保护。"无独有偶，1911年辛亥革命爆发后，美以美会的北京传教士唯恐再来一次北京之围，印制书明"此人系美以美会教友"的中英文标章，发给信徒佩戴，还在标章上编号盖印，以示郑重和防止伪造。

传教会档案中各种各类的史料实在太多，不胜枚举，上述的实例应已展现这些史料的难能可贵，善加利用必可成就许多原创性的研究，不仅有深度，而且生动。直到本世纪初为止，利用这些档案的研究者还不多见，但近十多年来已逐渐增多，这是非常可喜的现象。

尾　语

传教会档案的数量庞大，我已经看了三十年，经眼的却只是整体传教会档案的一小部分而已。以我用力较多的伦敦会、美部会和美国长老会为例，估计我看过的内容只有十分之一二，但已经深切了解其内容包罗广泛，不论传教或非传教我都感到好奇，也越看越有趣。其实在阅读机器上看缩微胶卷或胶片、辨识手稿、抄录或键入电脑等工序，都相当耗时费力，只因自己的好奇和兴趣而心甘情愿。

遗憾的是我也遇到过不愉快的事件。其一是有位北方高校女教师剽窃我辛苦所得的成果，将我利用档案所写关于《中国丛报》、牛痘接种入华，以及为林则徐翻译的梁进德等三篇论文内容，以浓缩和改换用字遣词方式掩人耳目，变成其三篇文章的主要部分，于2019—2021年陆续发表在同一种专业翻译期刊上，并由知网收入供公众利用，山寨文章大摇大摆混进了学术殿堂。剽窃者还在文中插入"在我见过的档案中"等字句以蒙骗读者，可谓相当狡猾，却因自己根本没见过档案，有些改换的内容露出破绽，成为剽窃的铁证。

其二是我关注的主要是近代印刷出版史，偶尔旁及如西医来华、基督教传教等课题，也许可说自己是研究以传教士为中心的中西文化交流史，却无意中得罪台、港两地一些分不清史学与神学的人。他们总是将学术与信仰混为一谈，既不用一手史料做研究，也不同意我依据档案所做的研究内容，多年来陆续以言语、文字和行动表现对我的轻视与排斥，也暴露出他们自己的偏见与幼稚。

这些无理也无礼的干扰，并未影响我和传教会档案的不解之缘。我进一步想到自己得益于这些第一手史料不少，也期待有更多的研究者一起来利用。希望本文的种种内容，足以说明这些档案内容绝不限于基督教史，至少还有文化交流史、教育史、印刷出版史、新闻史、医学史、翻译史、科学史等领域，都能从中获得许多有价值的史料，进行原创性的研究，有些可让研究者避免重蹈前人的错误，有些可用于建构更完整、深入而且生动的史实，并正确地申论史实的意义。

图 片 目 录

档案缩写表

一、引用档案缩写

ABCFM 美部会档案（Papers of the American Board of Commissioners for Foreign Missions）

    Unit 1   Official Letters from the Offices of the Board to Missionaries

      ABC 2   Letters to Foreign Correspondence 1834–1919

         2.1 — Copy Book/Transcript Series

    Unit 3   Letters from Missions in the Far East

      ABC 16   Missions to Asia, 1827–1919

         16.3.3 — Amoy Mission, Borneo Mission, Canton Mission, Siam Mission

         16.3.8 — South China Mission

         16.3.11 — South China, 1836–1918, Minutes.

    例示：ABCFM/Unit 3/ABC 16.3.8, vol. 1 A, S. W. Williams to R. Anderson, Macao, 27 May 1837.

ABS   美国圣经会档案（American Bible Society Archives）

    RG 27   China Mission

    例示：ABS/RG 27/3/1886, L. H. Gulick to E. W. Gilman, Shanghai, 23 December 1886.

    = ABS/RG 27/box 3/correspondence 1886, L. H. Gulick to E. W. Gilman, Shanghai, 23 December 1886.

BFMPC   美国长老会外国传教部档案（Presbyterian Church in the U. S. A., Board of Foreign Missions Files）

    MCR   Missions Correspondence and Reports Microfilm Series, 1837–1911

CH   China Letters, reel 189–248

例示：BFMPC/MCR/CH, 190/3/101, A. W. Loomis to W. Lowire, Ningpo, 28 January 1849.

= BFMPC/MCR/China, reel 190/vol. 3/no. 101, A. W. Loomis to W. Lowrie, Ningpo, 28 January 1849.

RG 82   Board of Foreign Missions Secretaries' Files: China Missions

例示：BFMPC/RG 82/15/17, C. E. Patton to G. T. Scott, Shanghai, 4 April 1925

= BFMPC/RG 82, box 15, folder 17, C. E. Patton to G. T. Scott, Shanghai, 4 April 1925.

MVF   Missionary Vertical File

例示：BFMPC/MVF/George Field Fitch, G. F. Fitch, 'Biographical Record.'

LMS   伦敦传教会档案（London Missionary Society Archives）

CH   China

SC   South China — Incoming Letters

CC   Central China — Incoming Letters

UG   Ultra Ganges

BA   Batavia — Incoming Letters

例示：LMS/CH/SC, 1.4.A., R. Morrison to G. Burder, Canton, 29 January 1815.

= LMS/China/South China, box 1, folder 4, jacket A, R. Morrison to G. Burder, Canton, 29 January 1815.

MECMC   美以美传教会档案（United Methodist Church/General Commission on Archives & History/MS Missionary Files: Methodist Episcopal Church Missionary Correspondence, 1912–1949）

CH   China

例示：MECMC/CH/Paul Hutchinson, 1916–1919, P. Hutchinson to F. M. North, Kuliang, Fukien, 13 August 1918.

二、注释缩写

APM	American Presbyterian Mission
APMP	American Presbyterian Mission Press
BFM	Board of Foreign Missions
CC	China Council
CCM	Central China Mission
PCUSA	Presbyterian Church in the United States of America
PMP	Presbyterian Mission Press
SDCGKC	Society for the Diffusion of Christian & General Knowledge among the Chinese
SMP	Shanghai Mission Press

参 考 文 献

一、档案

上海档案馆藏美国长老会对外宣教部致中国总会及中国差会信件汇编
（U110-0-56~U110-0-72）

美以美会档案/美以美传教会档案（United Methodist Church/General
Commission on Archives & History/MS Missionary Files: Methodist
Episcopal Church Missionary Correspondence, 1912-1949）

美国长老会外国传教部档案（Board of Foreign Missions of the Presbyterian
Church in the U. S. A. Archives）

Missions Correspondence and Reports Microfilm Series, 1837-1911

Secretaries' Files: China Missions, 1891-1955

Missionary Vertical File

美国圣经会档案（American Bible Society Archives）

美部会档案（Papers of the American Board of Commissioners for Foreign
Missions）

伦敦传教会档案（London Missionary Society Archives）

Library of Congress, call number G/W/SA 1, 'Statement of Accounts by
Chang Ding Yuen as Agent for Mr. Gambles Native Property 1873-
1876.'

Nineteenth Century Collections Online, National Archives, Volume 6, China,
1868-1906, Despatches from U.S. Consuls in Tientsin, MS Despatches
from U.S. Consuls in Tientsin, China, 1868-1906: June 17, 1896-Dec.
13, 1899, 'J. L. Mateer to S. P. Read, Peking, 17 August 1897, enclosure:
American Board Mission.'

Yale University Library, Manuscripts and Archives, Samuel Wells Williams

Family Papers, Series II, box 15, folder 66, 'List of Items in Claim of S. W. Williams.'

二、报刊与连续性出版品

《中国教会新报》

《出版界》

《通问报》

《画图新报》

《万国公报》

《兴华报》

Alexandria Gazette.

American Missionary.

Annual Report of the American Bible Society.

Annual Report of the Board of Foreign Mission of the Presbyterian Church in the United States of America.

Annual Reports of the Central China Mission of the Presbyterian Church in the United States of America.

Annual Station Reports of the Central China Mission.

Annual Report of the Presbyterian Mission at Shanghai.

Annual Report of the Presbyterian Mission Press at Shanghai.

Annual Report of the Society for the Diffusion of Christian & General Knowledge among the Chinese.

Minutes of the Annual Meeting of the China Council of the Presbyterian Church in the U. S. A.

The China Press.

The Chinese Recorder.

The Chinese Repository.

Daily Alta California.

Daily National Democrat.

The Evangelical Magazine and Missionary Chronicle.

Farmers' Gazette and Cheraw Advertiser.

Indiana Sentinel.

Los Angeles Star.

Marysville Daily Herald.

Marysville Daily Appeal.

The Missionary Herald.

Missionary Register.

The Mountain Democrat.

National Patriot.

The Nevada Journal.

New York Evangelist.

New York Observer and Chronicle.

The North-China Daily News.

The North-China Herald.

The Political Beacon.

Red Bluff Independent.

Richmond Palladium.

Sacramento Daily Union.

San Joaquin Republican.

San Jose Weekly Mercury.

Santa Cruz Weekly Sentinel.

The Shasta Courier.

Stockton Independent.

Vincennes Saturday Gazette.

Wabash Courier.

The Weekly Placer Herald.

Weekly National Intelligencer.

三、论著

田力,《美国长老会宁波差会在浙东地区早期活动(1844—1868)》,杭州:
　　浙江大学博士学位论文,2012。

朱联保,《近现代上海出版业印象记》,上海:学林出版社,1993。

狄昌,《铅字拼法集全》,上海:美华书馆,1873。

《育英义塾章程》,上海:美华书馆,1894。

长利,《从崇信义塾到之江大学》,《教育评论》1993年第1期,页53—55。

居蜜、杨文信,《美国国会图书馆姜别利藏品的整理渊源与解题目录》,《明
　　清史集刊》第11卷(2015年3月),页409—469。

胡贻谷,《上海三教会书局之新发展》,《中华基督教会年鉴》(上海:中华基
　　督教会年鉴,1927),页125—127。

高凤池,《费启鸿教士小传》,《明灯道声非常时期合刊》,264期(1939年5
　　月),页5—6。

宫宏宇,《狄就烈、〈西国乐法启蒙〉、〈圣诗谱〉》,《中国音乐季刊》2008年
　　第4期,页89—97。

《基督教书目摘录》,上海:协和书局,1923。

孙广平,《晚清英语教科书发展考述》,杭州:浙江大学博士学位论文,2013。

麦都思,《真理通道》,上海:墨海书馆,1845。

梁启超,《西学书目表序例》,张静庐辑注,《中国近代出版史料(初编)》,北
　　京:中华书局,1957,页57—61。

张先清,《姜别利及〈姜别利文库〉》,《国际汉学》第16辑(2007年),页
　　243—267。

芮哲非著、张志强等译,《谷腾堡在上海:中国印刷资本业的发展(1876—
　　1937)》,北京:商务印书馆,2014。

冯锦荣,《姜别利(William Gamble, 1830—1886)与上海美华书馆》,复旦大
　　学历史系、出版博物馆编,《历史上的中国出版与东亚文化交流》,上
　　海:上海百家出版社,2009,页271—320。

张秀民著、韩琦增订,《中国印刷史》(插图珍藏增订版),杭州:浙江古籍出

版社,2006。

《新约全书》,上海:美华书馆,1869,电镀铜版。

张静庐辑注,《中国近代出版史料(初编)》,上海:群联出版社,1953。

贺圣鼐,《三十五年来中国之印刷术》,庄俞、贺圣鼐编,《最近三十五年之中
　　国教育》卷下(上海:商务印书馆,1931),页173—202。

贺圣鼐、赖彦于,《近代印刷术》,长沙:商务印书馆,1933、1939。

邬万清,《改革新字架介绍》,张静庐辑注,《中国现代出版史料(丙编)》(北
　　京:中华书局,1956),页438—449。

路槐,《崇信书塾志》,《画图新报》第1卷第12期(1891),叶44—45。

潘光哲,《晚清士人的西学阅读史(1833—1898)》,台北:"中央研究院"近
　　代史研究所,2014。

蔡育天编,《上海道契》,上海:上海古籍出版社,2005。

樽本照雄,《ヘプバーン、マティーア兄弟と美华书馆》,《清末小说》第35
　　期(2012年12月),页1—54;又收在樽本照雄,《商务印书馆研究论集
　　增补版》(大津:清末小说研究会,2016电子版),页450—499。

鲍明鉴编,《基督教长老会浙省宁绍中会七十年略史》,上海:商务印书馆,
　　1927。

苏精,《马礼逊与中文印刷出版》,台北:学生书局,2000。

苏精,《基督教与新加坡华人1819—1846》,新竹:"清华大学"出版社,
　　2010。

苏精,《铸以代刻:传教士与中文印刷变局》(台北:台大出版中心,2014);
　　《铸以代刻:十九世纪中文印刷变局》(北京:中华书局,2018)。

顾钧、宫泽真一编,《美国耶鲁大学图书馆藏卫三畏未刊往来书信集》,桂
　　林:广西师范大学出版社,2012。

龚缨晏、田力,《崇信义塾:浙江大学的间接源头》,《浙江大学学报(人文社
　　会科学版)》2012年第2期,页139。

Rutherford Alcock, *Elements of Japanese Grammar*. Shanghai: 1861.

Arthur J. Brown, *Report of a Visitation of the China Missions, May 22–*
　　September 19, 1901. New York: Board of Foreign Missions of the

Presbyterian Church in the U. S. A., 1902.

Arthur J. Brown, *Report on a Second Visit to China, Japan and Korea, 1909*. New York: Board of Foreign Missions of the Presbyterian Church in the U. S. A., n. d.

Arthur J. Brown, *One Hundred Years: A History of the Foreign Missionary Work of the Presbyterian Church in the U.S.A.* New York: Fleming H. Revell Company, 1936.

Samuel R. Brown, *Colloquial Japanese, or Conversational Sentences and Dialogues in English and Japanese*. Shanghai: Presbyterian Mission Press, 1863.

G. Thompson Brown, *Earthen Vessels and Transcendent Power: American Presbyterians in China, 1837–1952*. New York: Orbis Books, 1997.

'Characters Formed by the Divisible Type Belonging to the Chinese Mission of the Board of Foreign Missions of the Presbyterian Church in the United States of America. Macao, Presbyterian Press, 1844.' *The Chinese Repository*, 14: 3 (March 1845), pp. 124–129.

'Chinese Metallic Types: Proposals for Casting a Font of Chinese Types by Means of Steel Punches in Paris.' *The Chinese Repository*, 3: 11 (March 1835), pp. 520–521.

J. F. Coakley, 'Homan Hallock, Punchcutter.' *Printing History*, vol. 23, no. 1 (2003), pp. 18–41.

Win. J. Davis, *Illustrated History of Sacramento County, California*. Chicago: The Lewis Publishing Co., 1890.

Justus Doolittle, *A Vocabulary and Hand-Book of the Chinese Language*. Foochow: Rozario, Marcal, and Company, 1872.

Henry O. Dwight, *The Centennial History of the American Bible Society*. New York: The Macmillan Company, 1916.

Samuel Dyer, *A Selection of Three Thousand Characters*. Malacca: The Mission Press, 1834.

338

Daniel W. Fisher, *Calvin Wilson Mateer: Forty-Five Years a Missionary in Shantung, China*. Philadelphia: The Westminster Press, 1911.

W. Gamble, *A Descriptive Catalogue of the Publications of the Presbyterian Mission Press*. Shanghai: 1861.

W. Gamble, *Specimen of Chinese Type Belonging to the Chinese Mission of Board of Foreign Missions of Presbyterian Church in the U.S.A.* Ningpo: Presbyterian Mission Press, 1859.

W. Gamble, *Two Lists of Selected Characters Containing All in the Bibles and Twenty Seven Other Books*. Shanghai: Presbyterian Mission Press, 1861; 1865 reprint.

W. Gamble, *List of Chinese Characters Formed by the Combination of the Divisible Type of the Berlin Font Used at the Shanghai Mission Press of the Board of Foreign Missions of the Presbyterian Church in the United States of America*. Shanghai: Presbyterian Mission Press, 1862.

W. Gamble, 'Specimen of a New Font of Chinese Movable Type Belonging to the Printing Office of the American Presbyterian Mission.' *Journal of the North-China Branch of the Royal Asiatic Society*, new series, no. 1 (December 1864), p. 145.

W. Gamble, *Specimens of Chinese, Manchu and Japanese Type, from the Type Foundry of the American Presbyterian Mission Press.* Shanghai: 1867.

James Hepburn, *A Japanese and English Dictionary*. Shanghai: American Presbyterian Mission Press, 1867.

Historical Sketches of the Missions, under the care of the Board of Foreign Missions of the Presbyterian Church U.S.A. Philadelphia: Woman's Foreign Missionary Society of the Presbyterian Church, 1897, 4th ed.

W. S. Holt, 'The Mission Press in China.' *The Chinese Recorder*, vol. 10, no. 3 (May-June, 1879), pp. 206–219; vol. 10, no. 4 (July-August, 1879), pp. 270–275.

Walter Hubbell, *History of the Hubbell Family*. New York: J. H. Hubbell &

Co., 1881.

O. Gibson, *The Chinese in America*. Cincinnati: Hitchcock & Walden, 1877.

Jubilee Papers of the Central China Presbyterian Mission 1844–1894. Shanghai: Printed at the American Presbyterian Mission Press, 1895.

Marcellin Legrand, *Caractères Chinois, Gravès sur Acier par Marcellin Legrand*. Paris, 1836.

Marcellin Legrand, *Specimen des Caractères Chinois, Gravès sur Acier et Fondus par Marcellin Legrand*. Paris, 1837.

John C. Lowrie, ed., *Memoirs of the Hon. Walter Lowrie*. New York: The Baker and Taylor Co., 1896.

Walter Lowrie, ed., *Memoirs of the Rev. Walter M. Lowrie, Missionary to China*. New York: Robert Carter & Brothers, 1849.

Donald MacGillivray, *A Century of Protestant Missions in China*. Shanghai: American Presbyterian Mission Press, 1907.

Johann H. Meyer, *The Gutenbergs Album*. Braunschweig: 1840.

Gilbert McIntosh, *The Mission Press in China*. Shanghai: American Presbyterian Mission Press, 1895.

Gilbert McIntosh, *A Mission Press Sexagenary*. Shanghai: American Presbyterian Mission Press, 1904.

Gilbert McIntosh, *Septuagenary of the Presbyterian Mission Press*. Shanghai: American Presbyterian Mission Press, 1914.

Minutes of the General Assembly of the Presbyterian Church in the U.S.A., new series, vol. 11, A.D. 1888. Philadelphia: Printed at MacCalla & Company, 1888.

Minutes of the 28th Annual Meeting of the Central China Mission, held at Shanghai, September 22nd to 30th, 1897. Shanghai: American Presbyterian Mission Press, 1897.

Minutes of the 39th Annual Meeting of the Central China Mission of the Presbyterian Church in the U.S.A., held at Shanghai, September 23rd to

September 30th, 1908. Shanghai: American Presbyterian Mission Press, 1908.

William Rankin, *Handbook and Incidents of Foreign Missions of the PCUSA*. Newark, N. J.: W. H. Shurts, 1893.

Christopher A. Reed, *Gutenberg in Shanghai: Chinese Print Capitalism, 1876–1937*. Honolulu: University of Hawai'i Press, 2004.

Report of the Commissioner of Education for the Year 1871. Washington, D. C.: Government Printing Office, 1872.

Report of the Joint Special Committee to Investigate Chinese Immigration. Washington, D. C.: Government Printing Office, 1877.

'Statement of Accounts by Chang Ding Yuen as Agent for Mr. Gambles Native Property 1873–1876.' (Library of Congress, call number G/W/SA 1.)

Specimen of the Chinese Type Belonging to the Chinese Mission of the Board of Foreign Missions of the Presbyterian Church in the U.S.A. Macao: Presbyterian Mission Press, 1844.

Specimen of the Chinese Type (Including Also Those Cut at Ningpo) Belonging to the Chinese Mission of the Board of Foreign Missions of the Presbyterian Church in the U.S.A. Ningpo: Presbyterian Mission Press, 1852.

Robert E. Speer, *Report on the China Missions of the Presbyterian Board of Foreign Missions*. New York: The Board of Foreign Missions of the Presbyterian Church in the U.S.A., 1897.

Robert E. Speer, *Report of Deputation of the Presbyterian BFM to Siam, the Philippines, Japan Chosen and China, April-November 1915*. New York: The Board of Foreign Missions of the Presbyterian Church in the U.S.A., 1915.

Robert E. Speer, ed., A *Missionary Pioneer in the Far East: A Memorial of Divie Bethune McCartee*. New York: Fleming H. Revell Company, 1922.

Edward C. Starr, ed., *A Baptist Bibliography*. Rochester, New York: American Baptist Historical Society, 1974.

John Wherry, *Sketch of the Work of the Late William Gamble, Esq., in China.* Londonderry: A. Emery, 1888.

Frederick W. Williams, *The Life and Letters of Samuel Wells Williams.* New York: G. P. Putnam's Sons, 1889; Wilmington, Delaware: Scholarly Resources, 1972, reprint.

Samuel W. Williams, *The Middle Kingdom.* New York: Wiley & Putnam, 1848.

Samuel W. Williams, 'Specimen of the Three-Line Diamond Chinese Type Made by the London Missionary Society.' *The Chinese Repository*, 20: 5 (May 1851), pp. 282–284.

Samuel W. Williams, 'Movable Types for Printing Chinese.' *The Chinese Recorder*, 6: 1 (Jan.–Feb. 1875), pp. 22–30.

Samuel W. Williams, *A Syllabic Dictionary of the Chinese Language.* Shanghai: American Presbyterian Mission Press, 1874.

Alexander Williamson, *The Literati of China and How to Meet Them.* Glasgow: Aird & Dogbill, n. d.

Alexander Wylie, *Memorials of Protestant Missionaries to the Chinese.* Shanghai: American Presbyterian Mission Press, 1867.

Jost Oliver Zetzsche, *The Bible in China: The History of the Union Version or The Culmination of Protestant Missionary Bible Translation in China.* Sankt Augustin: Monumenta Serica Institute, 1999.

四、数据库

Evangelism in China: Correspondence of the Board of Foreign Mission, 1837–1911. Farmington Hills, Michigan: Gale, 2016.

Chronicling America: Historic American Newspapers. (https://chroniclingamerica.loc.gov)

California Digital Newspaper Collection. (https://cdnc.ucr.edu)

Hoosier State Chronicles — Indiana's Digital Historic Newspaper Program. (https://newspapers.library.in.gov)